THE BLUE BOOK
OF CHINA'S EDUCATION POLICY

中国
教育政策蓝皮书

（2017）

范国睿 主编

教育部政策法规司委托研究

主　编

范国睿

目　录

导言　深化体制机制改革，办公平而有质量的教育

2017年是党的十九大胜利召开之年，也是教育改革发展取得新突破的一年。十九大报告指出，我国社会主要矛盾已经转化为人民日益增长的美好生活需要和不平衡不充分的发展之间的矛盾。《国家中长期教育改革和发展规划纲要（2010—2020年）》（以下简称《教育规划纲要》）发布以来，我国教育事业取得了巨大成绩，教育总体发展水平进入世界中上行列，教育公平取得重要进展，教育服务经济社会发展能力显著增强，教育发展能力显著提升。但是，教育事业发展不平衡不充分，这已经成为满足人民日益增长的美好生活需要的主要制约因素。因此，解决新矛盾成为目前我国教育改革和发展的着眼点。2017年，在党中央、国务院领导下，各级政府坚持党的领导，全面贯彻党的教育方针，落实立德树人根本任务，提升教育质量，全面深化教育体制机制改革，激发教育发展活力，优化教育结构，推进教育协调发展，全面保障教育水平，促进健康发展，着力实现"十三五"教育改革发展的目标：教育现代化取得重要进展，教育总体实力和国际影响力显著增强，推动我国迈入人力资源强国和人才强国行列，为实现中国教育现代化2030远景目标奠定坚实基础。①

一、落实立德树人根本任务，提升教育质量

党的十九大报告指出："要全面贯彻党的教育方针，落实立德树人根本任务，发展素质教育，推进教育公平，培养德智体美全面发展的社会主义建设者

① 国务院关于印发国家教育事业发展"十三五"规划的通知（国发〔2017〕4号）[EB/OL].2017-01-10[2018-01-18].http://www.gov.cn/zhengce/content/2017-01/19/content_5161341.htm.

和接班人。”结合新时代新要求,2017 年,国家大力加强和改进大中小学德育工作,深化课程教材改革,加强中小学欺凌综合治理,推进法治教育,始终贯彻立德树人根本任务,着力提高教育质量。

(一) 加强和改进大中小学德育工作

2017 年“五四青年节”前夕,习近平在中国政法大学看望师生时,勉励广大师生要坚定理想信念,带头践行社会主义核心价值观。2017 年扎实推进社会主义核心价值观培育和践行,深入贯彻落实《关于在各级各类学校推动培育和践行社会主义核心价值观长效机制建设的意见》(教党〔2014〕40 号);加强对中小学德育工作的指导,颁布《中小学德育工作指南》(教基〔2017〕8 号)(本章简称《指南》),成为重要工作。《指南》根据中小学生的年龄特点、认知能力和教育规律,按照小学低年级、小学中高年级、初中学段、高中学段四个阶段,提出了分层次的德育目标,明确不同阶段具体目标要求,既强调德育工作的针对性,又突出德育的有机衔接和逐级递进;围绕德育目标,《指南》提出中小学德育包括理想信念教育、社会主义核心价值观教育、中华优秀传统文化教育、生态文明教育和心理健康教育五项内容;同时,《指南》要求采用课程育人、文化育人、活动育人、实践育人、管理育人和协同育人六大实施途径,将德育目标和内容落到实处。①

2016 年 12 月,习近平在全国高校思想政治教育工作会议上指出,高校要坚持把立德树人作为中心环节,把思想政治工作贯穿教育教学全过程,实现全程育人、全方位育人。② 教育部全面贯彻落实《关于加强和改进新形势下高校思想政治工作的意见》,实施高校思想政治工作质量提升工程,印发《高校思想政治工作质量提升工程实施纲要》(教党〔2017〕62 号),加强思政教师队伍建设,修订并通过《普通高等学校辅导员队伍建设规定》(教育部第 43 号令),将 2017 年定为“高校思想政治理论课教学质量年”,加强课堂教学和各类思想文化阵地的建设。

---

① 教育部举行《中小学德育工作指南》有关情况介绍发布会[EB/OL].2017-09-05[2018-01-18].http://www.scio.gov.cn/xwfbh/gbwxwfbh/xwfbh/jyb/Document/1562803/1562803.htm.

② 习近平.把思想政治工作贯穿教育教学全过程 开创我国高等教育事业发展新局面[N].人民日报,2016-12-09(01).

（二）深化课程教材改革

深化课程改革是落实立德树人根本任务的必由之路。《教育部2017年工作要点》（教政法〔2017〕4号）指出，要切实加强课程教材建设，继续完善基础教育课程体系，完成普通高中课程修订，启动中小学课程实施监测工作。加大中小学道德与法治、语文、历史三科国家统编教材统一使用力度。[①] 2017年7月，国家教材委员会正式成立，我国大中小学教材建设步入新的历史阶段，以核心素养为导向的教学变革全面展开。首先，成立教材管理机构，加强课程实施管理。为贯彻落实《关于加强和改进新形势下大中小学教材建设的意见》，国务院决定成立国家教材委员会，负责指导和统筹全国教材工作，贯彻党和国家关于教材工作的重大方针政策，研究审议教材建设规划和年度工作计划，研究解决教材建设中的重大问题，指导、组织、协调各地区各部门有关教材工作，审查国家课程设置和课程标准制定，审查意识形态属性较强的国家规划教材。[②] 其次，加强中小学教材编写审查，推进教材使用管理。《教育部办公厅关于2017年中小学教学用书有关事项的通知》（教材厅函〔2017〕2号）要求，“中小学教材使用应保持相对稳定，各地要按照本通知要求，做好2017年中小学教学用书的有关工作”。同时，教育部组织编写、修订中小学德育、语文、历史等学科教材，并于2017年6月出台《教育部办公厅关于2017年义务教育道德与法治、语文、历史和小学科学教学用书有关事项的通知》（教材厅函〔2017〕6号），对义务教育道德与法治、语文和历史教学用书的使用作了规定。再次，修订课程方案和课程标准，加强顶层设计。依据学生发展核心素养体系，各学段、各学科进一步明确具体的育人目标和任务，完善中小学课程教学有关标准。2017年1月以来，教育部先后发布《义务教育小学科学课程标准》（教基二〔2017〕2号）、《中小学综合实践活动课程指导纲要》[③]和

---

① 教育部关于印发《教育部2017年工作要点》的通知（教政法〔2017〕4号）[EB/OL].2017-01-22[2018-01-18].http://www.moe.edu.cn/srcsite/A02/s7049/201702/t20170214_296174.html.

② 国务院办公厅关于成立国家教材委员会的通知（国办法〔2017〕61号）[EB/OL].2017-07-06[2018-01-18].http://www.gov.cn/zhengce/content/2017-07/06/content_5208390.htm.

③ 教育部关于印发《中小学综合实践活动课程指导纲要》的通知（教材〔2017〕4号）[EB/OL].2017-09-27[2018-01-18].http://www.moe.edu.cn/srcsite/A26/s801/201710/t20171017_316616.html.? from=timeline.

《普通高中课程方案和语文等学科课程标准(2017年版)》。课程标准的修订和完善是立德树人工作的重要组成部分,是认真贯彻党的十九大精神,将习近平新时代中国特色社会主义思想落实到课程中的集中体现。

(三)深入推进法治教育

为全面贯彻党的教育方针,落实立德树人根本任务,切实防治学生欺凌和暴力事件问题,教育部先后于2016年和2017年颁发《教育部等九部门关于防治中小学生欺凌和暴力的指导意见》(教基一〔2016〕6号)和《加强中小学生欺凌综合治理方案》(教督〔2017〕10号)(本章简称《治理方案》),全面深化中小学欺凌综合治理。《治理方案》强调,要以习近平新时代中国特色社会主义思想为指导,全面贯彻党的教育方针,按照教育为先、预防为主、保护为要、法治为基的原则,健全预防、处置学生欺凌的工作体制和规章制度,形成防治中小学生欺凌长效机制,确保把中小学生欺凌防治工作落到实处,把校园建设成最安全、最阳光的地方。《治理方案》明确了学生欺凌的界定,提出了预防的具体举措,规范了处置程序,对学生欺凌的不同情形明确了惩戒措施,建立了长效机制,厘清了职责分工。同时,《治理方案》对贯彻落实工作也提出了明确要求,着力推动《治理方案》在各地各校落细、落小、落实。另外,为深入开展青少年法治教育,教育部继续推进全国青少年学生法治教育实践示范基地建设,继续举办全国学生"学宪法讲宪法"活动,进一步实施中小学法治教育名师培育工程,组织开展"法治进校园"全国巡讲活动。[①]

二、深化体制机制改革,激发教育发展活力

2017年9月,中共中央办公厅、国务院办公厅印发《关于深化教育体制机制改革的意见》(本章简称《意见》),进一步明确了我国深化教育体制机制改革的指导思想、基本原则和主要目标。深化教育体制机制改革不仅是社会关注的热点,也是教育部门的工作重点。

---

① 教育部教育督导局.《加强中小学生欺凌综合治理方案》有关情况介绍[EB/OL].2017-12-27[2018-01-18].http://www.moe.edu.cn/jyb_xwfb/xw_fbh/moe_2069/xwfbh_2017n/xwfb_20171227/sfcl/201712/t20171227_322963.html.

（一）推进教育“放管服”改革

《意见》指出，深化教育体制机制改革要坚持“放管服”相结合。深化简政放权、放管结合、优化服务改革，把该放的权力坚决放下去，把该管的事项切实管住管好，加强事中事后监管，构建政府、学校、社会之间的新型关系。[①] 2017年，教育部继续推进教育“放管服”改革。一是推进高等教育领域“放管服”改革。教育部等五部门联合发布《关于深化高等教育领域简政放权放管结合优化服务改革的若干意见》（教政法〔2017〕7号），提出加快推进高等教育领域“放管服”改革，解决学科专业、编制、岗位、进人用人、职称评审、薪酬分配、经费使用管理等方面的深层次问题，切实落实《中华人民共和国高等教育法》规定的高校办学自主权，统筹推进“双一流”建设，激发高校活力。二是完善国家教育标准体系。《意见》强调要完善教育标准体系，研究制定从学前教育到高等教育各学段人才培养质量标准，完善学校办学条件标准。[②] 2017年12月，教育部出台《义务教育学校管理标准》（教基〔2017〕9号），首次全面系统地梳理了我国义务教育学校管理的基本理念、基本内涵、基本框架、基本要求，是提升我国义务教育管理标准化、规范化、制度化水平的重要举措，在我国义务教育发展史上具有开创意义。[③] 三是健全教育评价制度。为充分发挥教育评价对科学育人的导向作用，完善教育督导体制，《对省级人民政府履行教育职责的评价办法》（国办发〔2017〕49号）和《县域义务教育优质均衡发展督导评估办法》（教督〔2017〕6号）出台，健全第三方评价机制，加强贯穿大中小幼的教育质量监测评估制度；教育部办公厅印发《关于开展〈国家教育事业发展“十三五”规划〉2017年度监测评估的通知》（教发厅函〔2017〕124号），建立标准健全、目标分层、多级评价、多元参与、学段完整的教育质量监测评估体系，全面改进和加强教育评价工作，促进政府转变职能，规范学校办学、科学管理，整体提高教育质量水平，加快推进教育治理能力和治理水平现代化。

---

①② 中共中央办公厅　国务院办公厅印发《关于深化教育体制机制改革的意见》[N].人民日报，2017-09-25(01).

③ 教育部基础教育司负责人就印发实施《义务教育学校管理标准》答记者问[EB/OL].2017-12-11[2018-01-18].http://www.moe.edu.cn/jyb_xwfb/s271/201712/t20171211_321031.html.

(二)推进考试招生制度改革

《意见》指出,要推进普通高中育人方式改革,深化普通高中教育教学改革,稳妥推进高考改革。2014 年 9 月,国务院印发《关于深化考试招生制度改革的实施意见》(国发〔2014〕35 号),对新一轮考试招生制度改革作出了系统部署,确定在上海和浙江开展高考综合改革试点。经三年试点,"一市一省"高考综合改革在平稳落地的同时也面临一些新情况和新问题,如"弃物理"选考现象使学生科学素养下降,综合素质评价在高校招生中的使用办法不完善,等级赋分制在"特殊"情况下的赋分不完美,高校在扩大招生自主权情况下的招生能力不强,走班制和高校复试的保障条件不足等问题。[①] 根据《意见》要求,深入总结高考综合改革试点经验,稳步推进高考综合改革,[②]推动高考综合改革向纵深发展,上海市和浙江省在认真评估、分析、论证的基础上,对进一步深化高考综合改革的相关政策进行了动态调整,为全面推进高考综合改革提供了可复制、可推广的经验。2017 年 11 月,浙江省出台《浙江省人民政府关于进一步深化高考综合改革试点的若干意见》(浙政发〔2017〕45 号),完善学考选考安排,从 2017 级高中学生起,学考与选考分离,实行分卷考试;尊重学生自主选择权,建立科学合理的选考科目保障机制,针对当前学生选考科目实际,率先建立物理选考科目保障机制;推进学校育人方式改革,完善高中综合素质评价机制,深化高校育人方式改革。按照教育部统一部署,继浙江、上海开启新高考改革之后,2017 年,教育部启动第二批高考改革试点工作。北京、天津、山东、海南成为第二批高考综合改革的试点省市,[③]各地也先后制订出台了普通高中学业水平考试实施办法和普通高中学生综合素质评价实施办法等高考综合改革的配套文件,推进高考改革。除了有序推进高考改革之外,2017 年,教育部还指导地方落实《关于进一步推进高中阶段学校考试招生制度改革的指导意见》,积极稳妥推进中考改革,各省(自治区、直辖市)均围绕上述要求出台了本地区推进高中阶段学校考试招生

---

① 杨运,周先进.新高考改革的经验、问题与走向[J].教学与管理,2018(2):73-76.

② 中共中央办公厅 国务院办公厅印发《关于深化教育体制机制改革的意见》[N].人民日报,2017-09-25(01).

③ 新学期一系列教育新政落地[N].中国教育报,2017-09-01(01).

制度改革的实施意见;同时,完善高等职业教育考试招生制度,加快推进高职院校分类考试,实行高职院校考试招生与普通高校相对分开,采用“文化素质+职业技能”的评价方式。

(三)加快办学体制改革

《意见》强调,要健全支持和规范民办教育发展的制度,健全财政、土地、登记、收费等方面支持民办学校发展的相关政策,健全监管机制。① 民办教育是我国教育发展的重要增长点和促进教育改革的重要力量,为支持和规范民办教育发展,2016 年新修订的《中华人民共和国民办教育促进法》确立了民办教育实行营利性和非营利性分类管理的原则。2017 年,教育部全面贯彻落实新修订的《中华人民共和国民办教育促进法》《国务院关于鼓励社会力量兴办教育　促进民办教育健康发展的若干意见》(国发〔2016〕81 号)以及配套文件《民办学校分类登记实施细则》和《营利性民办学校监督管理实施细则》,印发《教育部等十四部门关于印发中央有关部门贯彻实施〈国务院关于鼓励社会力量兴办教育　促进民办教育健康发展的若干意见〉任务分工方案的通知》(教发函〔2017〕88 号);贯彻落实《国务院办公厅关于同意建立民办教育工作部际联席会议制度的函》(国办函〔2017〕78 号),建立民办教育工作部际联席会议制度;做好营利性和非营利性民办学校的登记管理工作,印发《关于营利性民办学校名称登记管理有关工作的通知》(工商企注字〔2017〕156 号);组织修订《民办教育促进法实施条例》,指导各省(市)出台了落实民办教育新法新政的实施意见。民办学校分类管理开启中国民办教育发展的新时代,是突破长期制约民办教育发展制度和政策瓶颈的根本手段,也是民办学校自身健康、持续发展的迫切要求。落实民办教育分类管理政策要正确处理营利性或非营利性学校的举办主体问题,如何引导举办者选择的问题,营利性与非营利性学校的法人治理问题和民办学校资产的所有权问题。②

---

①　中共中央办公厅　国务院办公厅印发《关于深化教育体制机制改革的意见》[N].人民日报,2017-09-25(01).

②　王烽.营利性与非营利性民办学校分类管理的几个重大问题[J].教育经济评论,2016(2):7-10.

(四) 深化人才培养模式改革

《意见》指出，要完善提高职业教育质量的体制机制，坚持学中做、做中学，推动形成具有职业教育特色的人才培养模式；要健全促进高等教育内涵式发展的体制机制，创新人才培养机制，促进高等学校科学定位、差异化发展，统筹推进世界一流大学和一流学科建设。① 为建立产教融合、校企合作的技术技能人才培养模式，国务院印发《国务院办公厅关于深化产教融合的若干意见》(国办发〔2017〕95 号)。产教融合人才培养模式是将产业发展与学校教育进行有效融合，在融合基础之上加强实践教学，从而提升人才创业创新能力。深化产教融合，促进教育链、人才链与产业链、创新链有机衔接，对全面提高教育质量，扩大就业创业，推进经济转型升级，培育经济发展新动能具有重要意义。为促进产教融合人才培养，要加快推进高等职业学校分类招考，完善"文化素质+职业技能"评价方式；实施产教协同育人，坚持职业教育校企合作、工学结合的办学制度，推进职业学校和企业联盟、与行业联合、同园区联结；完善"订单式"人才培养模式，促进产教供需双向对接。②

党的十九大报告指出，加快一流大学和一流学科建设，实现高等教育内涵式发展。建设世界一流大学和一流学科，是党中央、国务院在新的历史时期作出的重大战略决策。为贯彻落实党中央、国务院关于建设世界一流大学和一流学科的重大战略决策，根据国务院《统筹推进世界一流大学和一流学科建设总体方案》，教育部、财政部和国家发展改革委制定了《统筹推进世界一流大学和一流学科建设实施办法(暂行)》(教研〔2017〕2 号)(本章简称《实施办法》)。《实施办法》规定，坚持以"中国特色、世界一流"为核心要求，坚持"以一流为目标、以学科为基础、以绩效为杠杆、以改革为动力"的基本原则，对遴选条件、遴选程序、支持方式、管理方式、组织实施等作出具体规定。2017 年 9 月，教育部公布世界一流大学和一流学科建设高校及建设学科名单，首批"双一流"建设高校共计 137 所，"双一流"建设学科共计 465 个。

---

① 中共中央办公厅　国务院办公厅印发《关于深化教育体制机制改革的意见》[N].人民日报，2017-09-25(01).

② 国务院办公厅关于深化产教融合的若干意见(国办发〔2017〕95 号)[EB/OL].2017-12-05[2018-01-18].http://www.gov.cn/zhengce/content/2017-12/19/content_5248564.htm.

2017年末，北京大学、清华大学、复旦大学等一大批高校根据自身实际制定了“双一流”建设实施方案。同时，为创新高校人才培养机制，满足“一带一路”倡议、“互联网＋”等重大战略对工程科技人才的需求，2017年2月，教育部决定开展新工科研究和实践，并印发《教育部高等教育司关于开展新工科研究与实践的通知》（教高司函〔2017〕6号）和《关于推进新工科研究与实践项目的通知》（教高厅函〔2017〕33号），确定了612个项目为国家级新工科研究与实践项目。

（五）创新教师管理制度

《意见》指出，要创新教师管理制度。2017年，按照教育部党组统一部署，紧紧围绕加快推进教育现代化的总体目标，聚焦各级各类教育改革发展现实需求，出台全面加强教师队伍建设的文件，着力加强师德建设，提升培养质量，增强培训实效，统筹教师配置，优化教师管理，强化待遇保障，培养造就师德高尚、业务精湛、结构合理、充满活力的高素质专业化创新型教师队伍。一是强化师德师风建设。加强教师党的建设，贯彻落实全国高校思想政治工作会议精神，强化教师思想政治教育；完善师德建设长效机制，推进各地各校全面制定落实师德建设长效机制的实施细则和办法。二是提升教师培养质量。大力振兴师范教育，提高师范生生均拨款标准，大力支持师范院校和师范专业发展，完善高校、地方政府、中小学“三位一体”的协同育人机制。三是增强教师培训实效。为完善“国培计划”体系，教育部下发《关于做好2017年中小学幼儿园教师国家级培训计划实施工作的通知》（教师厅〔2017〕2号），完成100万名乡村教师、校长培训；改进培训内容方式，出台《乡村校园长“三段式”培训指南》《乡村校园长“送培进校”诊断式培训指南》《乡村校园长工作坊研修指南》和《乡村校园长培训团队研修指南》（教师厅〔2017〕7号），印发《中小学幼儿园教师培训课程指导标准（义务教育语文学科教学）》（教师厅〔2017〕10号）等文件。推进培训管理改革，落实《教育部关于大力推行中小学教师培训学分管理的指导意见》（教师〔2016〕12号），规范培训学分登记，探索建立培训学分银行，激发教师参训动力。四是抓好乡村教师工作。落实乡村教师支持计划，扩大实施特岗计划，着力补充村小和教学点教师，优先补充紧缺薄弱学科教师;推进城乡教师交流轮岗,推进“县管校聘”改革,启动教师支教计划,出台《援藏援疆万名教师支教计划实施方案》(教师〔2017〕14 号)。五是优化教师管理服务。推开教师资格制度改革,完善教师准入和退出机制;健全编制管理制度,总结典型经验,如 2017 年 5 月,教育部发布《关于中小学教职工编制管理创新工作案例的通报》(教师厅函〔2017〕8 号);优化教师管理服务手段,全面启用全国教师管理信息系统。六是强化教师待遇保障。着力完善教师工资待遇保障机制,依法保证教师工资待遇,全面落实集中连片特困地区乡村教师生活补助政策,鼓励各地提高补助标准,依据学校艰苦边远程度实行差别化补助,扩大补助范围。

(六) 构建教育对外开放新格局

为贯彻落实《关于做好新时期教育对外开放工作的若干意见》和《推动共建丝绸之路经济带和 21 世纪海上丝绸之路的愿景与行动》,教育部牵头制定《推进共建“一带一路”教育行动》(教外〔2016〕46 号)(本章简称《教育行动》)。《教育行动》印发后,教育部紧紧抓住教育在“一带一路”建设大局中“促进民心相通,提供人才支撑”的定位,携手部内各司局、有关部委、地方共同推进,与沿线各国开展重点合作。第一,强化教育互联互通合作,深化国际学术交流。落实《关于加强和改进教学科研人员因公临时出国管理工作的指导意见》,组织开展国别和区域研究,全面加强对沿线国家经济、政治、教育、文化等各方面的了解和理解,推动学历学位认证标准连通,研究制定《亚太经合组织教育战略行动计划》。第二,深化人才培养合作。实施“丝绸之路留学推进计划”,推进“综合双向 10 万人”“中国—东盟双向 10 万人”计划,设立“丝绸之路中国政府奖学金”,鼓励丝绸之路沿线国家学生来华留学,实施丝绸之路合作办学推进计划,稳步提升中外合作办学水平,稳妥推进境外办学。第三,创新人文交流机制。2017 年,我国重点深化中俄、中美、中英、中欧、中法、中印尼人文交流,同时,还积极开拓建立中德、中南非等高级别人文交流机制,筹办“中国—东盟教育周”十周年活动,举办“金砖国家教育部长会议”,与 188 个国家和地区建立了教育合作与交流关系,与 46 个重要国际组织开展了教育合作与交流。

三、优化教育结构，促进内涵式发展

教育结构问题已经成为困扰我国教育向更高层次发展的深层问题。2017年，党和政府继续以协调发展，优化教育结构为重点，解决教育发展的不平衡问题。

（一）加快发展普惠性学前教育

普惠性学前教育是我国学前教育改革的基本目标。由于底子薄、欠账多，学前教育仍是我国教育体系中的薄弱环节。为此，2017年，教育部启动第三期学前教育行动计划。2017年4月，教育部等四部门联合印发《关于实施第三期学前教育行动计划的意见》（教基〔2017〕3号）（本章简称《第三期行动计划的意见》），并于5月23日在浙江省安吉县召开第三期学前教育行动计划部署会。《第三期行动计划的意见》对"十三五"学前教育改革发展作出了全面部署，提出了"到2020年，基本建成广覆盖、保基本、有质量的学前教育公共服务体系"的总目标。针对当前普惠资源不足的现状，《第三期行动计划的意见》要求大力发展普惠性幼儿园，着力解决脱贫攻坚地区、两孩政策新增人口集中地区和城乡接合部幼儿园建设问题。同时，《第三期行动计划的意见》强调，在继续扩大普惠性资源的同时，把推动各地建立健全可持续发展的生均拨款、资助、收费一体化的学前教育经费投入机制作为着力点。建立与公益普惠要求相适应的学前教育成本分担机制。要求各地按照非义务教育成本分担的要求，建立起与管理体制相适应的生均拨款、收费、资助一体化的学前教育经费投入机制，保障幼儿园正常运转和稳定发展；根据幼儿园可持续发展需要和当地实际，逐步制定公办园生均拨款标准和普惠性民办园的补助标准；同时，进一步健全资助制度，确保建档立卡等家庭经济困难幼儿优先获得资助。①

（二）推动城乡义务教育一体化改革发展

推动城乡义务教育一体化发展是党中央、国务院根据新时代主要矛盾变

① 柴葳.第三期学前教育行动计划启动实施[N].中国教育报，2017-05-17(01).

化做出的一项抓重点、补短板、强弱项的重大决策部署,是建设教育强国,实现教育现代化,促进教育公平的奠基性工程。2017 年,教育部继续贯彻落实《国务院关于统筹推进县域内城乡义务教育一体化改革发展的若干意见》(国发〔2016〕40 号),按照“优先发展、统筹规划,深化改革、创新机制,提高质量、公平共享,分类指导、有序推进”的基本原则,推进实施取消大班额计划。根据《教育部办公厅关于做好消除大班额专项规划有关工作的通知》(教基一厅〔2016〕4 号)的要求,各省市根据自身实际建立大班额情况摸底排查机制,全面排查义务教育大班额的数量和分布情况,坚持问题导向、标本兼治、城乡一体的原则,统筹城乡义务教育学校布局规划、建设管理、师资配置、质量提升等方面的工作。探索学区化集团化办学,学区化集团化办学实现优质资源跨校流动,扩大优质教育资源辐射覆盖范围,让更多学生享受更高质量的教育。以上海为例,截至 2017 年 12 月,上海市各区建有学区和集团 173 个,覆盖学校 1 007 所,超过上海市中小学总数的 60%。① 建立控辍保学机制。针对我国一些地区特别是老少边穷岛地区仍不同程度地存在失学辍学现象,国务院印发的《国务院办公厅关于进一步加强控辍保学提高义务教育巩固水平的通知》(国办发〔2017〕72 号)要求,各地认真履行政府控辍保学法定职责,完善行政督促复学机制,建立义务教育入学联控联保工作机制;同时,教育部印发的《义务教育学校管理标准》(教基〔2017〕9 号)规定,建立控辍保学工作机制,执行国家学籍管理相关规定,防止空挂学籍和中途辍学。另外,同步建设城镇学校,努力办好乡村教育,科学推进学校标准化建设,统筹城乡师资配置,改革乡村教师待遇保障机制,改革教育治理体系,加强留守儿童关爱保护。②

(三) 启动高中阶段普及攻坚计划

党的十九大报告提出普及高中阶段教育,努力让每个孩子都能享有公平

① 教育部基础教育司.全国统筹县域内城乡义务教育一体化改革发展现场推进会交流材料[EB/OL].2018-01-09[2018-01-18].http://www.moe.gov.cn/jyb_xwfb/xw_zt/moe_357/jyzt_2016nztzl/ztzl_xyncs/ztzl_xy_dxjy/201801/W020180109353888301306.pdf: 63.

② 国务院关于统筹推进县域内城乡义务教育一体化改革发展的若干意见(国发〔2016〕40 号)[EB/OL].2016-07-02[2018-02-07].www.gov.cn/zhengce/content/2016-07/11/content_5090298.htm.

而有质量的教育，国家“十三五”经济社会发展规划纲要将高中阶段教育普及攻坚计划列入教育现代化重大工程。2017 年 3 月，教育部等四部门联合印发《高中阶段教育普及攻坚计划(2017—2020 年)》(教基〔2017〕1 号)(本章简称《攻坚计划》)。《攻坚计划》提出，到 2020 年，全国普及高中阶段教育，适应初中毕业生接受良好高中阶段教育的需求。为实现这一总目标，要求采取扩大教育资源，完善经费投入机制，完善扶困助学政策，加强教师队伍建设，推动学校多样化有特色发展，改进招生管理办法等各项措施，重点完成 4 类地区、3 类人群和 3 个突出问题的攻坚任务。为保障各项目标、任务和措施落到实处，《攻坚计划》从落实政府责任、明确部门分工、加强督导评估等方面提出了明确要求。

(四) 促进特殊教育融合发展

特殊教育是国民教育体系的重要组成部分，也是社会公平的一个重要的体现。2017 年 7 月，教育部印发《第二期特殊教育提升计划(2017—2020 年)》(教基〔2017〕6 号)(本章简称《二期计划》)。实施第二期特殊教育提升计划是巩固一期成果，进一步提升残疾人受教育水平的必然要求，是推进教育公平，实现教育现代化的重要任务，是增进残疾人家庭福祉，加快残疾人小康进程的重要举措。《二期计划》要求，坚持“统筹推进、普特结合，尊重差异、多元发展，普惠加特惠、特教特办，政府主导、各方参与”的基本原则，到 2020 年，各级各类特殊教育普及水平全面提高，保障能力全面增强，教育质量全面提升。完善特殊教育体系。加大力度发展残疾儿童学前教育，贯彻落实《幼儿园工作规程》规定，为在园残疾儿童提供更多的帮助和指导；全面普及残疾儿童少年义务教育，做好残疾儿童少年义务教育招生工作，印发《关于做好残疾儿童少年义务教育招生入学工作的通知》(教基厅〔2017〕1 号)；完善残疾学生随班就读服务体系，建立“一人一案”机制，解决实名登记的未入学适龄残疾儿童少年就学问题，提高巩固水平；加快发展以职业教育为主的残疾人高中阶段教育，稳步发展残疾人高等教育。提高特殊教育质量，执行特殊教育学校课程标准，执行特殊教育学校课程标准，构建医教结合的特殊教育模式。增强特殊教育保障能力，完善特殊教育财政保障机制，提高特殊教育教师队伍质量,建立特殊教育专业支持体系。

(五) 深入推进民族教育发展

2017年,教育部继续督促指导各地全面贯彻落实《教育规划纲要》《关于加快发展民族教育的决定》和第六次全国民族教育工作会议精神,加强民族团结教育,坚持不懈地开展爱国主义教育,深入推进民族团结教育进学校、进课堂、进头脑,开展各种活动,促进各民族师生交往交流交融。一是加强对双语教育的宏观指导,加强双语教师培训工作,修订《民族中小学汉语课程标准(普通高中)》;加强民文教材编译审查管理,推动少数民族双语教学资源建设,加强对少数民族汉语水平等级考试的指导和管理,指导修订《少数民族汉语水平等级考试大纲》,指导建立双语教育评估体系和质量监测机制,科学稳妥推行双语教育。二是加强制度建设,全面加强内地民族班建设,推动办学工作制度化、规范化、精细化;强化内地民族班学生教育管理服务,督查《教育部等12部门关于切实加强有关内地民族班学生教育管理服务工作的若干意见》的落实情况;落实好少数民族人才培养工作,指导新疆、西藏做好内地新疆高中班、西藏班高中毕业生高考远程录取改革工作,落实《国务院办公厅关于加快中西部教育发展的指导意见》(国办发〔2016〕37号);提升内地民族班教育教学质量。三是加大支持力度,推进西藏和四省藏区教育工作,指导西藏落实好提升基础教育教学质量的指导意见,加快川甘青交界地区教育发展;深入推进"组团式"教育人才援藏工作,督促西藏和对口支援省市、高校落实援藏教师激励政策,充分发挥援藏教师作用,促进援藏教师和当地教师齐心协力,共同提高管理水平,提升教学质量;扎实做好教育对口支援等工作。召开教育对口援藏工作会议,指导五省区落实好"十三五"对口支援规划教育项目,指导对口支援西藏和四省藏区省市、高校和教育部直属单位扎实开展各项教育对口支援工作。

四、全面提升保障水平,促进教育事业健康发展

全面提升教育保障水平为教育改革向全面、纵深推进提供了更加坚实的基础,也是落实党的十九大报告提出的"优先发展教育事业"的重要保证。

（一）加强党的领导，引领社会主义办学方向

党的十九大报告指出，坚持党对一切工作的领导。2017 年，教育系统加强党的建设，深入学习贯彻习近平总书记系列重要讲话精神和治国理政新理念新思想新战略，教育部印发《中共教育部党组关于深入学习贯彻习近平总书记在中国政法大学考察时重要讲话精神的通知》（教党〔2017〕21 号）、《中共教育部党组关于深入学习贯彻习近平总书记在省部级主要领导干部专题研讨班上重要讲话精神的通知》（教党〔2017〕39 号）和《中共教育部党组关于教育系统认真学习宣传贯彻党的十九大精神　写好教育“奋进之笔”的通知》（教党〔2017〕54 号），积极推动习近平总书记系列重要讲话精神和治国理政新理念新思想新战略进教材、进课堂、进头脑。牢牢把握教育工作的领导权，落实党委对学校工作实行全面领导，引领社会主义办学方向。全面加强学校党建工作，全面贯彻落实《中共教育部党组关于进一步加强直属事业单位党的建设工作的意见》（教党〔2016〕17 号）、《关于加强中小学校党的建设工作的意见》（中组发〔2016〕17 号）和《关于加强民办学校党的建设工作的意见（试行）》的通知（中办发〔2016〕78 号）等文件精神和要求；规范基层党建工作，印发《普通高等学校学生党建工作标准》（教党〔2017〕8 号）和《中共教育部党组关于加强新形势下高校教师党支部建设的意见》（教党〔2017〕41 号）等文件。改进高校思想政治教育工作，全面贯彻落实全国高校思想政治工作会议精神和《关于加强和改进新形势下高校思想政治工作的意见》，推进高等学校“两学一做”学习教育常态化制度化。深化全面从严治党，深入学习贯彻《关于新形势下党内政治生活的若干准则》和《中国共产党党内监督条例》，出台《贯彻落实〈中国共产党问责条例〉实施办法（试行）》（教党〔2017〕26 号），进一步落实全面从严治党主体责任和监督责任，强化“党政同责”和“一岗双责”。

（二）健全教育投入机制，落实教育经费稳定增长

《意见》指出，要健全教育投入机制，完善财政投入机制，合理确定并适时提高相关拨款标准和投入水平，保证国家财政性教育经费支出占国内生产总值比例一般不低于 4%，确保一般公共预算教育支出逐年只增不减，确保按

在校学生人数平均的一般公共预算教育支出逐年只增不减。①《教育部 2017 年工作要点》提出,提高教育经费保障水平,保证国家财政性教育经费占国内生产总值的比例不低于 4%。在 2017 年的预算安排中,全国一般公共预算支出中教育的支出比重占到了 14.9%,成为第一大支出。健全完善教育投入体制机制,逐步建立健全以政府投入为主、多渠道筹措教育经费的体制机制。据统计,2016 年全国教育经费总投入为 38 888.39 亿元。其中,国家财政性教育经费(包括公共财政预算安排的教育经费、政府性基金预算安排的教育经费等)总额达 31 396 亿元,占当年全国教育经费总投入的 80.7%。全国一般公共预算安排的教育支出 28 073 亿元,是财政性教育经费的主渠道,是一般公共预算的第一大支出,占比达到 15%。此外,非财政性教育经费成为重要补充。2016 年,全国非财政性教育经费为 7 492 亿元,占全国教育经费总投入的 19.3%。推动落实完善生均拨款制度,推动各省(区、市)落实城乡义务教育经费保障机制具体实施方案,落实中等职业学校和高职院校生均拨款制度,鼓励各地探索建立学前教育和普通高中生均拨款制度。

(三) 发展教育信息化,以信息化推动教育现代化

2017 年,教育信息化工作以“构建网络化、数字化、个性化、终身化的教育体系,建设‘人人皆学、处处能学、时时可学’的学习型社会,培养大批创新人才”为发展方向,按照“服务全局、融合创新、深化应用、完善机制”的原则,大力推动“四个提升”和“四个拓展”,②做好教育信息化统筹部署,贯彻落实《“十三五”国家信息化规划》(国发〔2016〕73 号)和《教育脱贫攻坚“十三五”规划》(教发〔2016〕18 号)等重要规划和文件关于教育信息化的战略部署,推动落实《教育信息化“十三五”规划》(教技〔2016〕2 号)。完善教育信息化基础环境建设,加快推进中小学“宽带网络校校通”,推进“无线校园”建设,保障

---

① 中共中央办公厅 国务院办公厅印发《关于深化教育体制机制改革的意见》[N]. 人民日报,2017-09-25(01).

② 教育部办公厅关于印发《2017 年教育信息化工作要点》的通知(教技厅〔2017〕2 号)[EB/OL]. 2017-02-03[2018-02-07]. http://www.moe.edu.cn/srcsite/A16/s3342/201702/t20170221_296857.html.

农村学校信息化建设投入;推动数字校园和智慧校园建设,研究制定中小学数字校园建设规范,继续开展中小学百所数字校园示范校项目,推动落实《职业院校数字校园建设规范》,继续开展“职业教育百所数字校园建设实验校”项目,推进云教室建设,启动基于 VR 的实验实训平台建设。推动教育资源公共服务体系建设与应用,规范引导教育资源公共服务体系建设,印发《教育部关于数字教育资源公共服务体系建设与应用的指导意见》(教技〔2017〕7号),进一步完善国家教育资源公共服务平台基础环境;提升教育资源公共服务体系协同服务能力,完善国家教育资源公共服务平台资源服务,实现“优质资源班班通”。深化数字教育资源开发与应用,启动“农村中小学数字教育资源全覆盖”项目;继续推进职业教育资源建设,落实职业教育资源库建设,不断加强高等教育优质资源建设与应用,落实《教育部关于加强高等学校在线开放课程建设应用与管理的意见》(教高〔2015〕3 号);加强继续教育优质资源开放共享,开发民族双语和专题教育资源,推广中华语言文字和优秀文化。加强网络学习空间应用广度与深度,大力推进“网络学习空间人人通”,推进“网络学习空间人人通”专项培训。提升管理信息化水平和教育治理能力,修订《国家教育管理信息系统建设总体方案》,加强教育行业数据管理与决策支持服务,加快电子政务建设,推进教育系统密码应用。促进信息技术与教育教学融合发展,推进信息技术在教学中的深入普遍应用,深入开展“一师一优课、一课一名师”活动,推动教育信息化应用典型示范,实施“信息技术与教育教学深度融合示范培育推广计划”;持续做好教师和管理干部教育信息化培训,推进网络思想政治与法治教育。提高教育行业网络安全保障能力,加强网络安全教育与人才培养,开展网络安全综合治理行动,增强网络安全监测预警和应急响应能力。强化教育信息化支撑保障措施,完善多元化教育信息化投入格局,加强教育信息化专家团队和研究基地建设,拓展教育信息化国际交流与合作。

第一章　落实立德树人根本任务

立德树人是新时代背景下教育事业发展的根本指针，也是我国一切教育工作的出发点和落脚点。党的十八大报告首次提出要把立德树人作为教育的根本任务，培养德智体美全面发展的社会主义建设者和接班人。党的十九大进一步提出，落实立德树人根本任务，发展素质教育，推进教育公平，培养德智体美全面发展的社会主义建设者和接班人。立德树人明确了新时代背景下我国教育的本质，强调了德育在人的全面发展中的突出地位，揭示了道德发展与人的全面发展的辩证关系，是我国教育领域面临的一项重大而紧迫的战略任务。[①] 为了落实立德树人这一根本任务，2017 年，教育领域在大中小幼德育一体化、课程改革、法治教育、校园欺凌综合治理等方面进行了一系列改革，为推动立德树人，推进素质教育提供了一系列制度和政策保障。

第一节　立德树人背景下德育体系的构建

2017 年 5 月 23 日，习近平主持召开中央全面深化改革领导小组第三十五次会议，会议通过了《关于深化教育体制机制改革的意见》，提出要深化教育体制机制改革，全面贯彻党的教育方针，坚持社会主义办学方向，全面落实立德树人根本任务，构建以社会主义核心价值观为引领的大中小幼一体化德育体系。[②] 2017 年 10 月 9 日，刘延东在贯彻落实《关于深化教育体制机制改革的意见》电视电话会议上强调，改革是教育发展的根本动力。要扎根中国

---

① 张志勇.立德树人是教育的根本任务[N].中国教育报，2017－08－09(01).

② 吴振东，仇逸.教育改革需要全面落实立德树人[EB/OL].2017－05－24[2018－05－11].http://www.xinhuanet.com/2017－05/24/c_1121029787.htm.

大地，围绕为谁培养人、培养什么样的人、如何培养人等根本问题，持续深化综合改革，发展中国特色、世界水平的现代教育，培养社会主义事业建设者和接班人。要坚持方向引领、立德树人，构建大中小幼一体化德育体系，促进学生全面发展。①

一、建构大中小幼德育顶层内容体系

所谓大中小幼德育一体化，是指从幼儿园到大学这一纵向系统中，不同教育阶段的道德教育一体化。根据不同学龄段学生身心发展的不同特点、认知方式、理解和接受能力，科学合理地设置德育课程，明确规定各学龄段内德育的目标、内容、方法、手段，进而对不同学生进行有针对性的德育，最终达到全面促进大中小幼不同学段学生身心健康发展的目标。

基于立德树人的根本任务，有学者建构了以政治认同、国家意识、文化自信、公民人格为重点，包含 16 项二级指标、64 项三级指标的大中小幼德育顶层内容体系，其中，社会主义核心价值观是大中小幼德育顶层内容体系的价值导向。构建符合学生特点的德育顶层内容体系，最为关键的是要符合学生学习和成长的客观规律。就符合学生学习规律而言，要让学生群体在具体的知识语境和生活情境中辨析社会主义核心价值观的存在土壤，在此基础上认识和理解价值事实，树立价值标准；就符合学生成长规律而言，要在遵循学生身心、思想观念和行为成长与发展的客观规律基础上，动态地将社会主义核心价值观教育与学生的身心成长规律和政治社会化进程有机结合起来。

大中小幼德育顶层内容主要涉及四个范畴，即政权范畴、主权范畴、文化范畴和社会交往范畴，由此形成了以政治认同、国家意识、文化自信和公民人格为重点的大中小幼德育顶层内容体系。在政治认同教育中，把党的领导、发展道路、科学理论、政治制度作为重点内容；在国家意识教育中，把国家利益、国情观念、民族团结、国际视野作为重点内容；在文化自信教育中，把国家语言、历史文化、革命传统、时代精神作为重点内容；在公民人格教育中，把健

① 刘延东.加快深化教育体制机制改革[N].人民日报，2017－10－10(02).

康身心、守法诚信、自由平等、自强合作作为重点内容。①

二、大中小幼一体化德育的地方实践

根据党中央、国务院关于构建大中小幼德育一体化的总体部署，北京、上海、山东、福建等省市积极开展德育一体化实践，并取得了良好的效果，这里选择介绍部分地方的特色实践。

（一）北京市构建一体化德育新体系

党的十八大以来，北京市在大中小学积极开展社会主义核心价值观教育，着力将学校德育工作落细、落小、落实，注重德育学段衔接，初步建立了大中小学一体化德育体系。首先，加强顶层设计，将学校德育“统”起来。北京市推出一系列市级统筹德育项目，支持引导各区县挖掘德育资源，构建德育体系，形成德育品牌，推动一个覆盖大中小学段的区域德育一体化教育体系在全市范围内加速形成。其次，强化实践体验，让德育工作“实”起来。北京市教委委托北京市教育科学研究院基础教研中心派出教研员，与资源单位一家一家地拟定学习计划书，根据不同社会单位的资源条件，结合中小学教学大纲，制定出特色鲜明的教学建议。在此基础上，通过全市统一的技术平台，实现了对所有学生到社会资源单位开展实践学习的有效管理。再次，大中小学衔接，让德育体系“立”起来。北京市一直把加强大学生的思想政治工作放在突出位置，并视之为完善大中小学一体化德育新体系的一个重要环节。对中小学生的德育工作，北京市将工作重心放在日常行为规范的养成上。

（二）上海市推动实施大中小学德育课程一体化

上海市从2015年起提出开展大中小学德育课程一体化研究和试点，完善大中小学德育顶层内容体系教育序列，推进大中小学德育内容和工作体系一体化。上海市明确，坚持大中小学德育一体化理念，主要是根据中小学不

---

① 陈郭华.以社会主义核心价值观为引领的大中小德育顶层内容体系研究[J].社会主义核心价值观研究，2017(2)：80－87.

同学段学生的认知特点和规律，设计适当的德育课程内容。首先是学校德育课程与学校德育的一体化。所有学科的教师都应牢固树立全员育德的意识，承担起培养学生道德品质的责任，深入挖掘每一门学科独有的丰富德育资源，将情感、态度、价值观的培养与知识传授、能力培养“无缝对接”，实现所有学科全体教师整体育人的理想。其次是学校德育与学校教育的一体化。学校德育渗透于学校教育实践的方方面面，两者同步运行，全面融合，全程交互。再次是教育系统内外的一体化。学校德育应当依托学校教学管理的各方合力，依托社会各界的协同支持，系统构建大中小学德育课程一体化的目标、内容、载体、途径、方法、队伍以及体制机制，形成综合、持续、有效的德育成效，实现学生的全面、整体、长久的健康发展。①

(三) 山东省启动中小学德育课程一体化改革

山东省于 2016 年 4 月颁布《山东省中小学德育课程一体化实施指导纲要》，提出了德育课程、学科课程、传统文化课程和实践活动课程“四位一体”的中小学德育实施体系。《山东省中小学德育课程一体化实施指导纲要》包括德育课程指导纲要、学科德育指导纲要、中华优秀传统文化指导纲要和实践活动德育指导纲要四部分，其中学科德育指导纲要包括 14 个学科。除中华优秀传统文化指导纲要外，每个指导纲要分为德育特点、德育范畴、实施建议和评价案例四部分。

德育课程指导纲要主要以社会主义核心价值观为统领，一体化设计小学、初中、高中的品德与生活、品德与社会、思想品德、思想政治等 4 门德育课程，有针对性地规划各学段德育课程的目标、内容、教学方式和评价方法，构建不同学段依次递进、衔接有序的德育课程体系。学科德育指导纲要重在挖掘提炼语文、数学、外语等 14 门课程中蕴含的德育元素，根据课程属性，归纳每门课程的育人目标、德育范畴，突出课程的育人特点，强调课程的核心素养与德育的有效契合，强化每门课程的育人功能，达到全科育人的目标。中华优秀传统文化课

① 高德毅.实施大中小德育课程一体化建设的现实需求[J].社会主义核心价值观研究，2017(2)：72－79.

程实施指导纲要强调要以社会主义核心价值观为统领,将中华优秀传统文化经典融入教育教学和学生生活,突出齐鲁优秀文化的丰富内涵,发挥优秀传统文化在人格教化方面的积极作用,培养学生根植于优秀传统文化深厚土壤的高尚情操,实现弘扬传统美德和培育践行社会主义核心价值观的目标。实践活动德育实施指导纲要对中小学生实践活动进行了系列化设计,归纳了 12 个类型的活动形式,强化实践活动在学校德育方面的重要载体作用,发挥实践活动在拓展德育空间、创新德育方法、丰富德育内容、提高德育实效等方面独特的优势。①

(四) 福建省整体推进大中小学德育一体化

福建省委教育工作委员会于 2017 年 1 月 6 日颁发了《中共福建省委教育工委　福建省教育厅关于整体推进大中小学德育一体化建设的实施意见》(闽委教思〔2017〕1 号),提出了整体推进大中小学德育一体化建设的总体要求、原则、内容与路径等。提出要以立德树人为根本,以理想信念教育为核心,以社会主义核心价值观为引领,遵循德育和思想政治工作规律,遵循教书育人规律,遵循学生成长规律,把理想信念教育、爱国主义教育、公民道德教育和基本素质教育贯穿始终,着力推进道德认知、行为养成、实践体悟一体化,使大中小学德育纵向衔接、横向贯通、螺旋上升,不断提高针对性、实效性和吸引力、感染力,更好地促进青少年学生健康成长。还具体提出了小学、中学和大学各阶段的德育目标、主要内容和主要活动方式,同时强调要拓宽德育工作实施的路径,包括发挥课堂主渠道作用,加强道德实践环节,开展文明校园创建活动,加强心理健康教育,创新网络德育工作,加强校风、教风、学风建设,构建学校、家庭、社会紧密配合的德育网络。②

三、颁布和落实《中小学德育工作指南》

为全面贯彻党的十八大以来重要会议精神和习近平总书记系列重要讲

---

① 山东启动中小学德育课程一体化改革[EB/OL].2016-05-26[2018-05-11].http://www.moe.edu.cn/jyb_xwfb/s5147/201605/t20160526_246328.html.

② 中共福建省委教育工委　福建省教育厅关于整体推进大中小学德育一体化建设的实施意见(闽委教思〔2017〕1 号)[EB/OL].2017-01-03[2018-05-11].http://www.fjedu.gov.cn/html./xxgk/zywj/2017/01/06/260e4e04-dc0d-408a-81f7-21eb31b2b867.html.?from=timeline.

话精神，落实立德树人根本任务，教育部于 2017 年 8 月 17 日印发《中小学德育工作指南》(教基〔2017〕8 号)(本章简称《指南》)，强调要在所有普通中小学组织实施，作为学校开展德育工作的基本准则。《指南》明确了中小学德育工作的总体目标，即培养学生爱党爱国爱人民，增强国家意识和社会责任意识，教育学生理解、认同和拥护国家政治制度，了解中华优秀传统文化和革命文化、社会主义先进文化，增强“四个自信”，引导学生准确理解和把握社会主义核心价值观的深刻内涵和实践要求，养成良好政治素质、道德品质、法治意识和行为习惯，形成积极健康的人格和良好心理品质，促进学生核心素养提升和全面发展。《指南》规定了中小学德育工作的基本内容，具体包括以下五个方面：一是理想信念教育，鼓励学生树立为共产主义远大理想和中国特色社会主义共同理想而奋斗的信念和信心；二是社会主义核心价值观教育，引导学生牢牢把握国家、社会和公民三个层面的价值要求；三是中华优秀传统文化教育，传承发展中华优秀传统文化，增强文化自觉和文化自信；四是生态文明教育，引导学生树立尊重、顺应和保护自然的发展理念，形成健康文明的生活方式；五是心理健康教育，培养学生增强调控心理、自主自助、应对挫折、适应环境的能力，养成学生健全的人格、积极的心态和良好的个性心理品质。①

《指南》还提出了中小学德育工作的实施途径和要求。一是课程育人，充分发挥课堂教学的主渠道作用，将中小学德育内容细化落实到各学科课程的教学目标之中，融入渗透到教育教学全过程；二是文化育人，在学校因地制宜开展校园文化建设，提高校园文明水平，让校园处处成为育人场所；三是活动育人，开展各类教育活动，以鲜明正确的价值导向引导学生，促进学生形成良好的思想品德和行为习惯；四是实践育人，将育人环节与综合实践活动课紧密结合，不断增强学生的社会责任感、创新精神和实践能力；五是管理育人，积极推进学校治理现代化，将中小学德育工作的要求贯穿于学校管理制度的每一个细节之中；六是协同育人，积极争取家庭、社会共同参与和支持学校德

---

① 教育部关于印发《中小学德育工作指南》的通知(教基〔2017〕8 号)[EB/OL].2017-08-22[2018-05-11].http://www.moe.edu.cn/srcsite/A06/s3325/201709/t20170904_313128.html.

育工作。①

第二节 推行课程改革,落实立德树人

课程与教材是践行立德树人根本任务的重要载体,是党的教育方针、国家意志和社会主义核心价值观的集中体现。课程改革涉及课程内容的调整、课程标准建设、教材的修订等一系列环节。通过课程改革推进立德树人,是对立德树人规律的深刻把握。

一、以综合实践活动课程推动立德树人

综合实践活动是从学生的真实生活和发展需要出发,从生活情境中发现问题,转化为活动主题,通过探究、服务、制作、体验等方式,培养学生综合素质的跨学科实践性课程。2017 年 9 月 25 日,教育部下发《中小学综合实践活动课程指导纲要》(教材〔2017〕4 号)(本章简称《指导纲要》),要求各地组织、整体设计和综合实施综合实践活动课程,不断提升课程实施水平。《指导纲要》是落实立德树人的重要方面,其根本宗旨在于全面贯彻党的教育方针,坚持教育与生产劳动、社会实践相结合,引导学生深入理解和践行社会主义核心价值观。

综合实践活动课程是基础教育课程体系的重要组成部分,它与学科课程并列设置,以学校开发为主,并在小学一年级至高中三年级全面实施。《指导纲要》强化了课程育人导向,总目标是让学生能从个体生活、社会生活及与大自然的接触中获得丰富的实践经验,形成并逐步提升对自然、社会和自我之内在联系的整体认识,具有价值体认、责任担当、问题解决、创意物化等方面的意识和能力。综合实践活动课程的内容选择坚持自主性、实践性、开放性、整合性、连续性等原则,主要形式包括考察探究、社会服务、设计制作、职业体验等,注重引导学生体认、践行社会主义核心价值观,热爱中国共产党,热爱

---

① 教育部关于印发《中小学德育工作指南》的通知(教基〔2017〕8 号)[EB/OL].2017-08-22[2018-05-11].http://www.moe.edu.cn/srcsite/A06/s3325/201709/t20170904_313128.html.

祖国，热爱劳动，培养社会责任感、创新精神和实践能力；强化了新型课程形态的建构，要求通过探究、服务、制作、体验等方式进行学习，综合运用各学科知识分析、解决现实问题，尊重学生的自主选择与创造，真正让学生“活”起来，“做”出来。《指导纲要》强化了对实施过程的具体指导，对活动规划、教学指导、管理保障等提出了明确要求，还分类型、分学段推荐活动主题，对活动目标、内容、方式等作简要说明，为学校和一线教师提供基本活动示例，使综合实践活动课程可操作、能落地。在课时安排上，要求小学 1—2 年级，平均每周不少于 1 课时；小学 3—6 年级和初中，平均每周不少于 2 课时；高中执行课程方案相关要求，完成规定学分。①

二、以课程标准促进课程建设规范化

《国家教育事业发展“十三五”规划》（国发〔2017〕4 号）提出，加强对课程教材建设的顶层设计，修订国家基础教育课程方案和课程标准，体现学生发展核心素养要求，完善教材审查审定和使用监测制度，打造具有科学性、时代性、民族性的基础教育课程教材体系。② 2017 年，教育部组织专家团队对多个学科的课程标准进行了修订。2017 年 1 月以来，教育部印发《义务教育小学科学课程标准》（教基二〔2017〕2 号）③和《普通高中课程方案和语文等学科课程标准（2017 年版）》（教材〔2017〕7 号）。④ 课程标准的修订依据学生发展核心素养体系进行。这是认真贯彻党的十九大精神，将习近平新时代中国特色社会主义思想落实到课程中的集中体现，是进一步明确各学段、各学科具体的育人目标和任务，促进学生全面而有个性的发展的重要途径。同时，这也

---

① 教育部关于印发《中小学综合实践活动课程指导纲要》的通知（教材〔2017〕4 号）[EB/OL]. 2017 - 09 - 27 [2018 - 05 - 11]. http://www.moe.edu.cn/srcsite/A26/s801/201710/t20171017_316616.html.? from=timeline.

② 国务院关于印发国家教育事业发展“十三五”规划的通知（国发〔2017〕4 号）[EB/OL].2017 - 01 - 10[2018 - 01 - 19].http://www.gov.cn/zhengce/content/2017 - 01/19/content_5161341.htm.

③ 教育部关于印发《义务教育小学科学课程标准》的通知（教基二〔2017〕2 号）[EB/OL].2017 - 02 - 26[2018 - 01 - 19].http://www.moe.edu.cn/srcsite/A26/s801/201702/t20170215_296305.html.

④ 教育部关于印发《普通高中课程方案和语文等学科课程标准（2017 年版）》的通知（教材〔2017〕7 号）[EB/OL].2017 - 12 - 29[2018 - 01 - 18].http://www.moe.edu.cn/srcsite/A26/s801/201801/t20180115_324647.html.

是立德树人工作的重要组成部分,是提升全民素质、建设创新型国家的基础。

《义务教育小学科学课程标准》(本章简称《课程标准》)分前言、课程目标、课程内容和实施建议四个部分,并附有6个教学案例。《课程标准》指出,小学科学课程是一门基础性、实践性和综合性课程,它面向全体学生,突出学生主体地位,倡导探究式学习,重在保护学生的好奇心和求知欲。《课程标准》强调,小学科学课程的设计遵循国家的教育方针,充分考虑小学生的年龄特点与认知规律,反映国际科学教育的最新成果,兼顾我国小学科学教育的实际情况。小学科学课程的学习周期比较长,基于学生的年龄特征与认知规律,《课程标准》把小学六年学习时间划分为1—2年级、3—4年级、5—6年级三个学段。小学科学课程以培养学生科学素养为宗旨,涵盖科学知识、科学探究、科学态度以及科学、技术、社会与环境四个方面的目标,每个方面分为总目标和学段目标。

三、以教材改革确保立德树人目标实现

为贯彻落实立德树人根本任务,加强教材管理,教育部成立国家教材委员会,统一编制义务教育道德与法治、语文和历史等教材,组织开展全国性的义务教育统编教材培训。

(一) 成立国家教材委员会

为贯彻落实《关于加强和改进新形势下大中小学教材建设的意见》,落实立德树人的根本任务,加强对教材的管理,国务院决定成立国家教材委员会,负责指导和统筹全国教材工作,贯彻党和国家关于教材工作的重大方针政策,研究审议教材建设规划和年度工作计划,研究解决教材建设中的重大问题,指导、组织、协调各地区各部门有关教材工作,审查国家课程设置和课程标准制定,审查意识形态属性较强的国家规划教材。①

2017年7月4日,国家教材委员会召开第一次全体会议。会议强调,教

① 国务院办公厅关于成立国家教材委员会的通知(国办发〔2017〕61号)[EB/OL].2017-07-03[2018-01-18].http://www.gov.cn/zhengce/content/2017-07/06/content_5208390.htm.

材建设是事关未来的战略工程、基础工程，教材体现国家意志，要坚持党的教育方针，把握正确方向和价值导向，加强社会主义核心价值观和优秀传统文化、民族精神教育，帮助学生扣好人生第一粒扣子。要尊重教育规律和学生成长规律，提升教材的思想性、科学性、时代性，逐步形成适应中国特色社会主义发展要求、立足国际学术前沿、门类齐全、学段衔接的教材体系。要深化改革创新，加强完善教材各环节管理，使教材建设规范有序。国家教材委员会坚持立德树人，统筹指导教材建设，确保教材经得起实践、人民和历史检验。

（二）编制义务教育三科统编教材

为了加强中小学教材编写审查，统筹推进教材使用管理，确保教材的政治性、思想性、科学性和适宜性，教育部印发《教育部办公厅关于2017年中小学教学用书有关事项的通知》(教材厅函〔2017〕2号)，要求中小学教材使用应保持相对稳定，各地要按照通知要求，做好2017年中小学教学用书的有关工作；各省级教育行政部门要加强对教材使用情况的检查，对未按相关规定更换教材、使用未经审定教材的地方和学校要严肃处理，责令纠正。[①] 同时，2017年6月，教育部出台《教育部办公厅关于2017年义务教育道德与法治、语文、历史和小学科学教学用书有关事项的通知》(教材厅函〔2017〕6号)，对义务教育道德与法治、语文和历史教学用书的使用作了规定。2017年9月1日，教育部统一组织新编的义务教育道德与法治、语文、历史三科教材在全国投入使用。根据三科教材统编统用、3年实现全覆盖的要求，2017年秋季学期，全国所有地区小学一年级和初中一年级使用统编教材，2018年覆盖小学初中一、二年级，2019年所有年级全部使用统编教材。

三科教材中，道德与法治教材按照由近及远、由浅入深、螺旋上升原则，从家庭—学校—社区—国家—世界生活场域逐步拓展，选取学习素材，突出德法兼修，强化实践体验，全面系统地落实社会主义核心价值观。语文教材采取“语文素养”和“人文精神”两条线索相结合的方式编排教材内容；“语文

---

① 教育部办公厅关于2017年中小学教学用书有关事项的通知(教材厅函〔2017〕2号)[EB/OL].2017-04-24[2018-01-18]. http://www.moe.edu.cn/srcsite/A26/moe_714/201705/t20170502_303533.html.

素养”重在听、说、读、写基本知识和能力，“人文精神”重在选文的思想性，发挥语文学科独特的育人价值，以文化人。历史教材按照“点”“线”结合的方式编排教学内容，“点”是具体生动的重大历史事实，“线”是社会发展演变的基本规律，通过学习历史培养学生的唯物史观，了解和热爱祖国的历史和文化，增强爱国主义情感，坚定社会主义信念。

三科统编教材注重落实中华优秀传统文化教育。语文教材所选古诗文数量有所增加，体裁多样。小学有古诗文 129 篇，初中有 132 篇，其中以古诗词为主，还有一些文言文；增设专题栏目，安排了楹联、成语、谚语、歇后语、蒙学读物等传统文化内容。历史教材主要在中国古代史部分体现，内容涵盖中国古代的思想、文学、艺术、科技等诸多方面。道德与法治教材介绍了传统节日、民歌民谣、传统美德、民族精神、古代辉煌科技成就等内容，以增强学生对中华优秀传统文化的理解和认同。三科统编教材还注重强化革命传统教育，语文教材收录了大量革命传统经典篇目，如《纪念白求恩》《为人民服务》等文章。为开阔学生视野，培育科学精神，增进文化理解力，语文教材注重汲取人类优秀思想文化精华，选取来自不同国家的名家名篇，义务教育语文教材中选入的外国作品约占总篇数的 10％。①

(三) 加强义务教育统编教材国家级培训

2017 年 5 月，国家统编义务教育三科教材国家级培训班在国家教育行政学院开班。强调统一编写义务教育三科教材不是对原来教材编写出版方式的简单调整，而是着眼于落实党的教育方针、办好中国特色社会主义教育、维护国家长治久安做出的重大部署，要充分认识统编三科教材的重大意义。三科统编教材在理念上更加突出德育为魂、能力为重、基础为先、创新为上，在内容上更加强化中华优秀传统文化教育、革命传统教育、国家主权教育和法治教育等重要内容。开展教材培训工作，就是要把国家统编教材的政治方向、价值导向和编写思想传递给更多的教研员和培训者，传递到全国近 400 万名三科任课教师，确保各地统一思想，准确理解和把握统编三科教材的思想和

① 赵婀娜.义务教育三科统编教材 9 月 1 日起全国使用[N].人民日报，2017-08-31(06).

内容，提高认识，强化培训，加强教研，落实保障措施，加强舆论引导，把各项工作做细做实，确保义务教育统编三科教材顺利使用。

教材培训分为国家级培训、地市级培训和县级培训。国家级培训按学科分年级、分 5 个班次进行，培训对象包括各省教育厅（教委）分管负责同志和省级教研室主要负责同志、省市两级学科教研员与原三科教材出版社相关教材编写人员，共计 2 800 人，于 2017 年 5 月结束；省级和地市级培训于 6 月结束；县级培训于 7 月结束。2018 年和 2019 年的培训将按教材的使用进程在每年秋季开学前完成，覆盖所有的三科教师。

第三节　加强法治教育

法治教育是新时代背景下立德树人的重要方面。加强中小学学生欺凌综合治理，深化学生组织制度设计，是推进法治教育的重要抓手。

一、加强中小学学生欺凌综合治理

发生在校园的学生暴力和欺凌会严重损害学生身心健康，造成不良社会影响。为全面贯彻党的教育方针，落实立德树人根本任务，切实防治学生欺凌和暴力事件的发生，教育部先后于 2016 年和 2017 年颁发《教育部等九部门关于防治中小学生欺凌和暴力的指导意见》（教基一〔2016〕6 号）（本章简称《指导意见》）[①]和《加强中小学生欺凌综合治理方案》（教督〔2017〕10 号）（本章简称《治理方案》），[②]全面深化中小学欺凌综合治理。

（一）中国校园欺凌现状调查

中国应急管理学会校园安全专业委员会于 2017 年 5 月 20 日发布《中国

① 教育部等九部门关于防治中小学生欺凌和暴力的指导意见（教基一〔2016〕6 号）[EB/OL]. 2016 - 11 - 01[2018 - 05 - 11]. http://www.moe.edu.cn/srcsite/A06/s3325/201611/t20161111_288490.html.

② 教育部等十一部门关于印发《加强中小学生欺凌综合治理方案》的通知（教督〔2017〕10 号）[EB/OL].2017 - 11 - 23[2018 - 05 - 11]. http://www.moe.edu.cn/srcsite/A11/moe_1789/201712/t20171226_322701.html.

应急教育与校园安全发展报告2017》和《中国校园欺凌调查报告》。《中国应急教育与校园安全发展报告2017》指出,校园安全事件发生的时间存在明显的周期性、季节性:从整体上看,每年下半年校园安全事件的发生频率整体要高于上半年,节假日、开学以及毕业季校园安全事件频发;校园暴力、校园欺凌、设施安全、意外伤害等事件为多发事件。《中国校园欺凌调查报告》则指出,语言欺凌是校园欺凌的主要形式;按照校园欺凌的方式进行分类,语言欺凌行为发生率明显高于关系、身体以及网络欺凌行为,占23.3%;中部地区校园欺凌行为发生率最高,占46.23%,且校园欺凌行为呈现出"中部地区多于西部地区多于东部地区多于东北地区"的地理空间分布形态。

有研究者探讨了2006—2016年间校园欺凌事件发展状况。结果显示,这十年间报道的校园欺凌案件有82起,其中,欺凌主体为学生和教师的分别为72件和10件;2014—2016年累计49件,占比为59.7%。初中发生校园欺凌比例高,为72.2%;发生在城市的校园欺凌占61.0%;校园内发生率为71.1%;发生时间以下午和晚上居多,共计占77.8%;女生欺凌者成为主角,且以身体欺凌为主;群体性欺凌、网络欺凌呈高发态势。但面对如此严重的校园欺凌问题,各地中小学校在处理校园欺凌上无章可循,结果不尽如人意。①

(二) 明确校园欺凌边界

《治理方案》首次明确了"欺凌"的边界,即发生在校园(包括中小学校和中等职业学校)内外、学生之间,一方(个体或群体)单次或多次蓄意或恶意通过肢体、语言及网络等手段实施欺负、侮辱,造成另一方(个体或群体)身体伤害、财产损失或精神损害等的事件。《治理方案》在界定学生欺凌构成要素时明确提出,单次或者多次以各种方式蓄意伤害他人造成一定损害的事件都是学生欺凌,这有助于在实践中提早干预学生欺凌事件,避免事态发展和恶化。

① 杨书胜,耿淑娟,刘冰.我国校园欺凌现象2006—2016年发展状况[J].中国学校卫生,2017(3):458-460.

（三）以预防为主防止校园欺凌

《指导意见》首先强调，要积极有效地预防学生欺凌和暴力，切实加强中小学生思想道德教育、法治教育和心理健康教育，积极培育和践行社会主义核心价值观；认真开展预防欺凌和暴力专题教育，提高学生对欺凌和暴力行为严重危害性的认识，增强自我保护意识和能力；严格学校日常安全管理，建立早期预警、事中处理及事后干预等机制；强化学校周边综合治理，动员社会各方面力量做好校园周边地区安全防范工作。

《治理方案》也提出，要积极有效地预防校园欺凌：一是指导学校切实加强教育，定期对中小学生进行学生欺凌防治专题教育；二是组织开展家长培训，引导广大家长增强法治意识；三是严格学校日常管理，制定防治学生欺凌工作各项规章制度；四是定期开展排查，及时查找可能发生欺凌事件的苗头迹象或已经发生、正在发生的欺凌事件。

（四）依法依规处置校园欺凌

《指导意见》提出要依法依规处置学生欺凌和暴力事件。要保护遭受欺凌和暴力学生身心安全，防止受害学生再次受到伤害；要强化教育惩戒威慑作用，对实施欺凌和暴力的中小学生必须依法依规采取适当的矫治措施予以教育惩戒，既做到真情关爱、真诚帮助，力促学生内心感化、行为转化，又充分发挥教育惩戒措施的威慑作用；还要实施科学有效的追踪辅导，持续对当事学生进行追踪观察和辅导教育。

《治理方案》也强调要依法依规处置学生校园欺凌行为。要严格规范调查处理，坚持学生欺凌事件的处置以学校为主。要妥善处理申诉请求，各地教育行政部门要明确具体负责防治学生欺凌工作的处(科)室并向社会公布。要强化教育惩戒作用，情节轻微的一般欺凌事件，由学校对实施欺凌学生开展批评、教育；情节比较恶劣、对被欺凌学生身体和心理造成明显伤害的严重欺凌事件，学校对实施欺凌学生开展批评、教育的同时，可邀请公安机关参与警示教育或对实施欺凌学生予以训诫；屡教不改或者情节恶劣的严重欺凌事件，必要时可将实施欺凌学生转送专门(工读)学校进行教育；涉及违反治安管理或者涉嫌犯罪的学生欺凌事件，处置以公安机关、人民法院、人民检察院为主。

(五)建立防治校园欺凌的长效机制

《指导意见》强调要切实形成防治学生欺凌和暴力的工作合力。要加强部门统筹协调,形成政府统一领导、相关部门齐抓共管、学校家庭社会三位一体的工作合力;要依法落实家长监护责任,引导广大家长要增强法治意识,掌握科学的家庭教育理念;要加强平安文明校园建设,形成团结向上、互助友爱、文明和谐的校园氛围,激励学生爱学校、爱老师、爱同学,提高校园整体文明程度;全社会也要共同保护未成年学生健康成长,建立学校、家庭、社区(村)、公安、司法、媒体等各方面沟通协作机制,切实为保护未成年人平安健康成长提供良好社会环境。

《治理方案》明确提出要逐步建立具有长效性、稳定性和约束力的防治学生欺凌工作机制。一是完善培训机制,将防治学生欺凌专题培训纳入教育行政干部和校长、教师在职培训内容;二是建立考评机制,将本区域学生欺凌综合治理工作情况作为考评内容,纳入文明校园创建标准、相关部门负责同志年度考评、校长学期和学年考评,以及学校行政管理人员、教师、班主任和相关岗位教职工学期及学年考评中;三是建立问责处理机制,把防治学生欺凌工作专项督导结果作为评价政府教育工作成效的重要内容;四是健全依法治理机制,建立健全中小学校法制副校长或法制辅导员制度,明确法制副校长或法制辅导员防治学生欺凌的具体职责和工作流程,把防治学生欺凌作为依法治校工作的重要内容。

二、深化和扩展中学共青团改革

为适应共青团深化改革新形势、教育领域综合改革新发展和当代中学生新特点,依照共青团"凝聚青年、服务大局、当好桥梁、从严治团"四维工作格局,落实坚持立德树人根本任务,共青团中央和教育部颁发了《中学共青团改革实施方案》(中青联发〔2016〕17 号),全面推动中学共青团改革,培养中国特色社会主义事业的合格建设者和可靠接班人。

首先,优化组织制度和运行机制。加强团教协作,建立常态化的团教沟通协调机制;完善团学组织制度,明确团代会、学代会和团学组织的地位作用、职责权限,充分发挥团学组织参与学校治理的主体作用;健全初中团队衔接机制，加强中学团委对初中少先队工作的领导职责，团组织工作以团前教育、发展团员、团员意识教育为重点，少先队工作以团前教育、推优入团为重点；推行直接联系服务引领青年师生制度。

其次，加强先进性建设。严格发展团员制度，按照坚持标准、控制规模、提高质量、发挥作用的要求提高发展团员工作科学化水平；健全团员教育管理制度，加强团员意识教育，增强团员对组织的归属感、作为团员的光荣感；创新基层组织建设，深入实施中学共青团“强基固本”工程；彰显先锋模范作用，引导团员以团章的基本要求为准则，在日常学习生活实践中体现先进意识、先进动力、先进要求和先进表现。

再次，改革创新工作内容和方式方法。创新思想政治引领和价值引领，深入学习宣传贯彻习近平总书记系列重要讲话精神，以中国特色社会主义和中国梦宣传教育、培育和践行社会主义核心价值观为主要内容，弘扬中华优秀传统文化；建立健全以志愿服务及社团活动为核心的实践育人制度，建立健全“教育部门协调指导、共青团组织归口负责、综合素质评价驱动、团员学生自愿参与”的中学生志愿服务工作机制；建立健全中学生困难帮扶和权益维护机制，以努力帮助解决学习生活中的实际困难和问题为重点，充分发挥团组织优势，完善工作载体、渠道和机制；建立健全扁平化、项目化、信息化运行机制，明确从团中央、省、市、县到学校、班级等中学共青团各级组织的核心任务及重点工作，完善各级组织间的信息发布、交流、反馈机制和互动、联动机制。

最后，改革完善中学团干部制度。完善团干部选配使用机制，明确团干部队伍“专兼”配备机制；优化团干部发展机制，关心专任团干部的使用和培养，打通职业发展路径。①

三、推进法治教育

党的十九大把“推进国家治理体系和治理能力现代化”写入了党章。法

① 共青团中央　教育部关于印发《中学共青团改革实施方案》的通知（中青联发〔2016〕17号）[EB/OL].2016-11-10[2018-05-11].http://www.moe.edu.cn/jyb_xxgk/moe_1777/moe_1779/201704/t20170419_302873.html.

治是治理的基础和保障,也是治理的一种方式。为推动法治教育纳入国民教育体系,提高法治教育的系统化、科学化水平,教育部联合司法部和全国普法办研究制定了《青少年法治教育大纲》(教政法〔2016〕13 号)。开展青少年法治教育,要以社会主义核心价值观为主线,以宪法教育为核心、权利义务教育为本位,以贴近青少年实际、提高教育效果为目的,以构建系统完整的法治教育体系为途径。

《青少年法治教育大纲》的总目标是,以社会主义核心价值观为引领,普及法治知识,养成守法意识,使青少年了解、掌握个人成长和参与社会生活必需的法律常识和制度,明晰行为规则,自觉遵法、守法;规范行为习惯,培育法治观念,增强青少年依法规范自身行为、分辨是非、运用法律方法维护自身权益、通过法律途径参与国家和社会生活的意识和能力;践行法治理念,树立法治信仰,引导青少年参与法治实践,形成对社会主义法治道路的价值认同、制度认同,成为社会主义法治的忠实崇尚者、自觉遵守者、坚定捍卫者。青少年法治教育的总体内容是以法律常识、法治理念、法治原则、法律制度为核心,围绕青少年的身心特点和成长需求,结合青少年与家庭、学校、社会、国家的关系,分阶段、系统安排公民基本权利义务、家庭关系、社会活动、公共生活、行政管理、司法制度、国家机构等领域的主要法律法规以及我国签署加入的重要国际公约的核心内容;按不同的层次和深度,将自由、平等、公正、民主、法治等理念,宪法法律至上、权利保障、权力制约、程序正义等法治原则,立法、执法、司法以及权利救济等法律制度,与法律常识教育相结合,在不同学段的教学内容中统筹安排、层次递进。

根据学生身心发展的阶段性和不同特点,《青少年法治教育大纲》对不同学年段学生的阶段目标和内容有相应的区分。青少年法治教育要充分发挥学校主导作用,通过专门课程、多元教学方式、多学科协同、主题教育、校园法治文化建设、学生自我教育等路径,实现全员、全程、全方位育人。

第二章　深化教育体制机制改革

随着经济和教育事业的发展，我国教育改革已经步入"深水区"，教育面临的内外部环境更加复杂，教育决策制定和改革举措实施的难度不断增加。这就要统筹协调方方面面的力量，重视教育改革主体之间的对话协商，深化教育体制机制改革。随着教育治理体系的不断推进，2017 年 9 月，中共中央办公厅、国务院办公厅出台《关于深化教育体制机制改革的意见》，针对各级各类教育存在的突出问题和攻坚重点，明确提出系统推进育人方式、办学模式、管理体制、保障机制改革，着力完善中国特色社会主义基础性制度体系，使各级各类教育更加符合教育规律，更加符合人才成长规律，更能促进人的全面发展，为发展具有中国特色、世界水平的现代教育提供制度保障。① 回首 2017 年，在教育体制机制改革方面，中央着力于破解体制机制障碍，解决热点难点问题，坚持以战略思维谋全局，以系统思维促全面，以辩证思维解忧难，以底线思维定方略，以法治思维图善治，贯穿了科学的改革思维，②构建了以能力培养为核心的教育质量标准体系，制定从学前教育到高等教育各学段人才培养质量标准，推进各级各类学校建设标准化、科学化、规范化。教育评价制度进一步健全，《对省级人民政府履行教育职责的评价办法》的出台提升了督政工作的实效，第三方教育评价在准入、职责、评价程序等方面更加健全，基于大数据技术的教育质量监测评估更科学、规范。在教育立法层面，中央总体规划当下亟须制定、修订、完善的教育法律法规，《中华人民共和国民办教育促进法》《中华人民共和国残疾人教育法》等法律修改实施；地方政府

---

① 焦新.盘点 2017 年 20 项教育改革新政[N].中国教育报，2017－12－29(02).

② 方向荣.深化教育体制机制改革的行动指南[N].中国教育报，2017－09－28(12).

在落实中央文件精神下,因地制宜制定了促进本地区教育事业发展的规章;学校章程文本写作进一步规范,为教育有法可依,促进教育事业发展起了重大的推动作用。

第一节　完善教育标准体系

制定教育质量标准,建立健全质量保障体系,是世界多国教育发展到较高水平的重要特征。这在某种意义上是一个国家教育质量管理机制健全和完善的主要标志之一,也体现了一个国家整体的教育管理与国际竞争能力。实际上,它同时反映了教育组织的质量意识和管理水平。① 教育标准是为实施国家教育法律法规和现有教育方针政策,为在教育活动领域内获得最佳秩序,在教育教学实践和理论研究的基础上,对各级各类教育活动事项制定的各类教育规范与技术规定。它既是指导和规范教育实践活动的基本准则,同时也是衡量教育质量高低的评价依据。②

建设和完善教育标准体系,对于促进经济社会发展,建成富强民主文明和谐的社会主义现代化国家,实现中华民族伟大复兴的中国梦具有十分重要的意义,也是推进依法治教,促进教育公平,提高教育质量,基本实现教育现代化和建设人力资源强国的必然选择。③ 在我国,自《国家中长期教育改革和发展规划纲要(2010—2020 年)》(中发〔2010〕12 号)把提高质量作为教育改革发展的核心任务以来,教育质量标准建设一直是关系教育发展的重要议题之一。2015 年,《国务院办公厅关于印发国家标准化体系建设发展规划(2016—2020 年)的通知》(国办发〔2015〕89 号)要求基本建成具有国际视野、适合中国国情、涵盖各级各类教育的国家教育标准体系。2017 年《国家教育事业发展“十三五”规划》(国发〔2017〕4 号)中明确指出,加强教育标准工作,完善教育标准研制、审定、复审机制,加快完善国家教育标准体系,完善各级各类学校教育质量标准,健全各级各类学校建设、教育装备、教师队伍、教育

---

① 乐毅.关于制定我国国家教育质量教育标准的几点思考——基于美国波多里奇国家质量奖教育标准的比较研究[J].教育理论与实践,2007(13):15.

②③ 国家教育标准体系研究课题组.国家教育标准体系的发展和完善[J].教育研究,2015(5):4.

投入、教育信息化、教育督导、学校运行、语言文字等标准，推进教育标准实施和监督。同时，中共中央办公厅、国务院办公厅印发《关于深化教育体制机制改革的意见》，强调要完善教育标准体系，研究制定从学前教育到高等教育各学段人才培养质量标准，完善学校办学条件标准。2017 年，我国在教育质量标准、人才培养标准、学校建设标准等方面都取得不俗的成绩，为完善当下我国的教育标准体系建设发挥了重要作用。

一、构建以能力培养为核心的教育质量标准体系

教育质量是衡量教育事业改革发展的重要指标。全面实现“十三五”时期教育改革发展目标，必须紧紧围绕全面提高教育质量这个主题，建立健全各级各类教育质量保障体系，全面提升育人水平。在进入 21 世纪后，教育重点从知识掌握向能力提升转变，尤其是关键能力的培养已经成为世界各国教育改革的重要目标和教育质量标准的基本内容。2017 年，各地相继落实政策，如海南省提出，根据教育部中小学各学科学业质量标准和高等学校相关学科专业类教学质量国家标准，制定和完善符合海南教育特点和海南经济发展要求的教育质量标准体系，明确学生完成不同学段、不同年级、不同学科学习内容后应该达到的程度要求。教育质量标准的制定是健全教育质量保障体系，提升教育发展的活力的重要支撑。在教育质量标准的建设中，要转变政府职能，从直接管理转向宏观指导；关注学生个体发展；充分发挥标准的改进动能，因地制宜建立适合本国国情的管理模式。此外还要通过民主决策，鼓励各利益相关者共同参与标准制定。①

二、完善人才培养质量标准

《国家中长期教育改革和发展规划纲要（2010—2020 年）》将提高质量作为工作方针之一，明确提出从加大教学投入、深化教学改革、加强就业创业教育和就业指导服务等各个方面提高人才培养质量。2012 年《国家教育事业

---

① 国家教育标准体系研究课题组.国家教育标准体系的发展和完善[J].教育研究，2015(5)：14－16.

发展第十二个五年规划》(教发〔2012〕9号)提出,完善教育质量标准,包括德智体美等各方面的人才培养质量标准,将人才培养质量标准纳入教育质量标准体系。2015年,《国务院办公厅关于深化高等学校创新创业教育改革的实施意见》再提完善人才培养质量标准。2017年《关于深化教育体制机制改革的意见》明确提出研究制定从学前教育到高等教育各学段人才培养质量标准。在此背景下,2017年,广西壮族自治区、河南省等地纷纷出台相应的通知或指导意见,完善人才培养质量标准。

三、完善学校办学条件标准

2011年6月14日,学校建设标准国家研究中心成立,旨在推进各级各类学校建设科学化、标准化、规范化。自2012年起,教育部出台了相应的政策文件,对学校建设标准进行了规定,力图消除城乡之间学校建设的差距。经过几年的努力,在校园硬件建设方面取得了良好的成效。2017年,《国家教育事业发展"十三五"规划》(国发〔2017〕4号)中明确指出,修订和落实学校建设标准,强化绿色节能环保要求。《高中阶段教育普及攻坚计划(2017—2020年)》(教基〔2017〕1号)指出,继续实施普通高中改造计划,支持中西部省份贫困地区教学生活设施不能满足基本需求、尚未达到国家基本办学条件标准的普通高中学校改扩建校舍,配置图书和教学仪器设备以及体育运动场等附属设施建设。在地方层面,2017年湖北省、山东省青岛市等地对城乡义务教育学校标准统一作出了规定,连云港市更是将达到学校建设标准作为督政的一项重要内容。广西壮族自治区提出,"十三五"期间,"全区70%的普通高中达到自治区级标准化高中的要求"。[①]

2017年关于教育标准建设方面,我国构建了以教育质量为核心,以人才培养质量为重点的教育标准体系,实现了教育标准由零散到系统化的转变,为规范城乡教育标准建设,促进教育良性运转作出了贡献。在今后的工作中,我国教育标准的制定应该坚持统一规划与因地制宜相结合、立足国情与

---

① 广西壮族自治区人民政府关于印发广西教育事业发展"十三五"规划的通知(桂教办〔2017〕156号)[EB/OL].2017-3-23[2018-04-14].http://www.tdjyw.gov.cn/jyxz/ShowArticle.asp?ArticleID=14841.

借鉴国际相结合、行政推动与专业主导相结合，逐步完善并形成规范、健全和均衡的教育质量标准体系。①

第二节　健全教育评价制度

教育评价对于人才培养模式的改革和教育体系的建设具有独特的、不可替代的作用，对于教育发展和改革具有多方面的推进性功能。② 随着管办评分离改革的不断推进，在“评”的层面，不再仅仅局限于督导评估，而是一个集政府督导评估、学校自我评估、社会组织专业评估相结合的多元化的评估体系。2017 年，我国充分发挥教育评价对科学育人的导向作用，完善教育督导体制，健全第三方评价机制，加强贯穿大中小幼的教育质量监测评估制度，建立标准健全、目标分层、多级评价、多元参与、学段完整的教育质量监测评估体系。

一、完善教育督导体制

当下我国正从人口大国向人力资源大国、人力资源强国发展，教育督导在教育事业的健康持续发展过程中发挥了重要作用，普及九年义务教育、教育公平、新课程改革、教育质量的监督与评估、教育管办评分离改革等国家和地方的重大教育改革项目，都离不开教育督导的保驾护航。③ 为进一步完善教育督导体制建设，改进以往教育督导过程中存在的问题，2017 年我国进一步提升督政实效，开展专项督导，完善督学管理。

（一）提升督政实效

督政是我国教育督导的重要内容之一，其对象针对的是政府，其职责在于补短板、控底线。但在实际的操作中，由于行政管理体制的约束，督导

---

① 李新翠，杨润勇.我国教育质量标准文本分析与完善策略[J].教育理论与实践，2015(13)：16.

② 谈松华.关于教育评级制度改革的几点思考[J].中国教育学刊，2017(4)：7.

③ 杨文杰，范国睿.教育督导制度改革：1977—2020——改革开放以来我国教育督导改革的回顾与展望[J].教育发展研究，2017(21)：1.

的对象却由政府变为教育行政部门。此外,由于教育督导机构实际隶属于教育行政内部,与其下设的其他机构平行,受到教育行政主管部门的领导和制约。在这种行政框架下,很难对政府形成行政约束力,督政实施难度大。

对此,近年来我国在探索建立相对独立的教育督导机构的同时,强化对政府落实教育法律法规和政策的督导检查,着力建立地方政府履行教育职责督导制度。2017 年,《国务院办公厅关于印发对省级人民政府履行教育职责的评价办法的通知》(国办发〔2017〕49 号)的出台对省级人民政府履行教育职责的评价的内容、实施、结果的运用进行了详细的描述。其中值得注意的是,评价结果成为对省级人民政府及其有关部门领导班子和领导干部进行考核、奖惩的重要依据,在规范省级人民政府履行相关职责,提高教育质量,促进教育公平方面发挥着重要的作用。为贯彻《国务院办公厅关于印发对省级人民政府履行教育职责的评价办法的通知》,2017 年部分地市出台了相应的办法、措施、评价指标。以上海市为例,2017 年 12 月出台《对市政府相关职能部门和下级政府履行教育职责的督导评估办法》(沪府办发〔2017〕77 号),要求健全全市教育督政工作统筹协调的工作机制;健全教育督政工作跨部门协同配合的工作机制;健全市、区分级督导、分工负责的工作机制;健全区域教育发展数据监测及满意度测评的工作机制,全方面评估各级政府贯彻执行党的教育方针情况,落实教育法律、法规、规章和政策情况,各级各类教育发展情况,统筹推进本行政区域教育工作情况,加强教育保障情况,学校规范办学行为情况,推进全市教育改革与发展的相关情况。

随着教育督导的范围不断扩大,对政府督导的范围也在不断扩展。如《国务院办公厅关于进一步加强控辍保学提高义务教育巩固水平的通知》(国办发〔2017〕72 号)中指出政府要履行控辍保学法定职责并将其作为向政府问责、评价的重要内容之一。各级政府肩负着地方教育发展的重大责任,对于教育政策上行下效具有重要的意义。

(二) 开展专项督导

在新时代背景下,随着社会主要矛盾的转变,教育要主动回应人民群众对教育的新期待，贯彻落实好十九大精神，以质量和效益为中心深化教育供给侧改革，在新的起点上、更高水平上办好人民满意的教育，切实增进人民群众的获得感、幸福感、安全感。[①] 2017年针对当下教育综合改革中遇到的热点难点问题开展的专项督导，为推进教育均衡发展奠定了坚实的基础。

当前，我国教育改革已经步入"深水区"，教育发展的内外部环境更加复杂，教育决策制定和改革举措实施的难度不断增加。[②] 在义务教育方面，党中央、国务院近年来实行了多重措施，建立了城乡统一、重在农村的义务教育经费保障机制，实现了城乡免费义务教育，义务教育覆盖面、入学率、巩固率持续提高。但受办学条件、地理环境、家庭经济状况和思想观念等多种因素影响，我国一些地区特别是老少边穷岛地区仍不同程度存在失学辍学现象，初中学生辍学、流动和留守儿童失学辍学问题仍然较为突出，对此，《国务院办公厅关于进一步加强控辍保学提高义务教育巩固水平的通知》(国办发〔2017〕72号)指出："各级教育督导部门要对义务教育控辍保学工作和巩固水平开展专项督导，把控辍保学作为责任督学日常督导工作的重要内容，对义务教育辍学高发、年辍学率超过控制线的县(市、区)，不得评估认定为县域义务教育发展基本均衡县。"[③]此外，《国务院办公厅关于加强中小学幼儿园安全风险防控体系建设的意见》(国办发〔2017〕35号)指出，将学校安全工作作为督导的重要内容，同时对重大安全事故或者产生重大影响的校园安全事件，要组织专项督导并向社会公布督导报告，这既规范了中小学幼儿园的办学行为，又加强了对危险事件的发生提前预防、事中监管的力度，营造良好教育环境和社会环境，为学生健康成长、全面发展提供保障。

(三) 强化督学管理

人是兴业之本，督导人员肩负着对教育发展状况和政策落实情况监督、检查

---

① 曾天山.新时代教育肩负新使命[N].中国教育报，2017-12-31.

② 钟秉林.加强综合改革　平稳涉过教育改革"深水区"[J].教育研究，2013(7)：4.

③ 国务院办公厅关于进一步加强控辍保学　提高义务教育巩固水平的通知(国办发〔2017〕72号)[EB/OL].2017-09-05[2018-05-11].http://www.gov.cn/zhengce/content/2017-09/05/content_5222718.htm.

和辅导的重要职责,是教师的“引导者”,学校管理者的“伙伴”,上级政府及教育行政部门的“智囊团”。[①] 因此,强化督学管理,是促进督导工作科学化、规范化、专业化,提高教育督导工作质量和水平,保障教育事业科学发展的重要组成部分。

教育督导工作的效果如何,很大程度上取决于督导队伍的素质。教育督导人员虽然不是直接从事教育教学工作的教师,也不承担学校的教育管理工作,但其特殊的职业性质要求他们必须熟悉国家的教育方针和教育法律法规,具有丰富的教育教学经验,深谙教育教学的基本规律,这样才能在督导中发现问题,加以引导继而解决问题。[②] 2016 年,《督学管理暂行办法》(教督〔2016〕2 号)出台,对督学聘任、责权、监管、培训、考核等多项内容进行了全面论述,为建设一支高水平、专业化、适应教育督导工作新形势的督学队伍打下了坚实的基础。2017 年,我国进一步加强督学队伍建设,在督促各地落实《督学管理暂行办法》的基础上,《国务院关于印发国家教育事业发展“十三五”规划的通知》(国发〔2017〕4 号)提出,完善督学资格准入、持证履职、聘任考核、聘期管理等制度,强化教育督导队伍建设。[③] 吉林、广东、福建、安徽等省也出台相关督导条例,对督学的资格、任职期限、考核、培训等方面进行了详细的规定。《福建省教育督导条例》除了对权责、回避情况进行规定之外,同时建立健全督学激励机制,对工作业绩突出的督学给予奖励。

自 2012 年督学责任区制度全面铺开后,督学挂牌督导作为一种常态性、柔性化的形式,有效地保障了学校健康发展和教育方针的贯彻落实。2016 年 10 月,刘延东在深化教育督导改革暨第十届国家督学聘任工作会议上进一步提出建立中小学校责任督学挂牌督导制度,开展中小学校责任督学挂牌督导工作创新县认定,为全国 30 万所中小学校配备 10 万余名责任督学,建立起一支活跃在学校的督导“常规军”。[④] 2017 年教育部继续开展全国中小

---

① 卢盈.教育督导人员专业化及其制度保障[J].教育导刊,2014(4):49-52.

② 杨文杰,范国睿.教育督导制度改革:1977—2020——改革开放以来我国教育督导改革的回顾与展望[J].教育发展研究,2017(21):10.

③ 国务院关于印发国家教育事业发展“十三五”规划的通知(国发〔2017〕4 号)[EB/OL].2017-01-10[2018-01-18].http://www.gov.cn/zhengce/content/2017-01/19/content_5161341.htm.

④ 教育部印发刘延东在深化教育督导改革暨第十届国家督学聘任工作会议上讲话[EB/OL].2016-10-28[2018-01-19].http://www.chinanews.com/gn/2016/11-23/8072473.shtml.

学校责任督学挂牌督导工作创新县(市、区)评估认定，作为转变政府管理职能的重要举措，挂牌督导的实行是加强学校和社会联系，办人民满意的教育的有效途径，也是促进学校内涵式发展的重要手段。

二、健全第三方评价机制

管办评分离改革以转变政府职能为突破口，以构建政府、学校、社会新型关系为核心内容，旨在形成“政府宏观管理、学校自主办学、社会广泛参与”的新格局，实现由“管理”向“治理”模式的转变。我国重视第三方评价的培育、建设。2015 年 5 月，民政部发布《关于探索建立社会组织第三方评估机制的指导意见》(民发〔2015〕89 号)，对第三方评价组织的运行原则、资金保障机制等方面进行了规定。

第三方评价是介于政府、学校和社会三者之间的专业性组织。在我国，第三方评价机构已经被广泛运用于各行各业。在教育领域，如 2012 年 7 月，西安市就以公开招标的方式，面向社会公开遴选有资质的第三方中介机构对西安市教育改革发展情况进行社会评价。[①] 尽管近年来我国的教育改革取得了显著的成就，但第三方评价机构作为舶来品，在我国的发展起步晚，无论是体制建设还是机制建设都不健全，且受传统行政管理模式的影响，政府往往习惯通过权力、命令来控制和监管教育活动，这种过度严格的控制与监管路径透露出对第三方评价机构的“不信任。”[②]对此，2017 年，我国进一步强化社会监督评价，《国务院关于印发国家教育事业发展“十三五”规划的通知》(国发〔2017〕4 号)中明确指出：“加强对第三方教育质量评估的监督指导，培育专业教育评价机构。鼓励行业企业、专业机构和社会组织规范开展教育评价和决策咨询，大力培育专业服务机构，委托专业机构和社会组织开展评价。”[③]

---

① 有本章.变化中的日本学术评价体系：由自我评价走向第三方评价的转换[J].国家教育行政学院学报，2006(12)：86.

② 金绍荣.刘新智.非政府组织参与公共教育治理：目标、困境与路向[J].教育发展研究，2013(5)：51.

③ 国务院关于印发国家教育事业发展“十三五”规划的通知(国发〔2017〕4 号)[EB/OL].2017-01-10[2018-01-18].http://www.gov.cn/zhengce/content/2017-01/19/content_5161341.htm.

在地方贯彻实行上,以山东为例,2016 年 9 月,山东省出台国内首个省级第三方教育评价办法,对委托评价事项、委托程序、评价程序、评价各方的权利和义务、评价结果运用、组织领导等方面进行了规定,着力规范第三方评价的范围、内容、程序,建立健全第三方评价的政策体系和体制机制,加快推进教育治理体系和能力现代化。在此背景下,山东省世纪教育评估中心、山东省泰山教育创新研究院等几家第三方评价机构成长起来,《山东省人民政府关于印发山东省"十三五"教育事业发展规划的通知》(鲁政发〔2017〕33 号)要求"深入推进管办评分离。构建政府依法管理、学校依法自主办学、社会各界依法参与和监督的教育公共治理新格局。探索委托第三方开展教育评价"。①

第三方教育评价作为转变教育管理模式的产物,由于起步时间晚,在资质、准入、认证、人员配备等问题上仍有待完善,且现阶段在数量上不能满足教育改革与发展的需要。因此,今后应健全第三方评估的法律法规,并实施外部的资质认证活动;同时,就第三方评价自身来看,需要提高自身业务能力,以满足当下教育评估的需要。

三、加强教育质量监测评估

当前,我国教育发展正走向均衡、高质量、公平的内涵提升式发展道路。对教育活动开展有效监测,是把握教育发展现状,发现和纠正教育发展中的问题,确保教育更好发展的重要手段。②

教育质量监测评估是准确把握现实教育状况,促进政策调整,实现教育有效管理的重要途径。2010 年,《国家中长期教育改革和发展规划纲要(2010—2020 年)》把提高质量作为教育改革发展的核心任务。近年来,教育质量监测评估一直是我国教育工作的重要内容。以义务教育质量监测评估为例,教育部依托北京师范大学成立的教育部基础教育质量监测中心,通过

---

① 山东省人民政府关于印发山东省"十三五"教育事业发展规划的通知(鲁政发〔2017〕33 号)[EB/OL].2017-10-16[2018-01-18].http://www.shandong.gov.cn/art/2017/10/19/art_2267_17525.html.

② 许海莹.我国基础教育监测的现状考察及政策建议[J].教育测量与评价,2016(3):12.

组织全国相关领域的专业力量，围绕国家基础教育质量监测进行了大量工作，为在全国正式开展义务教育质量监测奠定了坚实基础。2017 年《国务院关于印发国家教育事业发展“十三五”规划的通知》(国发〔2017〕4 号)明确指出，健全国家教育质量评估监测机构，继续实施国家义务教育质量监测。探索建立学前教育、特殊教育质量监测评价体系，健全职业教育质量保障体系，同时对普通高等学校教育教学进行评估，完善研究生教育质量评估。此外，提出建立基于大数据分析的质量监测机制，强化监管结果运用，建立公开承诺、权责一体、违者退出的机制。在此背景下，各地采取了多种措施对本地区教育质量进行监测评估。

随着教育信息化的全面铺开，大数据运用于教育质量监测评估比以往更加准确、科学，为促进教育事业发展起到了积极的推动作用。但是在教育质量监测评估的过程中，指标的设定、操作的流程以及结果的运用方面仍需完善和加强，这应是未来教育质量监测评估的重要内容之一。

第三节　加强教育法治建设

党的十九大明确指出，全面依法治国是中国特色社会主义的本质要求和重要保障。2017 年，中央从宏观、中观、微观层面全面把控教育法治建设，为教育事业改革发展提供了重要的引领、规范、支撑和保障作用。

一、国家教育法治建设

推进教育法治，就是在教育系统营造一个自由平等、公平正义、民主法制的制度及文化环境，对青少年学生进行有效的法治教育，培养出具有社会主义法治理念和法治信仰的合格公民，为建设社会主义法治国家奠定基础。[①] 在国家层面上推进教育法治建设，一方面规范了教育参与者的行为，引导教育事业健康发展；另一方面保障了教师、学生、社会等多元主体的权利与利益，推动实现教育领域良法善治。

---

① 孙霄兵，翟刚学.中国教育法治的历史回顾与未来展望[J].课程·教材·教法，2017(5)：4.

2016 年出台的《依法治教实施纲要(2016—2020 年)》(教政法〔2016〕1 号)(以下简称《纲要》)对未来 5 年的教育法治工作进行了部署,要求在 2020 年基本形成适应实践需要、内容完备的教育法律、行政法规。在《纲要》指导下,《中华人民共和国民办教育促进法》修订出台,其中的亮点在于明确了民办学校分类管理改革的标准及其相关规定,为举办者自主选择非营利性办学和营利性办学提供了法律依据,同时完善了民办学校治理结构,规范了民办学校办学行为。根据《纲要》部署,2017 年,修订颁布《残疾人教育条例》,推进《中华人民共和国职业教育法》修订、《学前教育法》起草,以及《中华人民共和国学位条例》修订以及《终身学习法》《国家教育考试条例》《学校安全条例》等法律、法规的起草工作。《国家教育事业发展"十三五"规划》(国发〔2017〕4 号)将坚持依法治教作为基本原则,要求完善教育法律法规体系。同时要求研究制订《教育统计工作管理规定》《学校未成年学生保护规定》等规章。设立教育立法研究基地、教育立法咨询专家库。启动依法治教示范区、依法治校示范校创建活动。出台关于深化教育行政执法体制机制改革的意见。研究制订部属高校加强法治工作的指导意见,为实现教育现代化提供可靠保障。

党的十九大明确了新时代的社会主要矛盾,意味着未来工作的重点将指向解决发展不均衡不充分的问题。在教育层面,教育事业发展的主要矛盾由"保障每个孩子有学上与教育资源供给不足之间的矛盾"转化为"人民日益增长的优质教育需要和优质教育不平衡不充分的发展之间的矛盾"。在今后的法治建设中,应立足于当下教育出现的迫切难题,回应人民群众的教育需求,通过出台相关法规、规章,完善国家教育法治体系建设,为破解教育难点问题提供法律支持。

二、地方教育规章建设

地方教育规章是落实国家教育法律、法规的具体体现,一方面它可以完善本地区教育法治体系建设;另一方面,有些地市先于国家层面,根据当地存在的难题制定相关的政策、规章,既为其他省市地区处理同类问题提供了参照蓝本,又对国家教育法治体系建设起到推动作用。

《依法治教实施纲要（2016—2020年）》（教政法〔2016〕1号）指出："积极推动教育地方性法规规章建设。支持各地结合本地教育发展特点和实践需要，制定有针对性的地方性法规。设立地方教育立法改革试点项目，建立专家咨询和经费支持机制，鼓励各地在终身学习、学前教育、普通高中教育、营利性教育机构监管、校企合作、家庭教育等教育法律规范尚存空白的领域，先行先试，以教育立法推动教育改革，为全国性教育立法积累经验。"[①]在国家《学校教育法》长期缺位的情况下，2017年3月20日，《青岛市中小学管理办法》率先施行，以构建政府、学校、社会新型关系为核心，基本形成政府依法管理、学校依法自主办学、社会各界依法参与和监督的教育公共治理新格局，在全国层面起到了很好的示范作用。《青岛市中小学管理办法》中提到，"中小学校对影响教育教学秩序的学生，应当进行批评教育或者适当惩戒"。这是全国或地方教育性法规中首次提出"惩戒"的概念。但是，其中并没有明确惩戒的内容、范围、方式，这使得惩戒的合法化有待考究。

此外，2016—2017年间，幼儿园、早教培训机构违规办学，性侵、虐童事件频发，严重影响着地方学前教育事业的发展。且学前教育地方立法的数量呈现"东多西少"的态势，同一地区的学前教育地方立法存在权利义务关系配置缺位以及实质性内容条款较为模糊且操作性不强等现实困境。为此，着力提升学前教育地方立法技术，厘定学前教育各地方主体间的权利义务边界，建立学前教育地方办学监督问责机制等，应成为未来学前教育地方立法改进的主攻方向。[②]

三、学校章程建设

教育管办评分离改革旨在形成政府依法管理、学校自主办学、社会组织参与教育的新局面。自教育管办评分离改革试点工作开始后，相关省市出台

---

① 教育部关于印发《依法治教实施纲要（2016—2020年）》的通知（教政法〔2016〕1号）[EB/OL].2016-01-07[2018-05-11].http://www.moe.edu.cn/srcsite/A02/s5913/s5933/201605/t20160510_242813.html.

② 陈亮.我国学前教育地方立法的现实困境及其改进方向[J].陕西师范大学学报（哲学社会科学版），2017(6)：53-59.

了教育法律规章,逐步推行清单管理,完善学校章程,推进现代学校制度建设。学校章程是规范政府管理学校、学校自主办学及社会监督评价的重要依据。

2010 年发布的《国家中长期教育改革和发展规划纲要(2010—2020 年)》(中发〔2010〕12 号)指出:“大力推进依法治校,学校要建立完善符合法律规定、体现自身特色的学校章程和制度,依法办学,从严治校,认真履行教育教学和管理职责。”[①]2012 年推出的《全面推进依法治校实施纲要》(教政法〔2012〕9 号)中突出强调,“学校要牢固树立依法办事、尊重章程、法律规则面前人人平等的理念”,并提到,“到 2015 年,全面形成一校一章程的格局”,学校章程作为学校的“宪法”,是学校依法自主办学的重要依据,针对我国中小学长期以来存在的无章办学、章程设计不规范、有章不依等现象,[②]教育部要求各级各类学校要依法制定适合自身发展的学校章程,全面形成一校一章程的格局。截至 2016 年 12 月,各地学校章程审核工作已基本完成,学校章程从无到有,向现代学校制度建设迈出了重要一步。虽然如此,有学者通过对各地学校章程建设过程的调查,发现许多地方为了完成“一校一章程”的要求,教育行政部门通过下发“章程模版”让各级各类学校“填空”的方式,在短时间内“顺利”完成。这导致了学校章程建设缺乏个性,同质化现象严重,[③]有不少学校对章程的地位和作用缺乏充分的认识,不少学校章程内容空泛笼统,有些内容甚至违法,制定程序不规范,将学校章程视为可有可无的摆设。[④] 2017 年,《国务院关于印发国家教育事业发展“十三五”规划的通知》(国发〔2017〕4 号)中明确指出:“加快现代大学制度和各类学校管理制度建设。全面落实‘一校一章程’。加强对新设立学校和升格、更名、合并、分立的高等学校的章程核准工作,建立和完善各级各类学校依章办学的管理制度和

---

① 国家中长期教育改革和发展规划纲要工作小组办公室.国家中长期教育改革和发展规划纲要(2010—2020 年)[EB/OL]. 2010 - 07 - 29[2018 - 01 - 19]. http://old.moe.gov.cn/publicfiles/business/htmlfiles/moe/info_list/201407/xxgk_171904.html.

② 陈立鹏,等.我国中小学章程建设现状与思考[J].中国教育学刊,2011(1): 24 - 28.

③ 范国睿.基于教育管办评分离的中小学依法自主办学的体制机制改革探索[J].教育研究,2017(4): 29.

④ 万华.中小学依法治校的误区及其消解策略[J].中国教育学刊,2016(6): 11.

监督办法，推动学校依法依章治校。”①《义务教育学校管理标准》（教基〔2017〕9 号）也规定，为建设现代学校制度，要依法制定和修订学校章程，健全完善章程执行和监督机制，规范学校办学行为，提升学校治理水平。在地方层面，北京市、抚顺市等地出台了相关方案，推进中小学章程建设，健全学校法制治理结构和自我监督机制，力图在 2018 年在全市实现“一校一章程”的格局。

制定和实施学校章程是依法治校，建立现代学校制度，促进学校持续发展的法理依据。针对当下学校章程存在的问题，建立与完善基于学校章程的学校治理机制应是破解学校治理难题的重要举措。为此，学校要从自身情况和特色出发，制定、修订、完善学校章程，以凸显学校的办学理念和特色。同时，在章程的指导下，制定学校自主办学与自我管理的相关制度体系，优化学校内部治理结构，明确不同利益主体之间的权利、义务和职责，从而保障学校办学自主权的有序运行。

---

① 国务院关于印发国家教育事业发展“十三五”规划的通知（国发〔2017〕4 号）[EB/OL].2017－01－10[2018－01－18].http://www.gov.cn/zhengce/content/2017－01/19/content_5161341.htm.

第三章　促进学前教育普惠健康发展

根据《国家中长期教育改革和发展规划纲要(2010—2020)》(中发〔2010〕12号)和《国务院关于当前发展学前教育的若干意见》提出的“学前教育发展必须坚持公益性和普惠性”要求,以及《国家教育事业发展“十三五”规划》(国发〔2017〕4号)对学前教育改革发展工作的相关部署,2017年,学前教育领域主要通过扩大普惠性学前教育资源,强化幼儿园安全管理,构建学前教育教师队伍建设支持体系以及推进学前教育立法工作等措施,促进学前教育的普惠健康发展。在扩大普惠性学前教育资源方面,教育部修订和出台相关政策,以不断完善“国务院领导,省地市统筹,以县为主”的学前教育管理体制,落实各级政府责任,扩大公益性幼儿园规模,缓解入园难问题;印发《教育部等四部门关于实施第三期学前教育行动计划的意见》(教基〔2017〕3号),启动实施第三期学前教育行动计划;建立与公益普惠要求相适应的学前教育成本分担机制,缓解学前教育入园贵问题。在强化幼儿园安全管理方面,印发相关政策文件,大力构建幼儿园安全风险防控体系和建立幼儿园办园行为督导评估机制,并在全国范围内开展幼儿园规范办园行为专项督导检查。通过进一步明确幼儿园教职工编制标准,加强学前教育教师队伍培训力度以及完善教职工待遇保障机制等措施,构建和规范了学前教育教师队伍建设支持体系。此外,推动学前教育立法,强化学前教育督导,落实依法治教;贯彻落实《3—6岁儿童学习与发展指南》,出台《教育部办公厅关于开展2017年全国学前教育宣传月活动的通知》(教基厅函〔2017〕5号),组织开展以“游戏——点亮快乐童年”为主题的第六届全国学前教育宣传月活动;落实《幼儿园工作规程》,进一步规范办园行为,提高保育教育质量。

第一节 扩大普惠性学前教育资源

普惠性学前教育是我国学前教育改革的政策目标。①《国家中长期教育改革和发展规划纲要 2010—2020》(中发〔2010〕12 号)和《国务院关于当前发展学前教育的若干意见》(国发〔2010〕41 号)都提出,“学前教育发展必须坚持公益性和普惠性”。教育部第二期、第三期学前教育行动计划都将“公益普惠”作为基本原则,要求公办民办并举,进一步提高公办幼儿园提供普惠性学前教育服务的能力,积极引导和扶持民办幼儿园提供普惠性服务。近年来,为了向广大适龄儿童提供普惠性学前教育服务,在党中央、国务院的高度重视和精心部署下,国家出台了一系列强有力的政策措施,实施重大学前教育项目,各地也连续实施两期学前教育行动计划,推动学前教育发展迈上新台阶。截止到 2016 年,全国共有幼儿园近 24 万所,在园幼儿规模 4 414 万人,学前三年毛入园率达到 77.4%,与 2009 年相比,幼儿园数量增长了 74%,在园幼儿规模增长了 66%。毛入园率增加了 27 个百分点,人民群众关心的入园难问题得到明显缓解。② 但由于底子薄、欠账多,目前学前教育仍是我国教育体系中的薄弱环节,仍然存在普惠性学前教育资源总量不足的问题。为此,2017 年,教育部进一步理顺管理体制,落实各级政府责任;启动实施第三期学前教育行动计划;建立与公益普惠要求相适应的学前教育成本分担机制;开展城镇小区配套幼儿园专项整治,对未按规定建设、移交,没有办成公办园或普惠性民办幼儿园的,进行全面整改。

一、理顺管理体制,落实各级政府责任

学前教育管理体制是保障政府切实履行发展学前教育职责的重要条件和促进学前教育事业健康、有序、可持续发展的关键因素。我国较长时期实

---

① 王东.普惠性学前教育:内涵与政策意蕴[J].教育科学,2014(2):26－31.

② 教育部对十二届全国人大五次会议第 6404 号建议的答复[EB/OL].2017－09－19[2018－04－16]. http://www.moe.edu.cn/jyb_xxgk/xxgk_jyta/jyta_jijiaosi/201801/t20180109_324188.html.

行“地方负责，分级管理”的学前教育管理体制，在实际执行过程中存在着不同层级政府间职责不明确、权责配置不合理，特别是责任主体重心过低，统筹协调和财政保障能力严重不足等突出问题，严重地影响和制约了学前教育事业的健康、有序和可持续发展。① 为有效破解当前我国学前教育管理体制面临的困境，促进学前教育事业健康、有序、可持续发展，教育部不断完善学前教育管理体制，建立健全“国务院领导，省地(市)统筹，以县为主”的学前教育管理体制。

财政部、教育部印发的《支持学前教育发展资金管理办法》(财科教〔2016〕33 号)规定，建立健全“省地(市)统筹，以县为主”的学前教育管理体制，推动理顺机关、企事业单位、街道集体幼儿园办园体制，实行属地化管理，面向社会提供普惠性服务。② 同时，《教育部等四部门关于实施第三期学前教育行动计划的意见》(教基〔2017〕3 号)提出，健全“国务院领导，省地(市)统筹，以县为主”的学前教育管理体制。省级、地市级政府加强统筹，加大对贫困地区支持力度。落实县级政府主体责任，充分发挥乡镇政府的作用，通过地方政府接收、与当地优质公办园合并、政府购买服务等多种形式，确保其面向社会提供普惠性服务。2017 年底前，对符合条件的幼儿园，按照《事业单位登记管理暂行条例》和《事业单位、社会团体及企业等组织利用国有资产举办事业单位设立登记办法(试行)》完成事业单位登记。③

通过不断完善“国务院领导，省地(市)统筹，以县为主”的学前教育管理体制，推动各级政府坚持公益普惠基本方向，着力扩大普惠性资源，完善体制机制，努力构建广覆盖、保基本的公共服务体系。引导省、地市级政府加大统筹力度，加强对农村贫困地区学前教育支持，做到补短板、促公平。指导县级

---

① 庞丽娟，范明丽.“省级统筹，以县为主”完善我国学前教育管理体制[J].教育研究，2013(10)：24-28.

② 财政部 教育部关于印发《支持学前教育发展资金管理办法》的通知(财科教〔2016〕33 号)[EB/OL].2016-12-05[2018-01-19].http://www.gov.cn/gongbao/content/2017/content_5217751.htm.

③ 教育部等四部门关于实施第三期学前教育行动计划的意见(教基〔2017〕3 号)[EB/OL].2017-04-17[2018-04-16].http://www.moe.edu.cn/srcsite/A06/s3327/201705/t20170502_303514.html.

政府切实落实发展和监管的主体责任，坚持规模和质量并重，促进县域学前教育持续健康发展。

二、启动实施学前教育第三期行动计划

2011 年，教育部启动学前教育三年行动计划，学前教育改革发展取得显著成效，资源快速扩大，入园难问题初步缓解。但由于我国学前教育底子薄，短板多，普惠性学前教育资源的配置不足，特别是全面“二孩”政策的实施和城镇化进程的加快，导致我国普惠性学前教育发展形势较为严峻，入园难问题依然未能得到很好的解决。为贯彻落实党的十八届五中全会“发展学前教育，鼓励普惠性幼儿园发展”的要求，2017 年 4 月，《教育部等四部门联合印发关于实施第三期学前教育行动计划的意见》(教基〔2017〕3 号)(本章简称《意见》)要求，坚持“注重科学规划、坚持公益普惠、强化机制建设”的基本原则，实现到 2020 年，基本建成广覆盖、保基本、有质量的学前教育公共服务体系；全国学前三年毛入园率达到 85%，普惠性幼儿园覆盖率(公办幼儿园和普惠性民办幼儿园在园幼儿数占在园幼儿总数的比例)达到 80%左右。①

《意见》提出，为落实“增加普惠性资源供给”的重点任务，要求逐年安排新建、改扩建一批幼儿园，支持企事业单位和集体办园，扩大公办资源。老旧城区、棚户区改造和新城区、城镇小区建设要按需要配建幼儿园。开展城镇小区配套幼儿园专项整治，对未按规定建设或移交，没有办成公办园或普惠性民办幼儿园的要全面整改，2018 年底前整改到位。继续办好公办乡镇中心幼儿园，充分发挥辐射指导作用，大村独立建园，小村联合办园，优先利用中小学闲置校舍进行改建。加快集中连片贫困地区乡村幼儿园建设。各省(区、市)制定普惠性民办幼儿园认定标准，逐年确定一批普惠性民办幼儿园。通过购买服务、综合奖补、减免租金、派驻公办教师、培训教师、教研指导等方式，支持普惠性民办幼儿园发展。将提供普惠性学位数量和办园质量作为奖

① 教育部等四部门关于实施第三期学前教育行动计划的意见(教基〔2017〕3 号)[EB/OL]. 2017-04-13[2018-04-16]. http://www.moe.edu.cn/srcsite/A06/s3327/201705/t20170502_303514.html.

励和支持的依据,对达不到要求的要限期整改。

同时,2017 年 9 月实施的《中华人民共和国民办教育促进法》也对普惠性民办幼儿园的设立提供法律保障。《中华人民共和国民办教育促进法》规定:“民办学校与公办学校具有同等的法律地位,国家保障民办学校的办学自主权。国家保障民办学校举办者、校长、教职工和受教育者的合法权益。”①同月,国务院印发的《关于深化教育体制机制改革的意见》也指出,要创新学前教育普惠健康发展的体制机制,鼓励多种形式办园,以县域为单位制定幼儿园总体布局规划,新建、改建、扩建一批普惠性幼儿园,鼓励社会力量举办幼儿园,支持民办幼儿园提供面向大众、收费合理、质量合格的普惠性服务。②

为了贯彻落实发展普惠性学前教育的相关政策,青岛、武汉、河南、陕西、四川、重庆、广西、甘肃、新疆等省市根据《意见》指示,结合当地学前教育发展情况制定和实施第三期学前教育行动计划。例如,广西壮族自治区通过建立多元普惠幼儿园扩大普惠性资源配置,有效缓解该地区入园难问题,普惠性学前教育资源的覆盖率得到了较大提高。目前,广西壮族自治区已认定的多元普惠幼儿园有 4 270 所,惠及幼儿 78 万人,全区普惠性学前教育资源覆盖率达 60%。③《青岛市第三期学前教育行动计划》规定,到 2020 年,学前教育高水平普及,学前三年入园率巩固在 99%以上;学前教育普惠性显著增强,公办幼儿园和普惠性民办幼儿园在园幼儿比例不低于 90%。为了实现这一目标,要求优先建设城镇幼儿园,积极应对城区入园高峰,新建、改扩建幼儿园不少于 400 所。加强城镇居住区配套幼儿园规划、建设、管理,确保配套幼儿园建设与住宅建设首期项目同步规划、同步建设、同步交付使用,纠正配套幼儿园挪作他用、长期闲置等违规行为。④ 2017 年 2 月,浙江省出台《政府向社会力量购买学前教育服务实施方案》(浙教计〔2017〕12 号),提出以向民办

---

① 阚明坤.《民办教育促进法实施条例》应更具可操作性[N].人民政协报,2017-11-15(10).

② 中共中央办公厅 国务院办公厅印发《关于深化教育体制机制改革的意见》[EB/OL].2017-09-25[2018-01-31].http://www.moe.edu.cn/jyb_xwfb/gzdt_gzdt/201709/t20170925_315201.htm.

③ 禹跃昆.广西:唱响多元普惠“新民歌”[N].中国教育报,2017-07-18(01).

④ 刘淼.四年新建改扩建幼儿园 400 所 九成娃娃可以上公办园普惠园[N].青岛日报,2017-04-12(04).

幼儿园购买学前教育服务的方式增加普惠性学前教育资源，着力缓解入园难等问题。

三、完善学前教育成本分担机制

县级财政是当前区域内财政性学前教育经费的主要来源，区县政府是学前教育财政性经费投入的主体。对于不发达和欠发达地区，“以县为主”的投入体制重心过低，县级财政自给能力不足，难以维持学前教育可持续发展的长期投入。大多数公办园以及企事业单位、集体办幼儿园缺乏必要的财政支持，以及相应的办园成本分担机制，由此引发入园贵问题。

在各级政府的共同努力下，虽然我国学前教育事业取得了一定成效，但我国学前教育公共服务“公益普惠”程度依然不高，入园贵问题尚未获得普遍的、根本性的解决。[①] 究其原因，一方面是因为学前教育财政性经费投入占比较低，低于国际上很多同等入园率的国家；另一方面是未能建立起学前教育发展的长效经费投入保障机制。因此，为进一步扩大普惠性学前教育资源，着力解决入园贵问题，《意见》要求，进一步建立健全与公益普惠要求相适应的学前教育成本分担机制。各地要按照非义务教育成本分担的要求，建立起与管理体制相适应的生均拨款、收费、资助一体化的学前教育经费投入机制，保障幼儿园正常运转和稳定发展。根据幼儿园可持续发展需要和当地实际，逐步制定公办园生均拨款标准和普惠性民办园的补助标准。进一步健全资助制度，确保建档立卡等家庭经济困难幼儿优先获得资助。根据经济发展状况、办园成本和家庭经济承受能力，对公办幼儿园的保教费收费标准进行调整。[②]

随后，一些省市根据中央政策指示，结合当地学前教育发展情况制定和实施第三期学前教育行动计划，对普惠性学前教育的成本分担机制进行了更加细致的规定。其中，《武汉市第三期学前教育行动计划（2017—2020 年）》提出，要在全市推行公益普惠的学前教育财政投入保障机制项目，加大学前

---

① 教育部发布《学前教育专题评估报告》[J].教育导刊（下半月），2016(1)：89 - 92.

② 柴葳.第三期学前教育行动计划启动实施[N].中国教育报，2017 - 05 - 17(01).

教育的财政支持力度,健全国有企业、事业单位、部队、高校、街道集体办园的支持政策,完善普惠性民办幼儿园的财政扶持政策,完善学前教育培养成本分担机制,将家庭负担控制在合理范围。[①]《四川省第三期学前教育行动计划(2017—2020 年)》指出,要健全学前教育成本分担机制,逐步制定公办园生均拨款标准和普惠性民办园的补助标准,所需经费按照幼儿园隶属关系纳入同级财政预算,同时要进一步健全幼儿资助制度。[②]《海南省学前教育行动计划》指出,要完善学前教育培养成本合理分担机制,要求各市县要落实公办园生均公用经费拨款标准并结合实际动态调整,完善普惠性民办园的补助办法,同时也要求进一步完善学前教育资助政策。[③]

第二节　强化幼儿园安全管理

近年来,幼儿园安全问题频现,携程亲子园虐童事件、红黄蓝幼儿园虐童事件等在 2017 年成为热点话题。幼儿园虐童事件暴露出一些地方幼儿园、托儿所等幼儿机构仍然存在管理不善、制度不落实、执行不到位等问题。在幼儿园数量不断扩大的趋势下,如何加强幼儿园安全管理成为人们最关心的话题之一,也是 2017 年学前教育的重大工作主题,国务院和教育部陆续印发《国务院办公厅关于加强中小学幼儿园安全风险防控体系建设的意见》(国办发〔2017〕35 号)、《教育部办公厅关于加强中小学(幼儿园)周边安全风险防控工作的紧急通知》(教督厅〔2017〕2 号)和《国务院教育督导委员会办公室关于开展幼儿园规范办园行为专项督导检查的紧急通知》(国教督办函〔2017〕91 号)等文件,从各方面强化幼儿园安全管理。

---

① 武汉市人民政府关于印发武汉市第三期学前教育行动计划(2017—2020 年)的通知(武政规〔2017〕33 号)[EB/OL].2017-08-21[2018-01-31].http://www.wuhan.gov.cn/hbgovinfo_47/szfggxxml/zcfg/gfxwj/201708/t20170828_133872.html.

② 《四川省第三期学前教育行动计划》解读[EB/OL].2017-09-05[2018-01-31].http://www.sc.gov.cn/10462/10464/10797/2017/9/5/10432745.shtml.

③ 海南省教育厅等四部门关于印发《海南省第三期学前教育行动计划(2017—2020 年)》的通知(琼教〔2017〕58 号)[EB/OL].2017-09-30[2018-01-31].http://xxgk.hainan.gov.cn/hi/HI0108/201710/t20171009_2440665.html.

一、构建幼儿园安全风险防控体系

长期以来，党中央、国务院和地方各级党委、政府高度重视学校安全工作，采取了一系列措施维护学校及周边安全，学校安全形势总体稳定。但是，受各种因素影响，学校安全工作还存在相关制度不完善、不配套，预防风险、处理事故的机制不健全，意识和能力不强等问题。为进一步加强和改进学校安全工作，2017 年 4，国务院发布《关于加强中小学幼儿园安全风险防控体系建设意见》（国办发〔2017〕35 号），要求坚持“统筹协调、综合施策，以人为本、全面防控，坚持依法治理、立足长效，分类应对、突出重点”的基本原则，运用法治思维和法治方式推进综合改革、破解关键问题，建立科学系统、切实有效的学校安全风险防控体系，营造良好教育环境和社会环境，为学生健康成长、全面发展提供保障。

该文件要求，第一，完善学校安全风险预防体系。健全学校安全教育机制，完善有关学校安全的国家标准体系和认证制度，探索建立学生安全区域制度，健全学校安全预警和风险评估制度，探索建立学校安全风险防控专业服务机制。第二，健全学校安全风险管控机制。落实安全管理主体责任，建立专兼职结合的学校安保队伍，着力建设安全校园环境，进一步健全警校合作机制，健全相关部门日常管理职责体系，构建防控学生欺凌和暴力行为的有效机制，严厉打击涉及学校和学生安全的违法犯罪行为，形成广泛参与的学生安全保护网络。第三，完善学校安全事故处理和风险化解机制。健全学校安全事故应对机制，健全学校安全事故责任追究和处理制度，建立多元化的事故风险分担机制，积极构建学校依法处理安全事故的支持体系。①

2017 年 6 月，教育部下发《教育部办公厅关于加强中小学（幼儿园）周边安全风险防控工作的紧急通知》（教督厅〔2017〕2 号），要求提高认识，健全防控机制。各地教育部门要在当地党委、政府领导下，牢固树立安全工作红线意识和底线思维，指导学校落实各项安全管理制度，加大安全教育力度，健全

---

① 国务院办公厅关于加强中小学幼儿园安全风险防控体系建设的意见（国办发〔2017〕35 号）[EB/OL].2017 - 04 - 25[2018 - 01 - 19].http://www.gov.cn/zhengce/content/2017 - 04/28/content_5189574.htm.

安全应急机制。会同相关部门制定区域性学校安全风险清单,提供安全风险提示,指导学校健全风险评估和预防制度。加强与公安、综治等部门沟通协作,健全联动机制,及时会商和处理涉及学校周边地区安全稳定的突出问题。强化排查,化解安全隐患。加强督查,落实安全责任。[①]

江苏省、海南省和贵州省等省市相继出台实施意见。2017 年 11 月,江苏省下发《省政府办公厅关于加强中小学幼儿园安全风险防控体系建设的实施意见》(苏政办发〔2017〕138 号),要求立足江苏实际情况,加强中小学幼儿园安全风险防控顶层设计、制度整合和机制创新,努力构建完善的中小学幼儿园安全风险防控体系。强调完善学校安全风险预防体系,完善学校安全风险管控机制,完善学校安全事故处理和风险化解机制。[②] 2017 年 12 月,海南省出台《海南省人民政府办公厅关于加强中小学幼儿园安全风险防控体系建设的实施意见》(琼府办〔2017〕225 号)。文件要求建立健全学校安全风险防控工作职责,完善学校安全风险防控体系,加强学校安全事故处理和风险化解机制建设。[③]

二、建立幼儿园办园行为督导评估机制

为落实党中央、国务院关于保障学校安全的总体要求,推动建立科学化、规范化、制度化的中小学(幼儿园)安全保障体系和运行机制,提高安全风险防控能力,2016 年 11 月,国务院教育督导委员会办公室印发《中小学(幼儿园)安全工作专项督导暂行办法》(国教督办〔2016〕4 号)。2017 年 4 月,教育部印发《幼儿园办园行为督导评估办法》(教督〔2017〕7 号),重点督导幼儿园

① 教育部办公厅关于加强中小学(幼儿园)周边安全风险防控工作的紧急通知(教督厅〔2017〕2 号)[EB/OL]. 2017 - 06 - 16[2018 - 04 - 16]. http://www.gov.cn/xinwen/2017 - 06/16/content_5203075.htm.

② 江苏省人民政府办公厅关于加强中小学幼儿园安全风险防控体系建设的实施意见(苏政办发〔2017〕138 号)[EB/OL]. 2017 - 11 - 02[2018 - 04 - 16]. http://www.jiangsu.gov.cn/art/2017/11/16/art_46144_6519386.html.

③ 海南省人民政府办公厅关于加强中小学幼儿园安全风险防控体系建设的实施意见(琼府办〔2017〕225 号)[EB/OL]. 2017 - 12 - 29[2018 - 04 - 16]. http://www.hainan.gov.cn/hn/zwgk/zfwj/bgtwj/201801/t20180103_2516907.html.

的规范管理和办园行为。[①]《幼儿园办园行为督导评估办法》规定，督导评估内容包括办园条件、安全卫生、保育教育、教职工队伍、内部管理等五个方面。其中，安全卫生方面主要考察幼儿园安全和卫生制度、膳食营养、卫生消毒、健康检查、疾病防控、安全教育、安全风险管控、校车及使用情况等。[②] 为了落实此办法，各省市也相应出台实施办法。

另外，教育部印发《关于加强中小学（幼儿园）周边安全风险防控工作的紧急通知》（教督厅〔2017〕2 号），要求各地教育督导部门要将学校周边安全风险防控工作列为教育督导的重要内容，将督导结果作为评价政府教育工作和学校管理工作成效的重要内容。对履职不到位、责任不落实、措施不得力、管理不规范、安全问题突出的单位及学校，要依法追究有关责任人责任。[③]

2017 年 10 月，江苏省发布《关于进一步开展无证幼儿园清理整顿的通知》（苏教基〔2017〕17 号），要求各地对辖区内的无证幼儿园开展拉网式排查，对在限定时间内未整改或整改后仍达不到基本办园条件或看护点基本要求而继续办园的，年底前按行政执法程序予以强制查封。要求各地根据有关法规和当地实际，采取“关、转、并、建”等办法，妥善清理整顿无证幼儿园。对缺乏基本办园条件，存在严重安全隐患的无证幼儿园，要坚决予以关停、取缔，并妥善分流在园幼儿和从业人员。[④] 2017 年，北京展开专项督导工作，各区按照未经注册幼儿园“规范一批、取缔一批”的治理要求，有序推进治理无证幼儿园任务，截至 2017 年 12 月，北京市共审批 59 所无证幼儿园，共取缔 893 所无证幼儿园。[⑤]

---

① 柴葳.力推幼儿园办园“底线标准”全覆盖[N].中国教育报，2017－05－17(01、03).

② 教育部关于印发《幼儿园办园行为督导评估办法》的通知（教督〔2017〕7 号）[EB/OL]. 2017－04－16[2018－04－16]. http://www.moe.gov.cn/srcsite/A11/s6500/201705/t20170512_304460.html.

③ 教育部办公厅关于加强中小学（幼儿园）周边安全风险防控工作的紧急通知（教督厅〔2017〕2 号）[EB/OL].2017－06－16[2018－04－16].http://www.moe.gov.cn/jyb_xwfb/gzdt_gzdt/s5987/201706/t20170616_307113.html.

④ 江苏省教育厅等关于进一步开展无证幼儿园清理整顿的通知（苏教基〔2017〕17 号）[EB/OL].2017－09－18[2018－4－16].http://www.ec.js.edu.cn/art/2017/9/28/art_4267_215624.html.

⑤ 武文娟.市教委公布 2017 年度绩效管理工作自查报告：北京市已取缔 893 所无证幼儿园 就近入学比例超 95%[EB/OL].2018－01－10[2018－01－10].http://bj.people.com.cn/n2/2018/0110/c82841－31123600.html.

三、开展幼儿园规范办园行为专项督导检查

多地发生幼儿在幼儿园受到侵害的事件,影响恶劣,给受害幼儿及家庭造成重大伤害,后果十分严重。这些事件的发生,反映出一些地方和幼儿园仍然存在管理不善,制度不落实,执行不到位的现象。为有效减少类似事件发生,确保广大幼儿的身心健康,国务院教育督导委员会办公室发布《关于开展幼儿园规范办园行为专项督导检查的紧急通知》(国教督办函〔2017〕91 号),[①]决定立即在全国开展幼儿园规范办园行为专项督导检查。

该通知要求,各地要按照《中华人民共和国未成年人保护法》《中华人民共和国教师法》《幼儿园管理条例》《幼儿园工作规程》和《幼儿园规范办园行为督导评估办法》的有关要求,立即组织开展一次幼儿园办园行为专项督导检查,重点检查师德师风建设情况,及时发现问题,进行整改。对幼儿园伤害幼儿等恶性事件,坚决发现一起,查处一起,坚决防止幼儿园伤害幼儿事件的发生,切实保障幼儿安全健康。通知强调,各地教育行政部门和幼儿园要进一步加强幼儿园风险管控,强化准入管理,强化技术手段监管,形成常态化监管工作机制。建立和完善幼儿园突发事件应急处理问责机制,明确相关责任,对因管理不到位造成重大事故或造成恶劣社会影响的,要依法追究有关责任人责任。[②]

在此背景下,全国各省市全面开展幼儿园规范办园行为专项督导检查。如浙江省下发《浙江省人民政府教育督导委员会办公室关于开展幼儿园规范办园行为专项督导检查的紧急通知》(浙政教督办〔2017〕36 号),要求采取"县级自查,市级核查,省级抽查"的形式,就师德师风建设情况、教师依法执教情况、幼儿园新入职保教人员开展专业培训情况、幼儿园安全管理情况等

---

① 国务院教育督导委员会办公室.关于开展幼儿园规范办园行为专项督导检查的紧急通知(国教督办函〔2017〕91 号)[EB/OL].2017-11-24[2018-04-16].http://www.moe.gov.cn/jyb_xxgk/moe_1777/moe_307/201711/t20171124_319933.html.

② 国务院教育督导委员会办公室紧急部署开展幼儿园规范办园行为专项督导检查[EB/OL].2017-11-24[2018-04-16].http://www.moe.gov.cn/jyb_xwfb/gzdt_gzdt/s5987/201711/t20171124_319929.html.

方面进行督导检查。[①]

第三节　构建学前教育教师队伍建设支持体系

教师队伍建设是提高教育质量的重要因素。在党和各级政府的努力下，幼儿园专任教师队伍数量稳步增长，但是，学前教育师资仍然存在严重不足。“目前国内教师缺口达71万，保育员缺口达76万。国家卫计委预计，到2020年，有431万幼儿达到入园年龄，两部分加起来，我国到2020年将缺少100万名教师和90万名保育员”；而且，“现在很多幼儿园主要是民办幼儿园，低工资、低待遇”，师资留不住。[②] 为加强学前教育教师队伍建设，构建幼儿园教师队伍建设支持体系，教育部根据普及学前三年教育的要求，确定高等学校、中等师范学校学前教育专业的培养规模和层次，加大本专科层次幼儿园教师的培养力度；支持地方通过多种方式为农村和边远贫困地区培养补充合格的幼儿园教师；采取核定编制、区县统一招考管理等方式及时补充公办幼儿园教师；根据国家有关规定和当地实际情况，采取多种方式切实解决公办幼儿园非在编教师工资待遇偏低问题，逐步实现同工同酬；引导和监督民办幼儿园依法配足配齐教职工并保障其工资待遇；幼儿园教职工依法全员纳入社保体系。[③]

一、明确幼儿园教职工编制标准

幼儿园师资短缺已经成为学前教育发展的重大瓶颈。因幼儿园教师专项编制紧缺，部分市县公办幼儿园因没有编制无法开园。同时，学前教育机构一

---

① 浙江省人民政府教育督导委员会办公室关于开展幼儿园规范办园行为专项督导检查的紧急通知(浙政教督办〔2017〕36号)[EB/OL].2017-11-27[2018-04-16].http://www.dhedu.gov.cn/art/2017/11/29/art_7316_435632.html.

② 黄炎秋.教育部部长陈宝生：学前教育师资匮乏不容忽视[EB/OL].2018-03-16[2018-04-16].http://china.cnr.cn/xwwgf/20180316/t20180316_524167691.shtml.

③ 教育部等四部门关于实施第三期学前教育行动计划的意见(教基〔2017〕3号)[EB/OL].2017-04-17[2018-04-16].http://www.moe.edu.cn/srcsite/A06/s3327/201705/t20170502_303514.html.

些教师因为年龄老化、知识老化、观念老化,无法从事幼儿教育,却占用了编制,从而导致"有园无师"的尴尬现象。[①] 此外,因为幼儿园教职工编制数量少,被中小学教师挤占,导致幼儿园教师流动性大,素质不高,教育保育质量差。

针对当下幼儿园教职工编制存在的问题,2017 年 7 月,教育部办公厅发布《教育部办公厅关于各地出台公办幼儿园教职工编制标准情况的通报》(教师厅〔2017〕5 号)(本章简称《通报》),梳理归纳了北京、天津、黑龙江、上海、江苏、浙江、安徽、福建、山东、广东、广西、贵州、陕西、甘肃、新疆等 15 个省市出台公办幼儿园教职工编制标准的经验。其一,明确基本标准,提供核定依据。以《幼儿园教职工配备标准(暂行)》中的标准为依据,结合当地经济情况和学前教育发展状况,规定幼儿园班级规模、编制核定比例、结构比例。其二,实行附加编制,满足多种需求。针对教师脱产进修、产假、支教或考虑幼儿园招收特殊需要儿童等情况核增编制,并对农村边远地区和寄宿制幼儿园实行倾斜。其三,深化后勤改革,创新补充方式。基本实行后勤工作人员不占幼儿园教师编制,通过向社会购买服务、与邻近医疗卫生机构签订协议等方式解决人员配备问题。其四,加强监督监管,严格规范管理。各地定期调整幼儿园教职工编制;严禁挤占、挪用和截留幼儿园教职工编制。其中甘肃对公办幼儿园教职工编制实行专项管理。[②] 2017 年 12 月,甘肃省下发《甘肃省第三期学前教育行动计划(2017—2020 年)》,根据这个计划,2017—2020 年,甘肃省每年将招聘 4 000 名幼儿教师。[③] 未来,各地将以多种形式补充幼儿园教职工,进一步完善幼儿园教职工创新补充机制,制定因地制宜的教师编制标准。

二、加强学前教育教师队伍培训力度

加强学前教育教师队伍培训是提高学前教育教师素质的重要举措。

---

① 况昌勋.部分公办幼儿园因无教师而闲置[N].海南日报,2016-03-10(A07).

② 教育部办公厅关于各地出台公办幼儿园教职工编制标准情况的通报(教师厅〔2017〕5 号)[EB/OL].2017-07-13[2018-07-27].http://www.moe.gov.cn/srcsite/A10/s7030/201707/t20170721_309827.html.

③ 多蕾.甘肃:今后 3 年将每年招聘 4 000 名幼儿教师[EB/OL].2017-12-26[2018-01-29].http://www.gov.cn/xinwen/2017-12/26/content_5250483.htm.

2017 年为加强学前教育教师培训力度，教育部发布多个文件对培训质量进行了规定。

制定学前教育教师培养标准。2017 年 10 月，教育部发布了《教育部关于印发〈普通高等学校师范类专业认证实施办法（暂行）〉的通知》（教师〔2017〕13 号）。学前教育专业认证标准共分为三级。第一级是国家对学前教育专业办学的基本要求，第二级是国家对学前教育专业教学质量的合格要求，第三级是国家对学前教育专业教学质量的卓越要求。[①] 2017 年 11 月，教育部发布《教育部办公厅关于印发〈中小学幼儿园教师培训课程指导标准（义务教育语文学科教学）〉等 3 个文件的通知》（教师厅〔2017〕10 号）。文件指出，《中小学幼儿园教师培训课程指导标准》从师德修养、学科教学、班级管理、学习与发展四个维度建立完善的标准体系，通过统一出台师德修养、班级管理、学习与发展培训课程指导标准，分科出台学科教学教师培训课程指导标准，进一步规范和指导各地分类、分科、分层实施五年一周期的教师全员培训工作。[②] 系统规范学前教育专业师范生的培养标准和教师培训标准，为建设高素质教师队伍提供了基础。

加大学前教育教师队伍培训力度。《教育部等四部门关于实施第三期学前教育行动计划的意见》（教基〔2017〕3 号）提出，开展新一轮幼儿园教师全员培训，提高培训的针对性和实效性。2017 年 2 月，教育部和财政部联合下发《教育部办公厅　财政部办公厅关于做好 2017 年中小学幼儿园教师国家级培训计划实施工作的通知》（教师厅〔2017〕2 号）。文件要求，按照改革实施中小学幼儿园教师国家级培训计划（以下简称“国培计划”）要求，进一步增强教师培训实效，提升教师素质能力，做好培训统筹规划，落实重点支持任务；明确分层分类与培训重点，充分发挥示范带动作用；择优遴选培训机构，完善专业发展支持服务体系；改进培训内容方式，贴近乡村教师教育教学实

① 教育部关于印发《普通高等学校师范类专业认证实施办法（暂行）》的通知（教师〔2017〕13 号）[EB/OL].2017 - 10 - 26[2018 - 01 - 29].http://www.moe.gov.cn/srcsite/A10/s7011/201711/t20171106_318535.html.

② 教育部办公厅关于印发《中小学幼儿园教师培训课程指导标准（义务教育语文学科教学）》等 3 个文件的通知（教师厅〔2017〕10 号）[EB/OL].2017 - 11 - 15[2018 - 04 - 16].http://www.moe.edu.cn/srcsite/A10/s7034/201712/t20171228_323255.html.

际;做好项目组织实施,提升管理服务专业化水平;及时总结实施情况,加大典型经验学习推广力度。[①] 同时,针对当前我国乡村校园长培训仍然存在一些薄弱环节,如重规划轻执行,重单一轻综合,重会场轻现场,重短期轻长期等,2017 年 7 月,教育部连发《乡村校园长"三段式"培训指南》《乡村校园长"送培进校"诊断式培训指南》《乡村校园长工作坊研修指南》和《乡村校园长培训团队研修指南》等 4 个文件。[②] 这些文件的颁布让乡村校园长培训有了更为清晰的实施路径,能够提升培训的针对性和实效性。《乡村校园长"三段式"培训指南》着力通过"集中培训+影子培训+返岗实践"依次递进、有序过渡的混合式培训,将理论学习、实践体验、反思改进三者有机结合,聚焦问题解决、实践改进和情感升华,提升乡村校园长专业素质和解决实际问题的能力。《乡村校园长"送培进校"诊断式培训指南》着力推动送培团队深入乡村学校现场,通过听取汇报、学校观察、观课议课、师生访谈、问卷调查、文献查阅、工具测评等方式进行现场诊断,研究乡村学校发展机遇与存在的问题。在与学校领导班子、中层干部及全体教师对话中提出建设性意见,并指导学校制定实施改进方案,着力提升乡村校园长的学校诊断与改进能力。《乡村校园长工作坊研修指南》着力构建以本地优秀校园长为坊主、若干乡村校园长为坊员的乡村校园长工作坊,形成"一对一"或"一对多"的"同学习、谋发展、共成长"的学习共同体,形成骨干引领全员的常态化研修模式。按照"问题即主题"的研修思路,通过集中讲授、影子培训、案例分享、读书研讨、校长论坛、交流反思等方式,提升乡村校园长的发展动力和管理水平。《乡村校园长培训团队研修指南》提出,通过集中培训、体验模拟、总结提升等前后衔接、逻辑递进的环节,开展同一目标、不同侧重点的研修活动,帮助乡村校园长培训团队明晰培训总体目标与各个环节工作重点,促进培训的方案设计、教学实施和组

---

① 教育部办公厅 财政部办公厅关于做好 2017 年中小学幼儿园教师国家级培训计划实施工作的通知(教师厅〔2017〕2 号)[EB/OL].2017-02-28[2018-04-16].http://www.moe.gov.cn/srcsite/A10/s7034/201703/t20170314_299563.html.

② 教育部办公厅关于印发《乡村校园长"三段式"培训指南》等四个文件的通知(教师厅〔2017〕7 号)[EB/OL].2017-07-20[2018-04-16].http://www.moe.edu.cn/srcsite/A10/s7034/201707/t20170731_310426.html.

织管理有机结合，着力打造素质优良、结构合理、战斗力强的乡村校园长培训团队。①

三、完善教职工待遇保障机制

《国务院关于当前发展学前教育的若干意见》(国发〔2010〕41 号)要求，依法落实幼儿教师地位和待遇。切实维护幼儿教师权益，完善落实幼儿园教职工工资保障办法、专业技术职称(职务)评聘机制和社会保障政策。对长期在农村基层和艰苦边远地区工作的公办幼儿教师，按国家规定实行工资倾斜政策。对优秀幼儿园园长、教师进行表彰。同时，《教育部等四部门关于实施第三期学前教育行动计划的意见》(教基〔2017〕3 号)要求，根据国家有关规定和当地实际情况，采取多种方式切实解决公办幼儿园非在编教师工资待遇偏低问题，逐步实现同工同酬。引导和监督民办幼儿园依法配足配齐教职工并保障其工资待遇。幼儿园教职工依法全员纳入社保体系。为保障学前教师的工资待遇，各地纷纷出台相关政策。《佛山市人民政府关于加强全市幼儿园教师队伍建设的实施意见》提出，从 2017 年 9 月开始，按照属地管理原则，佛山市五区政府将为辖区内符合条件的市公益普惠性幼儿园在职在岗幼儿园教职工提供从教津贴补助，并建立从教津贴标准逐年递增和骨干教师岗位奖补机制，补助标准根据绩效、教龄、学历、职称等要素制定。此外，幼儿园专任教师最低工资指导标准为当年佛山市企业职工最低工资标准的两倍或以上，按照 2017 年佛山市企业职工最低工资标准 1 510 元/月计算，2017 年幼儿园专任教师最低工资指导标准应等于或高于 3 020 元/月。②

第四节　推进学前教育立法工作

当前我国学前教育的发展面临资源不足、入园难、入园贵等一系列问题，

---

① 教育部教师工作司负责人就《乡村校园长“三段式”培训指南》等四个文件答记者问[EB/OL].2017 - 08 - 3[2018 - 04 - 16]. http://www.moe.gov.cn/jyb_xwfb/s271/201708/t20170802_310565.html.

② 潘宇莹.符合条件幼师本月起可领津贴补助[N].佛山日报，2017 - 09 - 26(01).

尤其是《学前教育法》的缺失与缺位,使得学前教育陷入幼儿园法人地位缺失、教师身份模糊、经费投入缺乏保障等各种困境。① 针对这些问题,2017年3月全国“两会”期间,学前教育立法引起广泛热议,多位人大代表提议,国家应通过立法形式规范学前教育的管理措施,保障学前教育事业的稳健发展。

一、学前教育立法工作实施现状

在国家层面,学前教育立法工作取得了巨大进展。2015年12月,全国人大常委会审议通过教育法修正案,增加关于学前教育的专门规定。2016年,全国人大代表提出的24份有关大力发展学前教育的建议被列为重点督办建议。2017年11月,教育部副部长田学军在记者会上说,教育部还启动学前教育立法调研活动,积极推进学前教育的立法工作。② 2017年12月,第十二届全国人大常委会第三十一次会议第四次全体会议表决通过《全国人民代表大会教育科学文化卫生委员会关于第十二届全国人民代表大会第五次会议主席团交付审议的代表提出的议案审议结果的报告》,③至此,学前教育立法正式进入全国人大立法视野,被列入十二届全国人大常委会立法规划或年度立法计划。

在地方层面,北京市、江苏省、云南省、安徽省、山东省、吉林省、天津市、辽宁省、浙江省等20余省市先后根据中央相关文件精神以及地方发展需求,先后制定、实施了《学前教育管理(促进)条例》《学前教育管理办法》等地方法规,进行学前教育地方立法的实践和探索(见表3.1),对学前教育经费的来源及使用、办园条件及设施的规范、儿童权益的保障以及如何界定地方政府的职责等作出了详细的规定。

---

① 吴遵民,黄欣,屈璐.我国学前教育立法的若干思考[J].复旦教育论坛,2018(1):35-41.

② 田学军.已启动学前教育立法调研[EB/OL].2017-11-30[2018-01-29].http://edu.people.com.cn/GB/n1/2017/1130/c367001-29677635.html.

③ 柴葳.学前教育立法进入全国人大立法视野[N].中国教育报,2017-12-28(01).

表 3.1　我国已出台的地方性学前教育法规

年　份	地方法规、条例与办法名称	年　份	地方法规、条例与办法名称
1998 年	《青岛市托幼管理条例》	2011 年	《杭州市学前教育促进条例》
2001 年	《北京市学前教育条例》	2012 年	《江苏省学前教育条例》
2004 年	《太原市学前教育管理条例》	2012 年	《宁波市学前教育促进条例》
2005 年	《南京市学前教育管理办法》	2012 年	《云南省学前教育条例》
2007 年	《徐州市学前教育管理条例》	2014 年	《安徽省学前教育条例》
2009 年	《合肥市学前教育管理条例》	2014 年	《山东省学前教育规定》
2010 年	《福州市学前教育管理办法》	2016 年	《天津市学前教育条例》

资料来源：吴遵民，黄欣，屈璐.我国学前教育立法的若干思考[J].复旦教育论坛，2018(1)：35－41.

2017 年 5 月审议通过并于 2017 年 9 月施行的《浙江省学前教育条例》从强化政府职责，明确幼儿园规划与建设要求，保障学前教育经费，提高教育保育人员的待遇和水平等方面对学前教育发展作了规定。要求每个乡(镇)至少设置一所公办幼儿园，明确了办学基本成本，合理确定收费标准，以规范和促进浙江省学前教育事业的发展，这对于进一步促进和规范学前教育，维护学龄前儿童、保育教育人员和学前教育机构的合法权益，提高学前教育质量，具有重要意义。① 20 余个省市在学前教育立法领域的实践和探索，为国家层面的学前教育立法提供了比较丰富的可资参考的宝贵经验。

二、学前教育立法要解决的关键问题

立法是一个比较复杂的课题。针对我国在学前教育立法中的摸索以及各省市在学前教育立法领域里的实践，中国政法大学法治政府研究院院长王敬波认为，学前教育立法第一要明确学前教育的公益属性，第二要明确解决国家教育体系当中学前教育所处的地位问题，第三要解决整个学前教育的体制问题，即我们国家的管理体制对于发展学前教育，各级政府的责任是什么。在这个体制当中还要解决的是政府、社会、市场三方共同推动的关系，任何一

① 路国连.立法保障学前教育发展[J].浙江人大，2017(06)：37－39.

方单独的力量都无法承担这个责任。政府应当承担主导职责,也就是说,这里面的政府责任不能转嫁给市场,不能让市场代替政府承担这个责任,因为市场有独立性。另外还有体制均衡发展的问题、教育标准的问题、目标的问题,还包括我们的保障责任,财政保障、安全保障、人力资源保障、管理体制、教师权益保护、职业发展与前瞻等,这些问题都是在学前教育法当中要给予明确的。①

总之,在 2017 年,中国的学前教育事业取得了跨越式的发展。在未来,我国要持续跟进制定和出台学前教育法的相关工作,强化学前教育的安全管理和质量监控,通过制定和完善学前教育的相关法律制度,开发和引进多种学前教育资源,明确和落实各级各类部门的相关责任等,实现学前教育的普惠健康发展。

---

① 常晶.为中国学前教育发展而立法[N].中国教育报,2017-03-15(04).

第四章　发展优质公平的基础教育

2017年，基础教育以办好公平优质教育为主题，大力推进中小学党建工作，推动落实《关于加强中小学校党的建设工作的意见》(中组发〔2016〕17号)；全面落实立德树人根本任务，加强中小学校德育工作，强化青少年法治教育，推进中小学生欺凌综合治理，推动互联网安全教育工作，进一步完善安全教育工作机制，维护校园安全稳定。深化中小学课程教学改革，加强中小学教材编写审查。推动基础教育协调发展，部署实施第三期学前教育行动计划，推动城乡义务教育一体化改革发展，推进实施消除大班额计划，开展义务教育城乡一体化改革试点，建立控辍保学机制，提高义务教育巩固水平，加强乡村小规模学校和乡镇寄宿制学校建设，推动加快建立以居住证为主要依据的随迁子女就学政策，做好留守儿童教育关爱工作；加快普及高中阶段教育，印发《高中阶段教育普及攻坚计划(2017—2020年)》；推进教育脱贫攻坚行动；强化装备与教学融合，推进义务教育学校装备配备标准化，促进信息化深度应用，提升中小学教师特别是农村教师提高信息技术应用能力。总之，2017年，教育部着力提高教育质量，促进教育公平，统筹推进县域内城乡义务教育一体化改革发展，促进学前、高中和特殊教育事业协调发展，全面提升基础教育治理水平。

第一节　推进城乡义务教育一体化发展

统筹推进城乡义务教育一体化改革发展，是深入推进义务教育均衡发展，促进基本公共教育均等化的重要举措，是缩小城乡教育差距，全面完成教育脱贫任务的现实需要，是全面建成小康社会，实现中华民族伟大复兴的根本要求。为了贯彻国家关于城乡教育一体化的要求,解决城乡二元结构,乡村优质教育资源紧缺,城镇教育资源配置不适应新型城镇化发展等严重问题,2016 年 7 月,国务院出台《关于统筹推进县域内城乡义务教育一体化改革发展的若干意见》(国发〔2016〕40 号),对统筹推进县域内城乡义务教育一体化改革发展作出重大部署。[①] 2017 年,中央以取消大班额、推行学区化集团化办学等措施,进一步推进城乡义务教育一体化改革。

一、推进城乡义务教育一体化发展的策略

2017 年,教育部继续贯彻落实《国务院关于统筹推进县域内城乡义务教育一体化改革发展的若干意见》(国发〔2016〕40 号),按照"优先发展、统筹规划,深化改革、创新机制,提高质量、公平共享,分类指导、有序推进"的基本原则,同步建设城镇学校,努力办好乡村教育,科学推进学校标准化建设,实施消除大班额计划,统筹城乡师资配置,改革乡村教师待遇保障机制,改革教育治理体系,改革控辍保学机制,加强留守儿童关爱保护。[②] 为了保障各项政策落地,辽宁、内蒙古、甘肃、云南、江西等 20 多个省份相继出台实施意见,认真贯彻国务院要求。由于"标准化建设"和"教师队伍建设"等部分内容在其他章节有论述,故本章只叙述推进消除大班额计划、推行区域化集团化办学、完善控辍保学机制和组织开展典型经验交流等工作。

(一) 推进实施取消大班额计划

大班额问题是我国城镇义务教育发展中的一大难题,是提高教育质量急需解决的重要问题。2016 年 9 月,教育部出台《教育部办公厅关于做好消除大班额专项规划有关工作的通知》(教基一厅〔2016〕4 号),要求各地建立大班额情况摸底排查机制,全面排查义务教育大班额的数量和分布情况;到 2018 年基本消除 66 人以上超大班额,到 2020 年基本消除 55 人以上大班额。

---

① 《教育政策词典》编委会.教育政策词典[M].上海：华东师范大学出版社,2017：13.

② 国务院关于统筹推进县域内城乡义务教育一体化改革发展的若干意见(国发〔2016〕40 号)[EB/OL].2016-07-02[2018-01-29].http://www.moe.edu.cn/jyb_xxgk/moe_1777/moe_1778/201607/t20160711_271476.html.

各省市相继出台消除义务教育学校大班额专项规划，如浙江省出台《浙江省教育厅关于印发〈浙江省消除义务教育阶段学校大班额专项规划〉的通知》（浙教基〔2017〕28号），湖南省出台《湖南省人民政府办公厅关于开展消除大班额专项行动的通知》（湘政办函〔2017〕99号），海南省出台《海南省人民政府办公厅关于印发海南省消除义务教育学校大班额专项规划（2017—2020年）的通知》（琼府办〔2017〕86号）。以浙江省为例，浙江省根据《浙江省人民政府关于统筹推进县域内城乡义务教育一体化改革发展的实施意见》（浙政发〔2017〕25号）的文件要求，科学规划建设城乡义务教育学校，提升薄弱地区、薄弱学校和乡村教育质量，统筹城乡师资配置，规范办学管理，提高教育质量，实现2017年义务教育段无大班额的达标县（市、区）达70个以上。山东省为解决"城镇挤"问题，实施解决大班额问题工程。工程实施以来，小学、初中、高中大班额比例已经分别下降至24.79％、23.04％、26.57％，分别较2014学年下降13.44、20.92、48.27个百分点，中小学起始年级基本消除了大班额。[①]

（二）推行学区化集团化办学

1999年，杭州市率先开启了义务教育公办名校集团化办学的探索。推行学区化集团化办学是全面提升义务教育均衡优质发展水平，满足人民群众接受优质教育的期待的重要举措。集团化办学是指在同一区域内或跨区县，由优质品牌学校牵头组建办学联合体，带动辐射相对薄弱学校、农村学校、新建学校，共享先进的办学理念、成功的管理模式、有效的课程教学、优秀的教师团队等，较快增强薄弱学校自我发展、自我提升的"造血"机能，形成稳健发展的制度机制；学区化办学是根据地理位置（招生片区）相对就近的标准，把相同或不同学段的学校结成办学联合体，创新学区组织与管理形式，突破校际壁垒，促进学校纵向衔接、优势互补，构建有利于学区教育品质整体提升、学校办学特色积极培育的生态环境。2014年，上海市启动学区化集团化办

① 教育部基础教育司.全国统筹县域内城乡义务教育一体化改革发展现场推进会交流材料[EB/OL].2018-01-09[2018-02-07].http://www.moe.gov.cn/jyb_xwfb/xw_zt/moe_357/jyzt_2016nztzl/ztzl_xyncs/ztzl_xy_dxjy/201801/W020180109353888301306.pdf：107-108.

学。随后,各地区为进一步深化基础教育优质均衡发展,探索教育管理走向公共治理,实现“办好每一所家门口学校”的目标,纷纷出台政策,探索学区化集团化办学。2016 年,《国务院关于统筹推进县域内城乡义务教育一体化改革发展的若干意见》(国发〔2016〕40 号)要求,通过实施学区管理,建立学校联盟,探索集团化办学等措施,扩大优质教育资源覆盖面。中共中央办公厅、国务院办公厅印发的《关于深化教育体制机制改革的意见》提出,改进管理模式,试行学区化管理,探索集团化办学,采取委托管理、强校带弱校、学校联盟、九年一贯制等灵活多样的办学形式。① 在地方层面,2015 年 11 月,上海市教育委员会印发的《关于促进优质均衡发展、推进学区化集团化办学的实施意见》(沪教委基〔2015〕80 号)指出,大力推进学区化办学,进一步推进集团化办学。② 截至 2017 年 11 月,上海市各区建有学区和集团 173 个,覆盖学校 1 007 所,超过上海市中小学总数的 60%。③

(三) 完善控辍保学工作机制

受办学条件、地理环境、家庭经济状况和思想观念等多种因素影响,我国一些地区特别是老少边穷岛地区仍不同程度存在失学辍学现象,初中学生辍学、流动和留守儿童失学辍学问题仍然较为突出,这直接关系到国家和民族的未来。党中央、国务院历来重视义务教育学生的失学辍学问题。为切实解决义务教育学生失学辍学问题,保障适龄儿童平等接受义务教育,2017 年 9 月,国务院印发《国务院办公厅关于进一步加强控辍保学提高义务教育巩固水平的通知》(国办发〔2017〕72 号),要求各地认真履行政府控辍保学法定职责,完善行政督促复学机制,建立义务教育入学联控联保工作机制;提升农村

① 中共中央办公厅 国务院办公厅印发《关于深化教育体制机制改革的意见》[EB/OL]. 2017-09-25[2018-02-07]. http://www.gov.cn/xinwen/2017-09/24/content_5227267.htm.

② 上海市教育委员会关于促进优质均衡发展、推进学区化集团化办学的实施意见(沪教委基〔2015〕80 号)[EB/OL]. 2015-11-19[2018-02-07]. http://www.shmbjy.org/item-detail.aspx?NewsID=5605.

③ 教育部基础教育司. 全国统筹县域内城乡义务教育一体化改革发展现场推进会交流材料[EB/OL]. 2018-01-09[2018-02-07]. http://www.moe.gov.cn/jyb_xwfb/xw_zt/moe_357/jyzt_2016nztzl/ztzl_xyncs/ztzl_xy_dxjy/201801/W020180109353888301306.pdf: 63.

学校教育质量，因地制宜促进农村初中普职教育融合，建立健全学习困难学生帮扶制度，避免学生因学习困难或厌学而辍学；精准确定教育扶贫对象，全面落实教育扶贫和资助政策，落实扶贫控辍，避免学生因贫失学辍学；统筹城乡义务教育学校规划布局，改善乡村学校办学条件，建立控辍保学动态监测机制，强化保障控辍，避免学生因上学远上学难而辍学。① 为此，教育部印发《义务教育学校管理标准》(教基〔2017〕9 号)，要求建立控辍保学工作机制，执行国家学籍管理相关规定，利用中小学生学籍信息管理系统做好辍学学生标注登记工作，并确保学籍系统信息与实际一致。防止空挂学籍和中途辍学；严格执行学生考勤制度，建立和完善辍学学生劝返复学、登记与书面报告制度，加强家校联系，配合政府部门做好辍学学生劝返复学工作，把对学习困难学生的帮扶作为控辍保学的重点任务，建立健全学习帮扶制度。② 同时，各地政府也相继出台文件，进一步加强控辍保学工作，提高义务教育巩固水平，如湖北省出台《省人民政府办公厅关于进一步加强控辍保学提高义务教育巩固水平的通知》(鄂政办发〔2017〕72 号)，云南省发布《云南省人民政府办公厅关于进一步加强控辍保学提高义务教育巩固水平的通知》(云政办发〔2017〕127 号)，海南省印发《海南省人民政府办公厅关于进一步加强控辍保学提高义务教育巩固水平的通知》(琼府办〔2017〕193 号)，陕西省出台《关于进一步加强义务教育控辍保学工作的通知》(陕教〔2017〕178 号)等，要求进一步抓好义务教育阶段控辍保学工作，让每一位义务教育阶段适龄学生，尤其是义务教育阶段建档立卡家庭经济困难学生，都能完整地接受义务教育，确保到 2020 年实现义务教育巩固率达到 95%的目标。

(四) 组织召开典型经验交流会

2017 年 12 月，教育部召开统筹县域内城乡义务教育一体化改革发展现

① 国务院办公厅关于进一步加强控辍保学提高义务教育巩固水平的通知(国办发〔2017〕72 号)[EB/OL].2017-07-28[2018-02-07].http://www.moe.edu.cn/jyb_xxgk/moe_1777/moe_1778/201709/t20170905_313257.html.

② 教育部关于印发《义务教育学校管理标准》的通知(教基〔2017〕9 号)[EB/OL].2017-12-05[2018-02-07].http://www.moe.edu.cn/srcsite/A06/s3321/201712/t20171211_321026.html.

场推进会。会议强调,要深入学习贯彻党的十九大精神,以习近平新时代中国特色社会主义思想为指引,牢牢把握教育正确方向,找好教育历史定位,明确教育根本任务,理解教育本质要求,进一步增强紧迫感、责任感和使命感,全力打赢统筹推进县域内城乡义务教育一体化改革发展攻坚战。[①] 会上,上海市、山东省、海南省等省市交流了当地推进城乡义务教育一体化改革的经验。为了走优质均衡发展之路,办家门口的好学校,解决好居民对优质教育日益增长的需求和不平衡不充分发展之间的矛盾,上海市实施城乡统一的“五项标准”,即完善学校建设标准,优化学校教育装备配置,加强学校信息化环境建设,统一城乡教师基本配额标准,统一城乡学校生均经费标准,提升学校办学条件,完善与优化工作机制,实施学区化集团化办学,实施城乡学校携手共进计划,实施新优质学校集群发展,提升内涵发展水平。截至 2017 年 11 月,上海市、区两级新优质学校集群覆盖义务教育阶段学校 382 所,约占全市义务教育学校总数的 25%;积极主动补好制度短板,规范教育培训市场,开展学生课后服务,提升教育公共服务水平。[②] 山东省强力实施“全面改薄”和解决城镇中小学大班额双轮驱动战略,破解制约教育改革发展制度障碍,构建城乡义务教育一体化发展长效机制,解决“农村弱”问题。

除了上述工作之外,为了推进城乡义务教育一体化发展,教育部开展义务教育城乡一体化改革试点,修订并印发《义务教育学校管理标准》(教基〔2017〕9 号),加强乡村小规模学校和乡镇寄宿制学校建设,改革随迁子女就学机制,加强指导留守儿童关爱保护工作等。

二、推进城乡义务教育一体化战略的成效

截至 2017 年 12 月,全国有 2 379 个县义务教育发展实现基本均衡,占全国总县数的 81%;上海、北京、天津、江苏、浙江、广东、福建、吉林、安徽、山

---

① 全力打赢统筹城乡义务教育一体化改革发展攻坚战 全国统筹县域内城乡义务教育一体化改革发展现场推进会召开[EB/OL].2017-12-26[2018-02-07].http://www.moe.edu.cn/jyb_xwfb/xw_zt/moe_357/jyzt_2016nztzl/ztzl_xyncs/ztzl_xy_gzdt/201712/t20171226_322893.html.

② 教育部基础教育司.全国统筹县域内城乡义务教育一体化改革发展现场推进会交流材料[EB/OL].2018-01-09[2018-02-07].http://www.moe.gov.cn/jyb_xwfb/xw_zt/moe_357/jyzt_2016nztzl/ztzl_xyncs/ztzl_xy_dxjy/201801/W020180109353888301306.pdf: 61-66.

东、湖北等 11 个省(市)整体通过评估认定。① 同时,城乡义务教育一体化发展在办学条件、教师队伍等方面取得了显著成效。一是经费保障机制进一步健全。教育部会同财政部出台了城乡义务教育补助经费管理办法,加快推进城乡统一、重在农村的义务教育经费保障机制,实现"两免一补"和生均公用经费基准定额资金随学生流动可携带。四川省成都市通过实施"两免一补""鸡蛋牛奶工程""育苗计划"等近 30 种资助计划,形成"不重不漏满覆盖"的教育资助体系,全市资助总金额连续 5 年超过 10 亿元,符合政策的学生在公办学校就读的占 87.9%。② 二是学校标准化建设成效初显。各地立足学校发展需要,全面实施义务教育学校标准化建设。全国最近 5 年里累计建设各类校舍和附属用房面积 4.5 亿平方米,体育运动场馆 3.4 亿平方米,实验室功能室 746 万间,新增设施器材和信息化装备价值 3 257 亿元,图书 14.4 亿册,计算机 1 248 万台。③ 三是大班额问题得到缓解。全国各地结合城镇化进程、学龄人口变动趋势、计生政策调整等因素,科学测算解决大班额问题需要增加的学位数、班数、学校数、教职工数以及建设用地、资金投入等,编制专项规划和工作方案。以吉林省为例,2017 年,新建小学 11 所,校舍面积 11 万平方米,容纳在校生 1.2 万人;新建改扩建小学校舍面积 25 万平方米,容纳在校生 5.9 人;新建中学 8 所,校舍面积 7.3 万平方米,容纳在校生 1.1 万人;改扩建初中校舍面积 26 万平方米,可容纳在校生 4.4 万人。目前,小学 45 人、初中 50 人的标准班额比例达到 90%以上。小学 56 人及以上、初中 61 人及以上大班额的比例控制在 6%以内,66 人及以上大班额的比例控制在 2%以内,实现年度目标。④ 四是农村教师队伍得到改善。各地拓展多种补充培养渠道,突破体制机制障碍,不断输入新鲜血液,充实农村教师队伍。全国最近 5 年新补充教师中,音、体、美、科学、信息教师 31 万人,占新补充教师

---

①③ 教育部.创新督导评估机制　化解热点难点问题　全国超八成县(市、区)义务教育实现基本均衡[EB/OL].2017-02-28[2018-02-28].http://www.moe.edu.cn/jyb_xwfb/xw_fbh/moe_2069/xwfbh_2018n/xwfb_20180227/sfcl/201802/t20180227_327977.html.

② 县域内城乡义务教育一体化建设成效显著[N].中国教育报,2017-02-21.

④ 教育部基础教育司.全国统筹县域内城乡义务教育一体化改革发展现场推进会交流材料[EB/OL].2018-01-09[2018-02-07].http://www.moe.gov.cn/jyb_xwfb/xw_zt/moe_357/jyzt_2016nztzl/ztzl_xyncs/ztzl_xy_dxjy/201801/W020180109353888301306.pdf: 48.

总数的18%。[①] 以黑龙江省为例,截至2017年,全省共有12 979名特岗教师补充到农村和贫困地区,“特岗计划”实施范围覆盖所有县;县域内校长教师交流轮岗比例达14.4%。[②] 五是切实保障随迁子女平入学。以安徽省为例,截至2017年10月底,在安徽省义务教育阶段学校就读的随迁子女38.2万人,其中进城务工人员随迁子女32.8万人,在公办学校就读的比例达90%。[③] 六是抓联盟办学,实现资源共享。各级政府积极推进教育资源供给侧改革,采取集团化办学、委托管理、学区制管理、名校办分校、结对帮扶等多样化办学体制,为各学校之间共享资源、以强带弱、整体提升管理水平和教育教学水平搭建平台,推进所有学校共同发展。

虽然,义务教育均衡发展卓有成效,但许多位于边远山区、牧区和高寒高海拔地区的学校,办学仍然面临许多特殊困难,教育脱贫攻坚的任务艰巨。2018年,教育部将继续推进城乡义务教育一体化发展,做好义务教育发展基本均衡县的督导评估认定工作,实现全国85%的县达到基本均衡目标。同时,启动义务教育优质均衡发展督导评估认定工作,实现义务教育均衡发展在更高水平上不断推进,努力满足人民群众对公平而有质量义务教育的需求。

第二节　加快普及高中阶段教育

《国家中长期教育改革和发展规划纲要(2010—2020年)》提出,加快普及高中阶段教育,到2020年,普及高中阶段教育,满足初中毕业生接受高中阶段教育需求。[④]《教育部2017年工作要点》(教政法〔2017〕4号)和《教育部

① 教育部.创新督导评估机制　化解热点难点问题　全国超八成县(市、区)义务教育实现基本均衡[EB/OL].2017-02-28[2018-02-28].http://www.moe.edu.cn/jyb_xwfb/xw_fbh/moe_2069/xwfbh_2018n/xwfb_20180227/sfcl/201802/t20180227_327977.html.

② 教育部基础教育司.全国统筹县域内城乡义务教育一体化改革发展现场推进会交流材料[EB/OL].2018-01-09[2018-02-07].http://www.moe.gov.cn/jyb_xwfb/xw_zt/moe_357/jyzt_2016nztzl/ztzl_xyncs/ztzl_xy_dxjy/201801/W020180109353888301306.pdf:57.

③ 同上:90.

④ 国家中长期教育改革和发展规划纲要工作小组办公室.国家中长期教育改革和发展规划纲要(2010—2020年)[EB/OL].2010-07-29[2018-02-07].http://www.moe.gov.cn/srcsite/A01/s7048/201007/t20100729_171904.html.

基础教育司2017年工作要点》（教基司函〔2017〕5号）明确提出加快普及高中阶段教育。为此，教育部启动实施高中阶段教育普及攻坚计划，会同有关部门继续组织实施"教育基础薄弱县普通高中建设项目"和"普通高中改造计划"，支持中西部贫困地区、民族地区、边远地区、革命老区加快发展普通高中教育，推动普通高中多样化发展。①

一、高中阶段教育的问题与挑战

普及高中阶段教育是党中央、国务院立足全面建成小康社会决胜阶段作出的重大战略决策。党中央、国务院高度重视普及高中阶段教育，党的十八届五中全会提出普及高中阶段教育，《国家"十三五"经济社会发展规划纲要》将高中阶段教育普及攻坚计划列入教育现代化重大工程。在党的领导下，通过各级政府和全社会的努力，我国的高中阶段教育取得了丰硕的成果。《2016年全国教育事业发展统计公报》显示，全国高中阶段教育共有学校2.47万所，其中，全国普通高中1.34万所，全国中等职业教育共有学校1.09万所；招生1 396.26万人，高中阶段毛入学率87.5%。② 虽然高中阶段教育取得了显著成果，但由于多方面原因，高中阶段教育仍然存在许多明显短板，一些贫困地区、民族地区、边远地区教育资源短缺，普及程度较低；普通高中教育与中等职业教育发展不协调，部分地区中职教育发展明显滞后；许多学校办学条件薄弱，难以满足基本教学需求；合理的经费投入机制尚不健全，普通高中债务问题尚未得到有效解决；教师总量不足，普通高中一些学科专任教师和中等职业教育"双师型"教师短缺；一些学校教育质量不高，普通高中缺乏特色，中等职业教育吸引力不强。当前，我国提出建设创新型国家，培养数以亿计的高素质劳动者，加快由人力资源大国向人力资源强国转变。普及高中阶段教育，既能缓解国家对高素质劳动者的供求矛盾，也可解决无法满足部分

---

① 教育部关于印发《教育部基础教育司2017年工作要点》的通知（教基司函〔2017〕5号）[EB/OL].2017-04-10[2018-02-06].http://www.moe.edu.cn/s78/A06/A06_gggs/A06_sjhj/201704/t20170427_303369.html.

② 教育部.2016年全国教育事业发展统计公报[EB/OL].2017-07-10[2018-02-06].http://www.moe.edu.cn/jyb_sjzl/sjzl_fztjgb/201707/t20170710_309042.html.

学生接受高中教育的问题，符合国家和个人两方面的利益。[①]

二、实施高中阶段教育普及攻坚计划

为贯彻党的十八届五中全会精神，落实国家教育事业发展“十三五”规划部署，切实解决高中阶段教育发展面临的问题和困难，在确保义务教育优先发展的基础上推进普及高中阶段教育，满足适龄青少年接受高中阶段教育的需求，2017年3月，教育部等四部门联合印发《高中阶段教育普及攻坚计划(2017—2020年)》(教基〔2017〕1号)(本章简称《攻坚计划》)。[②]《攻坚计划》提出，普及高中阶段教育要坚持“政府主导、统筹推进，科学规划、精准发力，协调发展、分类指导，制度建设、注重长效”的基本原则，从提高普及水平、优化结构布局、加强条件保障、提升教育质量四个方面给予全面保障；采取扩大教育资源，完善经费投入机制，完善扶困助学政策，加强教师队伍建设，推动学校多样化有特色发展，改进招生管理办法等各项措施，到2020年，全国普及高中阶段教育，适应初中毕业生接受良好高中阶段教育的需求。全国、各省(区、市)毛入学率均达到90%以上，中西部贫困地区毛入学率显著提升；普通高中与中等职业教育结构更加合理，招生规模大体相当；学校办学条件明显改善，满足教育教学基本需要；经费投入机制更加健全，生均拨款制度全面建立；教育质量明显提升，办学特色更加鲜明，吸引力进一步增强。

《攻坚计划》集中解决高中学龄孩子是否有学上、是否上得起、是否愿意上三个问题。[③] 解决有学上的问题，要求重点关注中西部民族地区、集中连片特殊困难地区、国家级贫困县等贫困地区。解决上得起的问题，要求提高学生精准资助水平，继续实施高中阶段学校家庭经济困难学生国家资助政策，落实好普通高中建档立卡等家庭经济困难学生(含非建档立卡的家庭经

---

① 史宁中.普及高中阶段教育为十二年义务教育奠基[J].教育研究，2008(5)：11-13.

② 教育部等四部门关于印发《高中阶段教育普及攻坚计划(2017—2020年)》的通知(教基〔2017〕1号)[EB/OL].2017-03-30[2018-02-06].http://www.moe.edu.cn/srcsite/A06/s7053/201704/t20170406_301981.html.

③ 杜晓利.打赢高中阶段教育普及攻坚战[N].中国教育报，2017-04-07(03).

济困难残疾学生、农村低保家庭学生、农村特困救助供养学生）免除学杂费政策；逐步分类推进中等职业教育免除学杂费，提高中等职业教育国家助学金资助标准。解决愿意上的问题，关键是增强高中阶段教育的吸引力。提出加强教师队伍建设，推动学校多样化有特色发展；深化普通高中课程改革，加强选修课程建设，增强课程的选择性和适宜性；实施职业教育产教融合工程，推动中等职业学校专业设置、课程内容、教学方式与生产实践对接，集中力量建设一批高水平职业学校，办好一批适应当地经济社会需要的特色优势专业；建立学生发展指导制度，加强对学生课程选择、升学就业等方面的指导；探索发展综合高中，实行普职融通，为学生提供更多选择机会；充分利用信息化手段促进优质教育资源共享，满足个性化学习的需要。

各省市相继制定高中阶段教育普及攻坚计划，如河南省出台《河南省教育厅等四部门关于印发〈河南省高中阶段教育普及攻坚计划（2017—2020年）〉的通知》（豫教基二〔2017〕141号），陕西省颁布《陕西省教育厅等四部门关于印发〈陕西省高中阶段教育普及攻坚计划（2017—2020年）实施方案〉的通知》（陕教规范〔2017〕16号），四川省出台《四川省教育厅等四部门关于印发〈四川省高中阶段教育普及攻坚计划（2017—2020年）〉的通知》（川教〔2018〕10号），宁夏回族自治区颁布《自治区教育厅等四厅关于印发〈宁夏普及高中阶段教育实施方案〉（2018—2020年）的通知》（宁教基〔2018〕13号）。各省的实施方案都在经费投入、标准化学校建设、扶困助学和师资队伍建设等方面做了部署。如陕西省提出，助学金标准平均每生每年2 000元，平均资助面按全省在校学生人数的30%确定；继续落实国家中等职业教育学生免除学费政策，落实中职学校生均经费政策，对建档立卡等贫困家庭学生一次性补助3 000元；各地每年一次性给残疾学生补助200元交通费，对于家庭地处偏僻、路途较远的残疾学生，可根据财力情况，适当增加交通费补助；到2017年，省级标准化普通高中达标率达到75%。[①]

---

① 陕西省教育厅等四部门关于印发《陕西省高中阶段教育普及攻坚计划（2017—2020年）实施方案》的通知（陕教规范〔2017〕16号）[EB/OL].2017-12-28[2018-02-06].http://www.snedu.gov.cn/news/jiaoyutingwenjian/201712/28/13460.html.

三、推动普通高中多样化发展

《国家中长期教育改革和发展规划纲要(2010—2020年)》提出,推动普通高中多样化发展,促进办学体制多样化,扩大优质资源;推进培养模式多样化,满足不同潜质学生的发展需要;鼓励普通高中办出特色。各级政府认真贯彻《国家中长期教育改革和发展规划纲要(2010—2020年)》提出的任务要求,积极采取有效举措促进高中阶段教育普及水平明显提高,入学机会明显增加,课程教学改革更加注重满足学生个性化学习需求,人才培养模式多样化探索,引领高中特色发展不断取得新进展,综合素质评价制度改革的抓手作用进一步显现。①

为鼓励普通高中办出特色,转变育人模式,推动普通高中特色发展、错位发展、可持续发展,促进学生全面而有个性地发展,上海市教委于2011年设立"上海市特色普通高中建设与评估项目"。2014年6月,上海市教委印发《上海市推进特色普通高中建设实施方案(试行)》(沪教委基〔2014〕59号),②提出特色普通高中建设分三个发展阶段,采用"项目孵化、滚动推进;分类指导、分阶提升"的策略,形成主动适应上海城市功能定位、社会和地域经济发展以及学生发展的需求,有惠及全体学生、较为成熟的特色课程体系及实施体系,并以此为基础形成稳定独特办学风格的普通高中学校。在此基础上,2016年10月,上海市教委出台《上海市推进特色普通高中建设三年行动计划(2016—2018年)》(沪教委基〔2016〕56号),③提出坚持规划引领,分阶段推进创建过程;聚焦课程,融合普通课程与特色课程;整合资源,丰富特色育人供给;积极探索,形成常态运行机制;创新平台,建设特色育人载体。通过"三年行动计划"的实施,上海市形成了一批覆盖领域广泛、特色鲜明、定

---

① 王秀军.稳步推进普通高中多样化发展[N].中国教育报,2015-12-17(006).

② 上海市教育委员会关于印发《上海市推进特色普通高中建设实施方案(试行)》的通知(沪教委基〔2014〕59号)[EB/OL].2014-07-04[2018-02-06].http://www.xhedu.sh.cn/cms/data/html./doc/2014-07/04/317992/index.html.

③ 上海市教育委员会关于印发《上海市推进特色普通高中建设三年行动计划(2016—2018年)》的通知(沪教委基〔2016〕56号)[EB/OL].2016-10-18[2018-02-06].http://www.shmbjy.org/item-detail.aspx?NewsID=6688.

位科学、水平较高，在上海知名，在全国具有一定影响力的特色普通高中。截至2017年4月，上海已经形成41所特色普通高中市级项目学校，举行了8场市级特色普通高中创建展示活动。①

第三节　推进教育脱贫攻坚行动

中共中央总书记习近平指出，消除贫困、改善民生，逐步实现共同富裕，是社会主义的本质要求，是我们党的重要使命。② 因此，教育扶贫，打赢教育脱贫攻坚战具有重要意义。《中国农村扶贫开发纲要（2011—2020年）》《国家中长期教育改革和发展规划纲要（2010—2020年）》以及《中共中央、国务院关于打赢脱贫攻坚战的决定》等文件相继发布。教育部等六部门随即印发《教育脱贫攻坚“十三五”规划》（教发〔2016〕18号），指出打赢教育脱贫攻坚战要坚持“加快发展、服务全局，分类施策、精准发力，就业导向、重在技能，政府主导、合力攻坚”的基本原则，多措并举，发展学前教育，巩固提高义务教育，普及高中阶段教育，到2020年，贫困地区教育总体发展水平显著提升，实现建档立卡等贫困人口教育基本公共服务全覆盖；保障各教育阶段从入学到毕业的全程全部资助，保障贫困家庭孩子都可以上学，不让一个学生因家庭困难而失学；每个人都有机会通过职业教育、高等教育或职业培训实现家庭脱贫，教育服务区域经济社会发展的能力显著增强。③

一、教育脱贫攻坚的重要举措

2017年，教育扶贫工作加大了财政支持力度，实现了国家扶贫开发重点县全覆盖，推进了县域城乡义务教育学校装备配备标准化，继续实施定点联

---

① 上海市政府.本市首家特色普高命名揭牌　上海已形成41所特色普通高中市级项目学校[EB/OL].2017-04-18[2018-02-06].http://www.shanghai.gov.cn/nw2/nw2314/nw2315/nw5827/u21aw1223246.html.

② 习近平论扶贫工作——十八大以来重要论述摘编[J].党建，2015(12)：5-7.

③ 教育部等六部门关于印发《教育脱贫攻坚“十三五”规划》的通知(教发〔2016〕18号)[EB/OL].2016-12-27[2018-02-06],www.moe.edu.cn/srcsite/A03/moe_1892/moe_630/201612/t20161229_293351.html.

系滇西片区精准帮扶项目。

(一) 加大财政支持力度

《教育脱贫攻坚“十三五”规划》要求,中央财政一般性转移支付、专项转移支付资金向贫困地区和贫困人口倾斜。《国务院关于国家财政教育资金分配和使用情况的报告》显示,2016 年,财政性教育经费一半以上用于中西部地区,并向农村倾斜。从区域看,中央财政教育转移支付资金重点支持中西部地区以及革命老区、民族地区、边疆地区和贫困地区。2016 年,中央财政教育转移支付资金的 84%左右用于支持中西部地区。地方财政性教育经费中,东、中、西部地区分别为 11 718 亿元、8 813 亿元和 8 329 亿元,中西部地区财政性教育经费占全国(不含中央本级)的比重约 60%。从农村看,生均教育经费支出保持较快增长。2016 年,农村普通初中、小学、幼儿园生均教育经费支出依次为 1.44 万元、1.08 万元、0.61 万元,分别比 2012 年增长 50.2%、51%、51.1%。财政性教育经费一半以上用于教师工资福利和学生资助。[①] 2017 年,国务院扶贫办年财政拨款教育支出达 526.20 万元。[②]

(二) 全面改善贫困地区义务教育薄弱学校基本办学条件

2013 年底,教育部启动了义务教育领域的兜底工程,全面改善贫困地区义务教育薄弱学校基本办学条件(以下简称“全面改薄”)。“全面改薄”工程规划覆盖全国 2 600 多个县近 22 万所义务教育学校,预计投入 5 000 多亿元,建设校园校舍 2 亿多平方米,购置教学仪器设备 9 亿多台(件套),惠及 8 000 多万学生。[③] 为确保如期实现“全面改薄”任务目标,2017 年 7 月,教育部和财政部联

---

① 肖捷.国务院关于国家财政教育资金分配和使用情况的报告——2017 年 12 月 23 日在第十二届全国人民代表大会常务委员会第三十一次会议上[EB/OL].2017 - 12 - 23[2018 - 02 - 06].http://www.npc.gov.cn/npc/xinwen/2017 - 12/23/content_2034502.htm.

② 国务院扶贫开发领导小组办公室 2017 年部门预算[EB/OL].2017 - 04 - 07[2018 - 02 - 06].http://www.cpad.gov.cn/art/2017/4/7/art_343_321.html.

③ 教育部.打赢全面改善薄弱学校基本办学条件的“攻坚战”——刘延东副总理在全面改善贫困地区义务教育薄弱学校基本办学条件工作现场推进会上的讲话[EB/OL].2016 - 09 - 20[2018 - 02 - 06]. http://www.moe.edu.cn/jyb_xwfb/xw_zt/moe_357/s7865/s8513/s8515/201610/t20161024_286060.html.

合印发《教育部财政部关于进一步加强全面改善贫困地区义务教育薄弱学校基本办学条件中期有关工作的通知》(教督〔2017〕9号),[①]要求进一步完善工程规划,加快实施进度,强化资金落实,加强质量管理,加大公开力度,加强督导检查。同时,各省市也出台落实政策,如陕西省印发《关于调整完善全面改善贫困地区义务教育薄弱学校基本办学条件工程规划的通知》(陕教财办〔2017〕27号)。[②] 内蒙古自治区以国家实施的"全面改薄"项目为抓手,以国贫、区贫、边境、少数民族自治旗、革命老区为重点,在全区76个旗县、2 084所学校实施"全面改薄"工程。截至2017年8月底,内蒙古"全面改薄"累计投入资金72.06亿元,占五年规划总投入的86%,学校办学条件趋于标准化,特别是乡村学校办学条件变化显著。[③] 截至2017年9月,河南省"全面改薄"累计投入资金243.54亿元,为14 975所义务教育薄弱学校建设了校舍1 235.68万平方米、室外运动场957.31万平方米,为16 407所义务教育学校配备价值42.07亿元的生活设施、课桌椅、计算机、教学仪器设备、图书等,惠及中小学生529.53万人。[④]

(三)加大特殊群体支持力度

全国各省市进一步完善教育精准扶贫工作信息库,建立建档立卡贫困家庭学生信息库,对贫困家庭中正在接受教育的各学段学生进行全面登记造册,建立档案,动态管理。以江西省为例,通过与民政部门数据互联互通,收集全省所有建档立卡贫困户子女信息,建立到户、到学生的教育精准扶贫资助平台,从幼儿园开始全程追踪到大学毕业(含研究生毕业),确保精准扶贫落到实处。江西省每年投入近80亿元,受益学生700余万人次,实现"奖助

---

① 教育部财政部关于进一步加强全面改善贫困地区义务教育薄弱学校基本办学条件中期有关工作的通知(教督〔2017〕9号)[EB/OL].2017-07-03[2018-02-06].http://www.moe.edu.cn/srcsite/A11/s7057/201707/t20170706_308778.html.

② 陕西省教育厅关于调整完善全面改善贫困地区义务教育薄弱学校基本办学条件工程规划的通知(陕教财办〔2017〕27号)[EB/OL].2017-11-13[2018-02-06].http://www.snedu.gov.cn/news/jiaoyutingwenjian/201711/13/13093.html.

③ 教育部基础教育司.全国统筹县域内城乡义务教育一体化改革发展现场推进会交流材料[EB/OL].2018-01-09[2018-02-07].http://www.moe.gov.cn/jyb_xwfb/xw_zt/moe_357/jyzt_2016nztzl/ztzl_xyncs/ztzl_xy_dxjy/201801/W020180109353888301306.pdf:31.

④ 同上:117.

贷补免相结合，大中小幼全覆盖”。[①] 2017 年，山西省按照建档立卡的贫困家庭，学前教育阶段受助幼儿 14.52 万人，义务教育阶段营养改善计划受助学生 25.9 万人，农村家庭经济困难寄宿受助学生 19.13 万人，并且免费提供教科书；高中阶段对建档立卡家庭经济困难学生和残疾学生免除学杂费，普通高中在校生资助覆盖面达 20%，受助学生 16.56 万人；中等职业教育贫困家庭学生实现免学费，并享受国家助学金补助，受助学生 44.87 万人；资助大学生 7 370 人、中高职学生 4.19 万人，资助总额达 31.68 亿元。[②]

（四）加强乡村教师队伍建设

《关于深化教育体制机制改革的意见》要求，落实艰苦边远地区津贴、乡镇工作补贴，以及集中连片特困地区和艰苦边远地区乡村教师生活补助政策；完善老少边穷岛等贫困艰苦地区教师待遇政策，依据艰苦边远程度实行差别化补助，做到越往基层、越往艰苦地区补助水平越高。[③] 2017 年，教育部进一步落实乡村教师支持计划，支持乡村青年教师队伍，强化乡村教师培养补充，推进城乡教师交流轮岗。[④] 2017 年 2 月，教育部和财政部联合印发《教育部办公厅　财政部办公厅关于做好 2017 年中小学幼儿园教师国家级培训计划实施工作的通知》(教师厅〔2017〕2 号)，要求“国培计划”重点向中西部贫困地区基层倾斜，优先支持贫困县乡村教师校长培训，全面提升乡村教师校长素质能力，新增项目区县数原则上不少于当年项目区县总数的 20%，并以贫困县为主。[⑤]

---

① 教育部.江西编织贫困学生“爱心网”[EB/OL].2016－09－20[2018－02－06].http://www.moe.edu.cn/jyb_xwfb/s5989/s6635/s8537/zl/201609/t20160920_281720.html.

② 高耀彬.山西全力推进教育精准扶贫[N].中国教育报,2017－07－04(05).

③ 中共中央办公厅国务院办公厅印发《关于深化教育体制机制改革的意见》[EB/OL].2017－09－24[2018－02－06].http://www.gov.cn/xinwen/2017－09/24/content_5227267.htm.

④ 关于印发《教育部教师工作司 2017 年工作要点》的通知(教师司函〔2017〕1 号)[EB/OL].2017－01－24[2018－02－06].http://www.moe.edu.cn/s78/A10/A10_gggs/A10_sjhj/201701/t20170124_295674.html.

⑤ 教育部办公厅　财政部办公厅关于做好 2017 年中小学幼儿园教师国家级培训计划实施工作的通知(教师厅〔2017〕2 号)[EB/OL].2017－03－06[2018－02－06].http://www.moe.edu.cn/srcsite/A10/s7034/201703/t20170314_299563.html.

二、教育扶贫工作的问题

根据党中央、国务院的部署，我国教育扶贫工作取得了显著成效，但仍然存在一些问题。一是基础教育投入仍然不足，且不均衡，效益不高。二是学校数量不足，办学条件较差，办学质量相对较低。[①] 三是师资投入不足，数量缺额，结构不尽合理，素质亟待提升。一方面，教师整体数量不足，生师比过高，优秀教师外流严重，有的地方甚至无法维持正常的教学秩序；另一方面，现有的教师队伍整体素质水平偏低，知识的深度和广度不够，学校无力满足教师培训、外出培养、观摩学习的需求。此外，有的地方拖欠教师工资问题尚未彻底解决，一定程度上影响了教学质量的提高。四是贫困家庭无力使子女接受更多教育，教育受重视程度不够。五是贫困地区教育管理水平相对落后。六是九年义务教育的完成度有待继续提高，普及义务教育的成果不稳固，不少地区的辍学率出现了明显的反弹。为了打赢扶贫脱贫攻坚战，全国教育系统会同扶贫系统要以更加集中的支持、更加有效的举措、更加有力的工作，深入贯彻《深度贫困地区教育脱贫攻坚实施方案（2018—2020 年）》（教发〔2018〕1 号）[②]等文件要求，共同打好深度贫困地区教育脱贫攻坚战。

---

① 《中国教育扶贫报告(2016)》：教育扶贫面临六大问题[N].中华读书报，2017－02－15(01).

② 国务院两部门关于印发《深度贫困地区教育脱贫攻坚实施方案(2018—2020 年)》的通知(教发〔2018〕1 号)[EB/OL].2018－02－27[2018－02－28].http://www.gov.cn/xinwen/2018－02/27/content_5269090.htm.

第五章　完善职业教育体系，深化产教融合

加快发展现代职业教育，是我国实现经济升级，促进充分就业的重大战略举措，也是提升就业质量，创造更大人才红利的重要途径。党的十九大报告提出，完善职业教育和培训体系，深化产教融合、校企合作。进入21世纪以来，我国职业教育事业蓬勃发展，为社会主义现代化建设培养了大批高素质的技术人才，对于加快现代经济建设发挥了重大作用。但同时，职业学校的人才培养、教师队伍、学校建设、市场供需等方面仍存在诸多问题。对此，2017年，中央立足于社会经济发展的内外维度，先后发布了《国家教育事业发展"十三五规划"》(国发〔2017〕4号)、《国务院办公厅关于深化产教融合的若干意见》(国办发〔2017〕95号)、《国务院关于深化"互联网＋先进制造业"发展工业互联网的指导意见》等文件，为我国新时代职业教育和继续教育改革发展指明了方向，明确了任务。2017年，职业教育领域继续完善职业学校布局结构，为区域经济发展贡献力量；普遍提升职业院校基础能力，打造中国职业教育品牌；强化以工匠精神为核心的高素质技术人才培养。同时，继续深化产教融合，通过推进产教融合人才培养改革，促进产教供需双向对接，完善政策支持体系等，强化企业的重要作用，构建教育和产业统筹融合发展格局。

第一节　加快现代职业教育体系建设

党的十八大以来，现代职业教育体系建设成为职业教育改革与发展的重要主题，但在职业教育领域，优质教育资源总量不足、布局不合理，人才培养

的类型、层次和学科专业结构与社会需求不够契合等问题仍旧制约着职业教育的发展。2017 年，中央着力完善职业学校布局结构，提升职业学校基础能力，集中力量建设一批高水平职业学校，大力倡导以工匠精神为核心的工业精神，为培养崇尚劳动、敬业守信、精益求精、敢于创新的制造业人才发挥了重要的推动作用。

一、完善职业学校布局结构

在庞大的教育体系中，职业教育与区域经济发展联系最为紧密，存在复杂的双向交互关系。[①] 职业教育区域布局可直观反映职业教育空间分布及资源配置状况，关系职业教育发展及其功能的发挥，直接影响职业教育回报的空间差异。[②] 调整职业学校布局，是进一步推动中等职业教育办学体制和管理体制及运行机制的改革，优化资源配置，提高办学质量和整体效益，促进职业教育健康协调发展的重要路径。

早在 1999 年，教育部在《关于调整中等职业学校布局结构的意见》(教职成〔1999〕3 号)中就明确指出，通过合并、共建、联办、划转等多种形式对中等职业学校进行布局调整，以进一步优化资源的配置，扩大学校的办学规模，改善办学条件，使教学质量和办学效益都得到提高，进一步提高学校的竞争力。[③] 经过十几年的调整，我国职业教育结构区域布局多数还是集中在经济相对发达、人口密度大的城市地区，而相对经济欠发达地区，尤其是人口稀少的农村地区，职业教育发展缓慢。[④] 2017 年 1 月，国务院印发《国家教育事业发展“十三五规划”》(国发〔2017〕4 号)，提出完善职业教育布局结构。首先，加强市级、县域人民政府对中等职业教育的统筹规划。各地根据自身的城镇化水平以及产业布局、人才需求情况，做好区域内中等职业学校布局规划。

① 朱德全.职业教育与区域经济的联动逻辑与立体路径[J].教育研究，2014(7)：45.

② 陈钊.应该在哪里接受职业教育：来自教育回报空间差异的证据[J].世界经济，2015(8)：5.

③ 教育部关于印发《关于调整中等职业学校布局结构的意见》的通知(教职成〔1999〕3 号)[EB/OL].1999-09-09[2018-07-27].http://old.moe.gov.cn/publicfiles/business/htmlfiles/moe/moe_721/200408/2534.html.

④ 廖晓衡，朱德全.城乡统筹视野下的职业教育结构均衡与优化[J].中国职业技术教育，2014(9)：49.

其次，新增高等职业学校的布局倾斜到中小城市以及产业集聚区。在人口集中和产业发展需要的贫困地区建好一批中等职业学校，重点支持贫困地区建设好符合当地经济社会发展需要的中等职业学校。再次，根据各主体功能区的定位，推动区域内职业学校科学定位，使每一所职业学校集中力量办好当地经济社会发展需要的特色优势专业(集群)。最后，着力建设一批服务现代产业发展和扶贫开发等重点工作领域的高水平职业学校，形成国家重点行业都有骨干职业学校支撑的技术技能人才培养格局，服务产业结构调整优化。[①] 在此背景下，河南、海南等省市出台了相关政策文件，落实完善职业学校布局结构。

“十三五”时期是我国经济转型升级的关键期，职业教育作为技术技能人才培养的载体，在今后的工作中，各层面应通力合作，优化职业教育区域布局。国家层面上，要提高服务意识，引导区域间竞合关系；省级层面上，布局设计既要聚焦省城自身，更要着眼于国家区域资源的整合和优化；学校层面上，要找准学校在区域人才供给中的位置，在制定发展规划时既要考虑自身条件，又要考虑区域产业基础和未来发展前景。[②]

二、提升职业学校基础能力

职业学校基础能力建设关涉到人才培养的质量。当前，在一些经济欠发达地区，职业学校的办学条件、办学标准等基础性的建设还存在诸多问题，严重影响当地职业教育的发展。2017 年，我国着力从硬件和软件两个方面入手提升职业学校基础能力建设。首先，重点改善贫困地区和薄弱中等职业学校基本办学条件。其次，立足于学校内部，分类制定职业学校办学标准，实施现代职业教育质量提升计划等项目，提升职业学校办学条件特别是实习实训条件和“双师型”教师队伍建设水平。再次，落实职业学校办学自主权。扩大职业学校在招生、专业设置和调整、教师评聘、资源配置、收入分配、校企合作等方面的办学自主权。最后，鼓励社会力量参与举办职业教育。按照鼓励竞

---

① 国务院关于印发国家教育事业发展“十三五”规划的通知(国发〔2017〕4 号)[EB/OL].2017-01-10[2018-04-05].http://www.gov.cn/zhengce/content/2017-01/19/content_5161341.htm.

② 赵晶晶.我国职业教育区域布局变迁机制与特征研究[J].教育研究，2017(10)：81.

争、扶优扶强的原则，通过与行业企业合作，集中力量建设一批高水平职业学校。支持东中西部地区职业学校加强对口合作，通过联合办学、委托管理、集团化办学等形式，提升专业建设、课程开发、学校管理水平。在地方落实上，一些省市纷纷开展多种形式的督查活动，保证职业学校基础设施建设。

三、强化大国工匠后备人才培养

2017 年，为构建现代职业教育体系，适应当前社会经济发展对技能型人才的需求，我国继续强化大国工匠后备人才培养，培养技能型人才的工匠精神。

培养工匠精神，是企业转型、产业升级的需要，是劳动者职业生涯发展和个人价值实现的需要。国务院发布的多个文件从不同视角强调“大力弘扬工匠精神”“加快培养具有工匠精神的高素质劳动者”。《国务院关于印发国家教育事业发展“十三五”规划的通知》(国发〔2017〕4 号)中提出：“着力提升职业学校人才培养质量，加强职业精神培育，推进产业文化、优秀企业文化、职业文化进校园进课堂，促进职业技能和职业精神高度融合，着力培养崇尚劳动、敬业守信、精益求精、敢于创新的工匠精神。”同时，“建立健全大国工匠优秀后备人才早期发现、选拔和培养制度。打通职业教育人才培养通道，让职业学校学生的技术技能可以通过不断深造得到发展”。①

当前在工业领域，技术创新是关键，工匠精神的培育是时代的现实诉求，其传承、发扬与现代职业教育是分不开的。强化健全大国工匠后备人才的培养，一方面需要加强学校建设，落实好中央关于职业学校建设的相关措施；另一方面需要为职业教育发展提供良好的制度、文化环境。

第二节　深化产教融合

党的十九大报告提出，完善职业教育和培训体系，深化产教融合、校企合

---

① 国务院关于印发国家教育事业发展“十三五”规划的通知(国发〔2017〕4 号)[EB/OL].2017-01-10[2018-07-28].http://www.gov.cn/zhengce/content/2017-01/19/content_5161341.htm.

作。进入 21 世纪以来,我国教育事业蓬勃发展,为社会主义现代化建设培养输送了大批高素质人才,为加快发展壮大现代产业体系作出了重大贡献。但同时,受体制机制等多种因素影响,人才培养供给侧和产业需求在结构、质量、水平上还不能完全适应,“两张皮”问题仍然存在。[①] 2017 年,《国务院办公厅关于深化产教融合的若干意见》(国办发〔2017〕95 号)的发布对于深化产教融合,促进教育链、人才链与产业链、创新链有机衔接,全面提高教育质量,扩大就业创业,推进经济转型升级,培育经济发展新动能具有重要意义。

一、推进产教融合人才培养改革

产教融合人才培养模式是将产业发展与学校教育进行有效融合,在融合的基础上加强实践教学,从而提升人才创业创新能力。[②] 2017 年,我国以产教融合人才培养为核心,从多个角度、层面为人才培养保驾护航。

(一) 完善考试招生配套改革,从源头上把控人才培养结构

就职业教育考试本身来看,目前高职的招生考试是作为普通高等教育的专科层次来进行的,一定程度上导致了高职考试脱离职业教育的根本目标。从招生方式上来看,其录取途径有两条:一是春、秋两次高考;二是高等职业院校对口中等职业学校的招生考试。从表面看,高等职业院校似乎可以通过多渠道招收合格的学生,然而实际情况是,考试结束后,各院校按照重点院校、普通院校、民办学院、高等职业院校的录取批次进行筛选。按这样的录取批次,高等职业院校所录取的生源只能是普通高等院校挑剩的低分学生。而最能体现职业教育特色的高职对口中职的招生考试,则由于中职生源差,许多学生无法考入高职院校。[③] 此外,生源的复杂性导致考试标准无法统一,一定程度上也影响了职业教育的人才选拔。对此,2017 年《国务院办公厅关于深化产教融合的若干意见》(国办发〔2017〕95 号)指出:“加快高等职业学校分类招考,完善‘文化素质+职业技能’评价方式。适度提高高等学校招收

① 李进.工匠精神的当代价值及培育路径研究[J].中国职业技术教育,2016(27):30.

② 黄倩.产教融合人才培养模式探析[J].中国高校科技,2017(9):66.

③ 杨延.高等职业教育招生考试制度亟待改革[J].中国高教研究,2006(1):56.

职业教育毕业生比例，建立复合型、创新型技术技能人才系统培养制度。逐步提高高等学校招收有工作实践经历人员的比例。”[①]通过分类招考，“文化素质＋职业技能”的招考方式，呈现出“突出综合素质，注重职业潜能”“录取过程坚持德智体全面衡量，依据科目总成绩从高到低录取”的特点，全面提升了职业教育的生源质量。[②]

（二）推进产教协同育人，在过程中培养高素质人才

职业教育的目标是服务经济社会发展和人的全面发展，通过推动专业设置与产业需求、课程内容与职业标准、教学过程与生产过程的有效对接，实现校企协同育人，提升学生实践技能和职业岗位的适应能力，提高就业竞争力。[③] 在推进现代职业教育体系的建设过程中，一些地方和学校偏离了就业导向，办学特色不鲜明，人才培养质量亟待提高。2017 年，为进一步提升职业教育育人目标，培养新时代具有工匠精神的高素质人才，国务院进一步强化企业在产教协同育人中的重要主体作用，通过拓宽企业参与途径，深化“引企入教”改革，开展生产型实习实训，发挥骨干企业引领作用，推进产教协同育人。进一步深化职业学校办学体制改革，坚持职业教育校企合作、工学结合的办学制度，推进职业学校和企业联盟与行业联合、同园区联结。大力发展校企双制、工学一体的技工教育。在技术性、实践性较强的专业，全面推行现代学徒制和企业新型学徒制，推动学校招生与企业招工相衔接，校企育人“双重主体”，学生学徒“双重身份”，学校、企业和学生三方权利义务关系明晰，并保证实践性教学课时不少于总课时的 50％，实现了理论与实践相结合的育人方式。《国务院关于印发国家教育事业发展“十三五”规划的通知》（国办发〔2017〕95 号）中也明确指出，推行校企一体化育人，推进“订单式”培养、

① 国务院办公厅关于深化产教融合的若干意见（国办发〔2017〕95 号）[EB/OL].2017-12-05［2018-07-27］. http://www.moe.gov.cn/jyb_xxgk/moe_1777/moe_1778/201712/t20171219_321953.html.

② 田建荣.高职院校分类考试制度设计与推进策略[J].陕西师范大学学报（哲学社会科学版），2017(7)：23.

③ 王丹中，赵佩华.产教融合视阈下高职院校协同育人机制探索[J].中国高等教育，2014(21)：47.

工学交替培养,积极推动校企联合招生、联合培养的现代学徒制。率先在大中型企业开展产教融合试点,推动行业企业与学校共建人才培养基地、技术创新基地、科技服务基地。为更好地推进产教融合协同育人,2017 年 8 月,教育部公布了第一批产学合作协同育人项目。

(三) 创新教育培训服务供给,拓宽职业教育资源的供给途径

2010 年,《国家中长期教育改革和发展规划纲要(2010—2020 年)》提出要鼓励行业组织、企业举办职业学校,一定程度上拓宽了职业教育资源的供给途径。然而,当前行业企业办学在现有制度环境中已被边缘化,现有院校遭遇"身份困境",并由此带来诸多发展瓶颈。① 2017 年,中共中央鼓励教育培训机构、行业企业联合开发优质教育资源,大力支持"互联网+教育培训"发展,支持有条件的社会组织整合校企资源,开发立体化、可选择的产业技术课程和职业培训包,推动探索高校和行业企业课程学分转换互认,允许和鼓励高校向行业企业和社会培训机构购买创新创业、前沿技术课程和教学服务,②为统筹整合多方资源,推动优质职业教育资源可持续发展提供了后备支持。

此外,针对职业教育教师队伍资质差、能力低的现状,2017 年,国务院实行多重举措加强产教融合师资队伍建设。例如,《国务院办公厅关于深化产教融合的若干意见》(国办发〔2017〕95 号)中明确提出,支持企业技术和管理人才到学校任教,鼓励有条件的地方探索产业教师(导师)特设岗位计划;探索符合职业教育和应用型高校特点的教师资格标准和专业技术职务(职称)评聘办法;允许职业学校和高等学校依法依规自主聘请兼职教师和确定兼职报酬;推动职业学校、应用型本科高校与大中型企业合作建设"双师型"教师培养培训基地;完善职业学校和高等学校教师实践假期制度,支持在职教师

---

① 郭静.现代职业教育体系建设背景下的行业、企业办学研究[J].教育研究,2011(5):117-118.

② 国务院办公厅关于深化产教融合的若干意见(国办发〔2017〕95 号)[EB/OL].2017-12-05[2018-05-10].http://www.moe.edu.cn/jyb_xxgk/moe_1777/moe_1778/201712/t20171219_321953.html.

定期到企业实践锻炼。[①] 同时,2017 年,我国进一步加快学校治理结构改革,建立健全职业学校和高等学校理事会制度,鼓励引入行业企业、科研院所、社会组织等多方参与。

二、促进产教供需双向对接

现代职业教育是适应现代科学技术和生产方式,支撑产业结构调整和产业升级,主要培养生产服务一线技术技能人才的教育。[②] 近年来,职业教育发展迅速,但仍存在技能人才供给与劳动力需求之间的矛盾。2017 年,为继续深化产教融合,协调供需平衡,国家从多个层面促进产教供需双向对接,为推进职业教育发展发挥了重要作用。

2017 年的《国务院办公厅关于深化产教融合的若干意见》(国办发〔2017〕95 号)通过强化行业协调指导,规范发展市场服务组织,打造信息服务平台,健全第三方评价等措施,进一步调整产教供需之间的矛盾。具体来看,主要表现在以下几个方面。首先,从行业主管部门的角度,加强对行业组织引导,通过开展人才需求预测、校企合作对接、教育教学制度、职业技能鉴定等服务,支持行业组织制定深化产教融合工作计划,规范市场服务组织,构建校企利益共同体,对人才需求量进行评估。其次,从信息服务来源的角度,运用云计算、大数据等信息技术,建设市场化、专业化、开放共享的产教融合信息服务平台。依托平台汇聚区域和行业人才供需、校企合作、项目研发、技术服务等各类供求信息,向各类主体提供精准化产教融合信息发布、检索、推荐和相关增值服务。最后,从职业教育评价的角度,健全社会第三方评价。积极支持社会第三方机构开展产教融合效能评价,健全统计评价体系。强化监测评价结果运用,作为绩效考核、投入引导、试点开展、表彰激励的重要依据。同时,健全需求导向的人才培养结构调整机制。加快推进教育“放管服”改革,注重发挥市场机制配置非基本公共教育资源作用,强化就业市场对人

① 国务院办公厅关于深化产教融合的若干意见(国办发〔2017〕95 号)[EB/OL].2017-12-05[2018-07-28]. http://www.moe.gov.cn/jyb_xxgk/moe_1777/moe_1778/201712/t20171219_321953.html.

② 郭静.现代职业教育体系建设背景下的行业、企业办学研究[J].教育研究,2014(3):116.

才供给的有效调节。

从我国职业教育专业结构的整体布局上来看，自 2004 年以来，我国职业教育的专业结构一直随着产业结构的调整而处于变化之中，并基本与产业结构的调整和变化方向一致。[①] 从均衡产教供需矛盾来看，在规范职业教育供需服务的过程的同时，更应注重人才培养的结构与市场需求之间的契合，一方面培养适应市场紧缺的高素质人才；另一方面紧跟市场形势，促进产教供需双向对接。

三、完善政策支持体系

产教融合是职业教育的本质要求，是现代职业教育发展的重要方向，是构建现代职业教育体系的关键，是建设中国特色、世界水平现代职业教育的核心。[②] 产教融合，意在通过职业教育同步规划经济社会发展，统筹区域发展布局，推动学科专业建设与产业转型升级，健全需求导向的人才培养结构调整机制，构建教育和产业统筹融合发展格局。其中，完善政策支持体系，规范学校与企业行业之间的办学行为，为职业教育发展营造良好的外部环境是深化产教融合的重要保障。

“十二五”以来，国家高度重视职业教育产教融合的制度和机制建设，各地不断探索实践，取得了显著成就。但国家和地方职业教育产教融合政策、制度建设仍然十分薄弱。政府自身对如何发挥主导作用认识不清，对实现主导作用的形式和路径缺少探索和经验积累，相关校企合作的法律和政策制度不健全，协调引导作用有待加强。[③] 为进一步深化产教融合，落实好产教协同育人、教师队伍建设以及职业院校建设，《国务院办公厅关于深化产教融合的若干意见》(国办发〔2017〕95 号)中全面审视当下职业教育发展的内外环境，从深化产教融合的角度，为职业教育发展营造良好的政策支持体系。运用强化金融支持，落实财税用地等政策，实施产教融合发展工程，开展产教融

---

① 庄西真.职业教育供给侧结构性困境的时代表征[J].教育发展研究，2016(9)：73.

② 刘斌，邹吉权，刘晓梅.职业教育产教融合的逻辑起点与应然之态[J].中国高教研究，2017(11)：106.

③ 和震.职业教育校企合作中的问题与促进政策分析[J].中国高教研究，2013(1)：90.

合建设试点等举措，完善产教融合政策支持。在此背景下，河北、山东等多省市根据本地区深化产教融合过程中的现实情况，有针对地提供了相应的政策支持。

研究、探讨推进产教融合的政策制定和实施是一项攻坚任务，需要深挖现存的问题，运用理论分析原因，并从国家宏观层面来思考解决的思路和办法。在地方规章的建设中，一些地方先行先试，提供了地方经验，如宁波、厦门、深圳、苏州、无锡等地先后出台了一些有关校企合作的政策与规范制度。① 但在国家层面，关于规范校企合作的法律还未出台。因此，在今后深化产教融合的道路上，需要出台国家层面的校企合作促进条例，针对产教融合中的办学、教师、人才培养等方面的建设进行引导和规范。

第三节　服务现代制造业与“一带一路”倡议

“制造强国”和“一带一路”是我国新时期统筹国内国际两个大局，推进内部发展、对外合作的重要举措。在全球经济面临重大调整，国内经济发展进入新常态的背景下，《中国制造 2025》与《推进共建“一带一路”教育行动》等文件的发布为职业教育的发展提出了新的挑战，搭建了新的平台，调动了职业院校各层面的力量，助推了我国职业教育的开放转型。

一、推进制造业与教育融合发展

2015 年 5 月，国务院发布了“工业 4.0”规划，即《中国制造 2025》。历史发展的经验表明，制造业是支撑一个民族发展的强力支柱，是提高国际地位，带领国人走向现代、富强、文明的关键产业。② 作为与制造业联系最为紧密的职业教育必须顺应当下时代发展潮流，实现新的超越与转型发展，以服务我国现代制造业的发展。

---

① 杨银付.深化教育领域综合改革的若干思考[J].教育研究，2014(1)：10.

② 陈鹏，庞学光.《中国制造 2025》与现代职业教育转型发展[J].教育发展研究，2015(17)：15.

近年来,党和国家深入实施人才强国战略,推动我国由人力资源大国迈向人才强国行列,制造业队伍建设取得了显著成就,有力地支撑了制造业持续快速发展。全国多所职业院校以为地方经济社会发展服务为宗旨,促进面向地方高新技术产业和新兴第三产业的专业学科建设,为地方经济发展输送了大量高素质应用型人才;全国多所职业院校开展面向全社会的各类培训达上亿人次,这些技术技能型人才已经成为产业大军的主要来源。① 但为制造业发展提供人才的职业教育却在各个方面存在不同程度的问题:"制器"的功利性目标追寻压制了创新素质、智慧品质、环保意识等非理性素养的生成;职业教育基础不牢,技术人才的综合职业品质没有得到较好地沉淀;低层次的职业教育无法满足高端制造业对高端技术人才的需要。②

《教育部2017年工作要点》中明确指出,实施《制造业人才发展规划指南》,为产业转型升级提供人才支撑。针对职业教育中制造业人才培养存在的问题,《国家教育事业发展"十三五"规划》(国办发〔2017〕95号)提出,加快培养战略性新兴产业急需人才。支持高水平大学加强制造业相关核心技术学科、专业建设,支持职业学校开设先进装备制造和基础制造相关专业。继续实施专业技术人才知识更新工程和先进制造卓越工程师培养计划,加快培养急需工程技术人才。扩大节能环保、新一代信息技术、生物、高端装备制造、新能源、新材料和新能源汽车等战略性新兴产业人才培养规模。③ 同时,随着新一代信息技术与制造业深度融合,工业互联网作为新一代信息技术与制造业融合的产物,日益成为新工业革命的关键支撑和深化"互联网+先进制造业"的重要基石,对未来工业发展产生全方位、深层次、革命性影响。2017年11月19日,《国务院关于深化"互联网+先进制造业"发展工业互联网的指导意见》发布,对职业教育培养工业互联网人才提出了新的要求,提出

① 中国教育,把答卷写在人民的心上——党的十八大以来我国教育事业改革发展成就综述[EB/OL].2017-09-09[2018-04-16]. http://www.moe.gov.cn/jyb_xwfb/s5147/201709/t20170909_314031.html.

② 陈鹏,庞学光.《中国制造2025》与现代职业教育转型发展[J].教育发展研究,2015(17):17.

③ 国务院关于深化"互联网+先进制造业"发展工业互联网的指导意见[EB/OL].2017-11-27[2018-04-16].http://www.gov.cn/zhengce/content/2017-11/27/content_5242582.htm.

强化专业人才支撑，协同发挥高校、企业、科研机构、产业集聚区等各方作用，大力培育工业互联网技术人才和应用创新型人才。此外，《中共中央国务院关于开展质量提升行动的指导意见》提出健全质量人才教育培养体系，加强职业教育技术技能人才培养质量，推动企业和职业院校成为质量人才培养的主体，推广现代学徒制和企业新型学徒制。推动建立高等学校、科研院所、行业协会和企业共同参与的质量教育网络。加强人才梯队建设，实施青年职业能力提升计划，完善技术技能人才培养培训工作体系，培育众多“中国工匠”。①

现代制造业高端人才层次的培养离不开完善的现代职业教育高层次发展模式及其运行机制。在现有阶段本科层次职业教育、专业学位研究生教育尚不成熟的前提下，在今后的职业教育发展规划中，应促进职业教育人才培养从“中低端”向“高端”层次的延伸，同时进一步完善专业硕士、专业博士人才培养方案，以应用工程型人才培养为目标定位，杜绝专业人才培养的“学术化”模式。同时提高专业课程教师的“双师型”事业，建设与开发高级应用型课程，开展基于技术研发与成果转化的一体化实践教学模式，②为推进制造业与教育深度融合，为打造世界制造中心助力。

二、推进“一带一路”教育共同行动

国际金融危机出现以来，随着世界政治、经济格局的剧烈变化，国内经济发展速度减缓，结构性矛盾凸显，如何通过进一步开放推动新一轮经济增长尤显急迫。“一带一路”倡议强调实现沿线国家政策沟通、设施联通、贸易畅通、资金融通、民心相通，得到了国际社会的广泛关注。“一带一路”倡议的实现离不开人才。在此背景下，中国的职业教育如何伴随企业发展走出去，提高人才资源开发水平，并为“一带一路”建设培养更多高素质的技术技能人才，成为职业教育发展的重中之重。

---

① 国务院关于深化“互联网＋先进制造业”发展工业互联网的指导意见[EB/OL].2017-11-27[2018-04-16].http://www.gov.cn/zhengce/content/2017-11/27/content_5242582.htm.

② 陈鹏，庞学光.《中国制造 2025》与现代职业教育转型发展[J].教育发展研究，2015(17)：19-20.

自2013年习近平总书记提出共建丝绸之路经济带和21世纪海上丝绸之路的重大倡议以来,《推动共建丝绸之路经济带和21世纪海上丝绸之路的愿景与行动》《标准联通"一带一路"行动计划(2015—2017)》《推进共建"一带一路"教育行动》等文件的出台为落实深化"一带一路"倡议发挥了重大作用。2017年5月,"一带一路"国际高峰合作论坛在北京举行,为新时代我国教育对外开放工作指明了方向。国以才立,业以才兴。当下,提高"一带一路"沿线主要国家的人才培养质量已经成为共识。但通过对"一带一路"沿线主要国家(见表5.1)的现实情况进行考察后发现,"一带一路"沿线65个主要国家中,大多数都是发展中国家,没有形成完备的工业体系,工业化发展水平参差不齐(见表5.2),44个国家的工业化发展水平低于我国,人力资源的开发程度较低且缺乏开发能力,无力为"一带一路"建设供给足够的技术技能人才。①

表5.1 "一带一路"沿线主要国家

板　块	主　要　国　家
东　亚	中国
中　亚	哈萨克斯坦、吉尔吉斯斯坦、塔吉克斯坦、土库曼斯坦、乌兹别克斯坦
蒙　俄	蒙古、俄罗斯
东南亚	越南、老挝、柬埔寨、泰国、马来西亚、新加坡、印尼、文莱、菲律宾、缅甸、东帝汶
南　亚	印度、巴基斯坦、孟加拉国、阿富汗、尼泊尔、不丹、斯里兰卡、马尔代夫
中东欧	波兰、捷克、斯洛伐克、匈牙利、斯洛文尼亚、克罗地亚、罗马尼亚、保加利亚、奥尔维亚、黑山、马其顿、波黑、阿尔及利亚、爱沙尼亚、立陶宛、拉脱维亚、乌克兰、白俄罗斯、摩尔多瓦
西亚中东	土耳其、伊朗、叙利亚、伊拉克、阿联酋、沙特阿拉伯、卡塔尔、巴林、科威特、阿曼、也门、约旦、以色列、巴勒斯坦、亚美尼亚、格鲁吉亚、阿塞拜疆、埃及

资料来源:黄群慧."一带一路"沿线国家工业化进程报告[M].北京:社会科学文献出版社,2015:5.

① 任君庆.职业教育协同服务"一带一路"的策略:内育与外培[J].教育发展研究,2017(17):70.

表 5.2 “一带一路”沿线主要国家工业化程度

<table>
<tr><th colspan="2">阶 段</th><th>所 在 板 块</th></tr>
<tr><td colspan="2">前工业化阶段(一)</td><td>南亚</td></tr>
<tr><td rowspan="3">工业化初期(二)</td><td>前段(I)</td><td>中亚、东南亚、南亚</td></tr>
<tr><td>中断(II)</td><td>东南亚、南亚</td></tr>
<tr><td>后段(III)</td><td>中亚、东南亚、南亚、西亚中东</td></tr>
<tr><td rowspan="3">工业化中期(三)</td><td>前段(I)</td><td>中东欧、西亚中东</td></tr>
<tr><td>中断(II)</td><td>蒙俄、东南亚、西亚中东</td></tr>
<tr><td>后段(III)</td><td>南亚、中东欧、西亚中东</td></tr>
<tr><td rowspan="3">工业化后期(四)</td><td>前段(I)</td><td>中亚、东南亚、南亚、中东欧、西亚中东</td></tr>
<tr><td>中断(II)</td><td>东亚、蒙俄、中东欧、西亚中东</td></tr>
<tr><td>后段(III)</td><td>东南亚、中东欧、西亚中东</td></tr>
<tr><td colspan="2">后工业化阶段</td><td>东南亚、西亚中东</td></tr>
</table>

资料来源：黄群慧.“一带一路”沿线国家工业化进程报告[M].北京：社会科学文献出版社，2015:14.

虽然与“一带一路”沿线有些国家相比，我国的工业化程度以及经济发展水平较高，但就目前状况来看，我国职业教育服务“一带一路”建设中同样面临着国际合作有效平台仍旧不足，深度交流共同网络尚未形成；境外办学规划意识普遍不强，协同企业发展能力有待提高；国际高水平课程开发力度不够，职业教育标准输出能力欠缺；师资队伍国际视野有待拓宽，教师国际教学能力急需加强，以及来华留学生规模相对有限，来华留学生培养质量有待提升等问题。[①] 对此，2017 年，我国立足于内外两个层面，使职业教育服务于“一带一路”建设。对内通过协调沿线城市人才培养，输出高素质技能技术人才，加大对“一带一路”建设核心区高等教育和职业教育发展的支持力度，落实京津冀协同发展战略，探索跨行政区划的教育协同发展体制机制，推动三省市教育协同发展。加强长江经济带教育互联互通，完善区域教育协作机

① 郝天聪.服务“一带一路”建设的中国职业教育：经验与挑战[J].教育发展研究，2017(17)：66-67.

制,引导高等教育、职业教育资源布局与产业由东向西梯度转移。支持国家重点改革试验区教育创新,及时总结推广试点经验并制度化。① 对外主要通过支持职业院校协同企业发展走出去,培养契合"一带一路"发展的各类人才。具体来说,支持有条件的高校和职业学校配合企业走出去,建立办学机构、研发机构。同时,在中国政府奖学金中设立"丝绸之路"项目。对接"一带一路"沿线国家和地区,遴选一批具备一定学科专业、国际交流和人才培养、国别研究基础的高校和职业学校,建设一批"一带一路"人才培养基地,专门培养高素质复合型人才。②我国"一带一路"倡议的提出,赋予了职业教育新的使命和责任,加强与"一带一路"沿线国家的职业教育交流与合作,服务于企业实施"走出去"战略,是职业教育对外开放的重要使命。面对新变革、新使命和新责任,国家应从制度、法律层面规范职业教育对外开放水平,尽快出台相应指导意见。同时,应进一步构建职业教育办学新机制,强化企业主体作用,加强校企一体化办学、国际化办学;进一步探索职业教育人才培养新模式;改革职业教育教学方法,加强职业教育在专业建设、课程开发、教学模式、考核评价等方面的改革。

---

①② 国务院关于印发国家教育事业发展"十三五"规划的通知(国发〔2017〕4 号)[EB/OL]. 2017-01-10[2018-04-16].http://www.gov.cn/zhengce/content/2017-01/19/content_5161341.htm.

第六章　促进特殊教育融合发展

近年来，我国特殊教育事业取得较大发展，但总体上看，整体水平不高，发展不平衡。农村残疾儿童少年义务教育普及率不高，非义务教育阶段特殊教育发展水平偏低，特殊教育学校办学条件有待改善，特殊教育教师和康复专业人员数量不足，专业水平有待提高。[①] 因此，为加快推进特殊教育发展，提升特殊教育水平，进一步保障残疾人受教育权利，帮助残疾人全面发展和更好地融入社会，使广大残疾人共享改革发展成果，根据《国家中长期教育改革和发展规划纲要（2010—2020年）》的部署，2014年，国务院《特殊教育提升计划（2014—2016年）》（国办发〔2014〕1号）启动。2017年，教育部多措并举，着力提升特殊教育发展水平，印发《第二期特殊教育提升计划（2017—2020年）》（教基〔2017〕6号），召开第二期特殊教育提升计划部署工作会，解决未入学适龄残疾儿童少年就学问题，提升残疾人义务教育普及水平；推动各地扩大残疾儿童少年接受学前、高中阶段和高等教育机会，完善特殊教育体系。加强特殊教育教师培养培训，提高专业化水平，推进特殊教育教学和评价改革，提高特殊教育质量。发挥中央专项补助资金激励作用，推动各地加强特殊教育资源中心、普通学校资源教室建设；推动各地对招收中重度、多重残疾学生较多的学校，适当增加财政预算拨款，构建特殊教育保障体系。

第一节　完善特殊教育体系

2017年修订发布的《中华人民共和国残疾人教育条例》规定，发展残疾人

---

① 国务院办公厅关于转发教育部等部门特殊教育提升计划（2014—2016年）的通知（国办发〔2014〕1号，2014年1月8日）[R].中华人民共和国国务院公报，2014(1).

教育事业，实行普及与提高相结合，以普及为重点的方针，保障义务教育，着重发展职业教育，积极开展学前教育，逐步发展高级中等以上教育。[①] 这为完善特殊教育体系提供了法律基础。同时，《"十三五"推进基本公共服务均等化规划》(国发〔2017〕9 号)提出，完善特殊教育体系，积极创造条件保障完成义务教育且有意愿的残疾学生有机会接受适宜的中等职业教育。[②] 根据规划部署，《第二期特殊教育提升计划(2017—2020 年)》(教基〔2017〕6 号)提出，完善特殊教育体系。加大力度发展残疾儿童学前教育；全面普及残疾儿童少年义务教育，提高巩固水平，解决实名登记的未入学适龄残疾儿童少年就学问题；加快发展以职业教育为主的残疾人高中阶段教育，稳步发展残疾人高等教育。[③]

一、发展残疾儿童学前教育

目前，我国残疾儿童的幼儿园入园率比较低。以浙江省为例，残疾儿童幼儿园入园率为 66.75%，与健全儿童入园率的 97.1%相比，低了 30 余个百分点。[④] 因此，党和政府高度重视发展残疾儿童学前教育。《国家中长期教育改革和发展规划纲要(2010—2020 年)》(中发〔2010〕12 号)指出，因地制宜发展残疾儿童学前教育。《国务院关于当前发展学前教育的若干意见》(国发〔2010〕41 号)提出，建立学前教育资助制度，资助家庭经济困难儿童、孤儿和残疾儿童接受普惠性学前教育。

受多种因素的限制，我国的残疾人学前教育存在残疾儿童学前教育机构分布不均衡、类型单一，残疾儿童入园率低，残疾儿童康复机构的办学规模较小且办学条件有限，残疾儿童学前教育质量低等问题。[⑤] 2017 年，教育部会

---

① 残疾人教育条例(国令第 674 号，2017 年 2 月 1 日)[R].中华人民共和国国务院公报，2017(3).

② 国务院关于印发"十三五"推进基本公共服务均等化规划的通知(国发〔2017〕9 号，2017 年 1 月 23 日)[R].中华人民共和国国务院公报，2017(3).

③ 教育部等七部门关于印发《第二期特殊教育提升计划(2017—2020 年)》的通知(教基〔2017〕6 号)[EB/OL].2017-07-18[2018-04-19].http://www.moe.edu.cn/srcsite/A06/s3331/201707/t20170720_309687.html.

④ 王晓易.补好残疾儿童学前教育短板[N].浙江日报，2017-01-16(6).

⑤ 陈淑梅，梁艳荣，成少钧.河北省残疾儿童学前教育状况的调查研究[J].邯郸职业技术学院学报，2017(1)：92-96.

同相关部门启动实施了第三期学前教育行动计划和《第二期特殊教育提升计划（2017—2020年）》（教基〔2017〕6号），进一步推动各地支持普通幼儿园接收残疾儿童，在特殊教育学校增加学前部或附设幼儿园，在有条件的地区设置专门招收残疾孩子的特殊幼儿园，鼓励采取半日制、小时制等多种形式提供早期康复教育服务。[①] 同时，各省市也出台相关政策，发展残疾儿童学前教育，《天津市第二期特殊教育提升计划（2017—2020年）实施方案》（津教委〔2017〕67号）提出，支持普通幼儿园接收残疾儿童，在特殊教育学校应设置学前部或附设幼儿园，在有条件的儿童福利机构、残疾儿童康复机构开展学前康复教育；鼓励各区整合资源，为残疾儿童提供多种形式的早期康复教育服务；为学前教育机构中符合条件的残疾儿童提供功能评估、训练、康复辅助器具等基本康复服务。[②]

二、普及残疾儿童少年义务教育

《第二期特殊教育提升计划（2017—2020年）》（教基〔2017〕6号）提出，到2020年，残疾儿童少年义务教育入学率达到95%以上，非义务教育阶段特殊教育规模显著扩大，将实现残疾儿童少年义务教育的全面普及。因此，2017年，教育部着力普及残疾儿童少年义务教育，提高普及水平。全面普及残疾儿童少年义务教育是特殊教育工作的重中之重，只有保障残疾儿童少年都有机会接受义务教育，才有可能进一步提高残疾学生的受教育质量，让每一个残疾学生得到适宜的教育。[③] 为进一步保障适龄残疾儿童少年接受义务教育的权利，全面提升残疾儿童义务教育普及水平，2017年4月，教育部和中国残联联合印发《教育部办公厅　中国残联办公厅关于做好残疾儿童少年义

---

① 教育部对十二届全国人大五次会议第5114号建议的答复[EB/OL].2017-09-28[2018-04-19]. http://www.moe.edu.cn/jyb_xxgk/xxgk_jyta/jyta_jijiaosi/201801/t20180116_324691.html.

② 天津市教育委员会.市教委等八部门关于印发天津市第二期特殊教育提升计划（2017—2020年）实施方案的通知（津教委〔2017〕67号）[EB/OL].2017-12-25[2018-04-19].http://www.keku100.com/news/r9895/.

③ 彭霞光."攻坚克难"提高残疾儿童少年义务教育普及水平[J].中国特殊教育，2017(8)：9-10.

务教育招生入学工作的通知》(教基厅〔2017〕1 号)。文件指出,残疾儿童少年义务教育招生入学是义务教育工作的重要组成部分,对全面普及残疾儿童少年义务教育具有重要意义。因此,要求相关部门认真组织入学前登记,建立残疾儿童少年信息交流和共享机制,根据新生儿疾病筛查、学龄前儿童残疾筛查和残疾人统计等信息,对义务教育适龄残疾儿童少年进行入学前登记,全面掌握适龄残疾儿童少年的数量和残疾情况;各地要按照“全覆盖、零拒绝”的要求,以区县为单位,根据残疾儿童的实际制订教育安置方案,逐一做好适龄残疾儿童少年的入学安置工作,落实“一人一案”;同时,加强条件保障。

一是做好残疾儿童少年义务教育招生工作。为此,教育部出台《教育部办公厅　中国残联办公厅关于做好残疾儿童少年义务教育招生入学工作的通知》(教基厅〔2017〕1 号)。根据教育部的工作部署,各省市针对残疾儿童少年的类别和程度制定具体的实施办法。陕西省下发《关于做好我省残疾儿童少年义务教育招生入学工作的通知》(陕教〔2017〕218 号),河南省出台《河南省教育厅　河南省残疾人联合会关于做好残疾儿童少年义务教育招生入学工作的通知》(教基二〔2017〕384 号),深圳市印发《深圳市教育局关于做好残疾儿童少年义务教育招生入学工作的通知》。

二是完善残疾学生随班就读服务体系。随班就读是残疾儿童少年接受教育的主要方式之一。《中华人民共和国义务教育法》《中华人民共和国残疾人教育条例》等法律法规就残疾儿童随班就读作出了相关规定。其一,扩大普通学校随班就读规模。教育部指导地方落实《普通学校特殊教育资源教室建设指南》(教基二厅〔2016〕1 号)的要求,在招收 5 人以上残疾学生的普通学校设立资源教室,配备专兼职资源教师。其二,提高特殊教育经费保障水平。推动各地落实“随班就读残疾学生生均预算内公用经费补助标准 6 000 元”的政策,为残疾学生随班就读提供经费支持。其三,落实义务教育学校管理标准。2017 年教育部印发的《义务教育学校管理标准》(教基〔2017〕9 号)明确将残疾儿童纳入其中,规定坚持合理便利原则满足适龄残疾儿童随班就读需要,并为其学习、生活提供帮助。

三是建立“一人一案”机制。如《辽宁省第二期特殊教育提升计划实施方案(2017—2020 年)》(辽教发〔2017〕89 号)要求,以县(市、区)为单位,逐一核实未入学适龄残疾儿童少年数据,建立由教育、残联、心理、康复、社会工作等方面专家组成的残疾人教育专家委员会,健全残疾儿童入学评估机制,通过特殊教育学校就读、普通学校就读、儿童福利机构特教班就读、送教上门等多种方式,落实"一人一案",做好教育安置。儿童福利机构特教班就读和接受送教上门服务的残疾学生纳入中小学生学籍管理。①

三、加快发展以职业教育为主的残疾人高中阶段教育

为了发展残疾人高中阶段教育,2017 年 4 月,教育部联合多部门印发《高中阶段教育普及攻坚计划(2017—2020 年)》(教基〔2017〕1 号),在保障残疾学生接受高中阶段教育方面作了详细部署。明确提出,把残疾学生等特殊群体作为攻坚重点,将"提高特殊群体接受高中阶段教育的机会"作为提升高中阶段教育普及水平的重要内容,加强高中阶段特殊教育学校建设,加快发展以职业教育为主的残疾人高中阶段教育,保障好残疾人接受高中阶段教育的权利;落实好普通高中建档立卡等家庭经济困难学生免除学杂费政策,积极推进家庭经济困难的残疾学生免费教育;建立学习困难及有特殊需要的学生帮扶机制,保障学生顺利完成学业;积极创造条件支持高中阶段学校招收残疾学生。②

为此,上海市印发《上海市教育委员会　上海市残疾人联合会关于加强特殊职业教育管理的实施意见》(沪教委基〔2017〕11 号),③要求通过增设中等特殊职业教育办学点、拓展市聋青技的办学功能、举办特殊职业学校或附设特教班等多种形式满足残疾学生的多样化教育需求;天津市出台《天津市

---

① 辽宁省教育厅等八部门关于印发《辽宁省第二期特殊教育提升计划实施方案(2017—2020年)》的通知(辽教发〔2017〕89 号)[EB/OL].2017 - 12 - 20[2018 - 04 - 19].http://www.lnen.cn/zwgk/zwtz/289894.shtml.

② 中国残联.残疾学生成为普及高中阶段教育计划攻坚重点[EB/OL].2017 - 04 - 13[2018 - 04 - 19].http://www.gov.cn/fuwu/cjr/2017 - 04/13/content_5219302.htm.

③ 上海市教育委员会　上海市残疾人联合会关于加强特殊职业教育管理的实施意见(沪教委基〔2017〕11 号)[EB/OL].2018 - 02 - 06[2017 - 02 - 27].http://www.shdisabled.gov.cn/clwz/clwz/xxgk/zxwj/2017/09/07/4028fc765e3cca14015e5b1c554a0a69.html.?tm=1505462204919.

第二期特殊教育提升计划(2017—2020年)实施方案》(津教委〔2017〕67号),要求普通高中和中等职业学校通过随班就读、举办特教班等形式扩大招收残疾学生的规模,招生考试机构参照有关规定为残疾学生参加中考提供合理便利,依托现有特殊教育和职业教育资源,集中力量办好天津市聋人学校、天津市视力障碍学校和天津城市职业学院聋人高职班、天津理工大学聋人工学院,支持校企合作,使完成义务教育且有意愿的残疾学生都能接受适宜的中等职业教育。[①]

四、拓展完善残疾人终身学习的通道

为完善我国特殊教育体系,将残疾人的义务教育与学前教育、高中及以上教育有效衔接,让学历教育与非学历教育都发展起来,加快构建残疾人终身学习体系,2017年,我国出台系列政策拓宽和完善残疾人终身学习通道。首先,增加受教育机会。"支持普通高校、开放大学、成人高校等面向残疾学生开展继续教育",[②]积极招收符合录取标准的残疾考生。2017年4月,教育部和中国残联印发《残疾人参加普通高等学校招生全国统一考试管理规定》(教学〔2017〕4号),规定各级教育考试机构应遵循《残疾人教育条例》和高考组织规则,为残疾人参加高考提供必要支持条件和合理便利。其次,丰富受教育形式。"支持各种职业教育培训机构加强残疾人职业技能培训。"作为发展以职业教育为主的残疾人高中阶段特殊教育的补充,对没有机会进入初职、中职接受教育的残疾人也提供职业培训的机会,促进其参与社会、融入社会。再次,推动扫盲。缺少教育、文化水平低,是残疾人致贫的重要原因。2014年国务院残工委对全国残疾人的服务状况和服务需求的专项调查发现,我国还存在部分残疾文盲,因此,通过"十二五"期间的试点,出台《"十三

① 市教委等八部门关于印发天津市第二期特殊教育提升计划(2017—2020年)实施方案的通知(津教委〔2017〕67号)[EB/OL].2017-12-25[2018-07-27].http://www.keku100.com/news/r9895/.

② 教育部等七部门关于印发《第二期特殊教育提升计划(2017—2020年)》的通知(教基〔2017〕6号)[EB/OL].2017-07-18[2018-04-05].http://www.moe.gov.cn/srcsite/A06/s3331/201707/t20170720_309687.html.

五”残疾青壮年文盲扫盲行动方案》，[①]编辑残疾人扫盲指南，按照一个残疾人扫盲 1 000 元的标准，多种形式开展残疾青壮年文盲扫盲工作，争取让更多的残疾人有文化知识，改善其生活状况。

第二节　提高特殊教育质量

提高特殊教育教学质量，让残疾学生享受优质教育，是实现育人成才教育目标的根本保证。因此，国家高度重视提高特殊教育质量，国务院印发的《国家教育事业发展“十三五”规划》（国发〔2017〕4 号）和《“十三五”加快残疾人小康进程规划纲要》（国发〔2016〕47 号）都对推进特殊教育改革发展提出了新的要求。《第二期特殊教育提升计划（2017—2020 年）》（教基〔2017〕6 号）也提出，促进医教结合，建立多部门合作机制，加强专业人员的配备与合作，提高残疾学生评估鉴定、入学安置、教育教学、康复训练的有效性；加强特殊教育教师培养培训，提高专业化水平；增强特殊教育教科研能力，加强特殊教育学校教材和教学资源建设，推进课程教学改革。

一、执行特殊教育学校课程标准

《特殊教育提升计划（2014—2016 年）》（国办发〔2014〕1 号）提出，要根据国家义务教育课程标准，结合残疾学生特点和需求，制定盲、聋和培智三类特殊教育学校课程标准。加强特殊教育教材建设，新编和改编盲、聋和培智三类特殊教育学校的义务教育阶段课程教材，覆盖所有学科所有年级。增加必要的职业教育内容，强化生活技能和社会适应能力培养。2016 年 11 月，教育部现正式发布《盲校义务教育课程标准（2016 年版）》《聋校义务教育课程标准（2016 年版）》和《培智学校义务教育课程标准（2016 年版）》（教基二〔2016〕5 号）（本章简称《课程标准》），并于 2017 年秋季开始执行。

---

① 中国残疾人联合会.关于印发《“十三五”残疾青壮年文盲扫盲行动方案》的通知[EB/OL]. 2016 - 11 - 08[2018 - 04 - 06]. http://www.cdpf.org.cn/zcwj/zxwj/201611/t20161108_572999.shtml.

《课程标准》共涉及42门学科，其中盲校18门、聋校14门、培智学校10门，包括课程性质、基本理念、课程目标、教学内容和实施建议等。这是中华人民共和国成立以来第一次为残疾学生专门制定的一整套系统的学习标准，是对我国多年来特殊教育发展和教育教学改革经验的集中总结。这套课程标准作为当前及今后一个时期特殊教育教学改革的顶层设计，对于进一步提升特殊教育质量，办好特殊教育，促进教育公平，具有特殊的意义。[①] 为贯彻执行《课程标准》，教育部要求，充分认识课程标准的重要性，认真开展课程标准培训，全面推进特殊教育教学和评价改革，大力加强特殊教育课程资源建设，针对残疾学生的特殊需求，加大特殊教育课程资源开发力度，不断丰富特殊教育课程资源。要统筹规划，有机整合特殊教育中心、特殊教育学校、教科研机构和各种课程资源平台的有益课程资源，充分用好信息化手段，大力推动课程资源共建共享。[②] 对接新课程标准推进特殊教育改革和发展，各地区纷纷开展课程标准培训，2017年2月—3月，北京市分别组织开展了《培智学校义务教育课程标准(2016年版)》和《聋校义务教育课程标准(2016年版)》系列解读及培训会；江西省印发《关于举办2017全省特殊教育课程标准解读(教学人员)培训班通知》，要求全省特殊教育学校(盲校、聋校、培智学校)教研主任及骨干教师必须参加。

二、推进特殊教育课程教学改革

教育对象的特殊性要求特殊教育工作者必须积极探索适应残疾学生的教育教学方法。《第二期特殊教育提升计划(2017—2020年)》(教基〔2017〕6号)明确指出，“推进差异教学和个别化教学，提高教育教学的针对性”。个别化的教育理念是对因材施教的强调，是全球特殊教育的共识。落实到我国的政策实施，即针对每个残疾学生的特点，制定个别化教育计划，在教学中采取

---

① 教育部基础教育二司负责人就《盲、聋和培智三类特殊教育学校义务教育课程标准》答记者问[EB/OL]. 2016-12-13[2018-04-19]. http://www.moe.edu.cn/jyb_xwfb/s271/201612/t20161213_291721.html.

② 教育部关于发布实施《盲校义务教育课程标准(2016年版)》《聋校义务教育课程标准(2016年版)》《培智学校义务教育课程标准(2016年版)》的通知(教基〔2016〕5号)[EB/OL]. 2016-12-01[2018-04-19]. http://www.moe.gov.cn/srcsite/A06/s3331/201612/t20161213_291722.html.

差异教学的策略，在国家课程标准的指导下根据学生个体差异设置不同的教学内容、目标、方法，公平地关爱每一位有特殊教育需求的学生。

2017 年，各地方政府根据经济社会发展情况进一步完善相关政策，如《浙江省第二期特殊教育提升计划(2017—2020 年)》(浙教基〔2017〕125 号)指出，制定个别化教育工作指南，出台工作标准，在全省特殊教育学校、随班就读、送教上门、卫星班和辅读班全面实施个别化教育；建立个别化教育网络管理平台，实现全省所有接受特殊教育服务的特殊需要儿童均纳入个别化教育网络管理平台。[①]《江苏省第二期特殊教育提升计划(2017—2020 年)》(苏教基〔2017〕22 号)也提出，构建个别化教育机制，教育机构建立相关人员协作团队，参照现有普通教育课程和特殊教育课程要求，根据学生残疾状况、潜能开发和补偿程度进行审议调整，形成符合残疾儿童身心特征和需求的个别化教育方案，实施个别化教学；各学段要围绕残疾学生需求特点，重点加强课程与资源建设。学前教育机构要实施丰富的生活化、游戏化课程，实行保育、康复与教育相结合，为残疾幼儿提供功能评估、训练、康复辅助器具等基本康复服务。义务教育机构应贯彻国家特殊教育学校新课标，用好新教材，把执行国家课程标准、使用国编教材和开设校本课程、开发校本教材以及个别化教育有机结合起来，初中阶段即可为残疾学生进行生涯规划，启动实施相关职业教育；重点研究孤独症儿童少年的课程实施策略。实施残疾人职业教育应根据社会需要和残疾人的身心特性合理设置专业，并与企业合作设立实习实训基地，或者根据教学需要和条件办好实习基地。[②]

三、构建医教结合的特殊教育模式

《特殊教育提升计划(2014—2016 年)》(国办发〔2014〕1 号)提出，开展医教结合实验，探索教育与康复相结合的特殊教育模式。为落实这一要求，有

---

① 浙江省教育厅等七部门关于印发《浙江省第二期特殊教育提升计划(2017—2020 年)》的通知(浙教基〔2017〕125 号)[EB/OL].2017 - 12 - 29[2018 - 04 - 21].http://www.zjedu.gov.cn/news/151451012372496078.htm.

② 江苏省教育厅等.江苏省第二期特殊教育提升计划(2017—2020 年)(苏教基〔2017〕22 号)[EB/OL].2017 - 10 - 26[2018 - 04 - 19].http://www.jsjyt.edu.cn/art/2017/11/1/art_4267_216816.html.

关部门积极推进医教结合工作的开展。一是教育部确定天津市北辰区等 13 个市(州)、县(区)开展区域推进医教结合实验,探索政府牵头、相关部门协作,整合资源、区域推进医教结合的运行机制。二是教育部实施"卓越特教教师培养计划",探索师范院校和医学院校合作培养复合型特教教师。三是教育部、财政部实施特殊教育改善办学条件项目,支持医教结合区域实验。"十三五"期间,教育部联合有关部门,进一步促进医教结合,提高残疾学生评估鉴定、入学安置、教育教学、康复训练的有效性,同时,积极探索学校、医院、康复机构之间人才资源共享的途径和方法。① 各地区也积极落实。《广西壮族自治区特殊教育提升计划(2017—2020 年)》(桂教基教〔2017〕62 号)提出积极开展医教结合探索。探索"特教学校+医疗康复机构""特教学校+高等院校""特校康复教师+驻校顾问医生"等多种模式,建立 10 个自治区级示范性医教结合实验基地;组建跨学科、跨专业的项目研究团队,建设医教结合专家库,重点开展自闭症、脑瘫儿童的医教结合工作机制和医教结合康复研究。②

第三节 增强特殊教育保障能力

《第二期特殊教育提升计划(2017—2020 年)》(教基〔2017〕6 号)提出,增强特殊教育保障能力,统筹财政教育支出,倾斜支持特殊教育;加强无障碍设施建设,全面改善特殊教育办学条件,全面加强随班就读支持保障体系建设;提高残疾学生资助水平,实行家庭经济困难的残疾学生从义务教育到高中阶段教育的 12 年免费教育。③

---

① 教育部关于十二届全国人大五次会议第 4868 号建议的答复[EB/OL].2017-03-28[2018-04-19]. http://www.moe.gov.cn/jyb_xxgk/xxgk_jyta/jyta_jijiaosi/201803/t20180328_331547.html.

② 广西壮族自治区教育厅等.关于印发广西壮族自治区第二期特殊教育提升计划实施方案(2017—2020 年)的通知(桂教基教〔2017〕62 号)[EB/OL].2017-12-18[2018-04-19].http://www.gxedu.gov.cn/Item/17947.aspx.

③ 教育部等七部门关于印发《第二期特殊教育提升计划(2017—2020 年)》的通知(教基〔2017〕6 号)[EB/OL].2017-07-18[2018-07-27].http://www.gov.cn/xinwen/2017-07/28/content_5214071.htm.

一、完善特殊教育财政保障机制

2017年6月，教育部和财政部印发《关于下达2017年特殊教育补助经费预算的通知》（财科教〔2017〕65号）。文件要求，各省级财政、教育部门要统筹安排中央补助资金，资金支持范围和内容按照《财政部　教育部关于印发〈特殊教育补助资金管理办法〉的通知》（财科教〔2016〕32号）执行。同时，为完善特殊教育学校的经费投入机制，教育部印发《教育部办公厅关于各地建立完善学前教育、普通高中和特殊教育经费投入机制情况的通报》（教财厅函〔2017〕25号），总结了各地特殊教育财政支出的经验做法，供各地学习借鉴。多地还对非义务教育阶段生均公用经费提出了要求，如新疆规定特殊职业教育学生的生均公用经费在义务教育阶段标准的基础上提高50%；青岛市规定各区（市）按照当地普通初中10倍的生均公用经费标准，即11 000元的标准对接收残疾幼儿的幼儿园予以补助，并从2017年秋季学期开始统一免除公办幼儿园残疾幼儿的保教费，在民办园就读的残疾幼儿参照执行。①

根据教育部的要求，各地区积极完善教育经费保障机制。一是提高特殊教育学校生均公用经费标准。以海南省为例，2017—2018年继续按照每年6 000元标准落实，2019年达到7 000元，2020年达到8 000元；有条件的市县根据学校招收重度、多重残疾学生的比例，适当增加年度预算；随班就读、特教班和送教上门的义务教育阶段学生生均公用经费按照特殊教育学校执行；特殊教育学校学生数不足100人的按100人核定公用经费。二是加大对残疾学生的资助力度。同样以海南省为例，海南省要求继续落实好特殊教育学校所有寄宿生每生每年2 000元生活费补助政策，所需资金由省和市县按照义务教育家庭经济困难寄宿生生活费补助资金的分担比例承担。② 三是保证各项特殊教育专项经费专款专用。各省市严格按照《特殊教育补助资金管

---

① 教育部办公厅关于各地建立完善学前教育、普通高中和特殊教育经费投入机制情况的通报（教财厅函〔2017〕25号）[EB/OL]. 2017-09-13[2018-04-19]. http://www.moe.gov.cn/srcsite/A05/s7496/201709/t20170926_315341.html.

② 海南省教育厅等七部门关于印发《海南省第二期特殊教育提升计划（2017—2020年）实施方案》的通知（琼教〔2017〕85号）[EB/OL]. 2017-12-13[2018-04-19]. http://xxgk.hainan.gov.cn/hi/HI0108/201712/t20171213_2499797.htm.

理办法》(财科教〔2016〕32 号)等规定管理特殊教育补助资金,并出台相应管理办法,安徽省便出台了《安徽省特殊教育补助资金管理办法》(财教〔2017〕477 号)。①

二、提高特殊教育教师队伍的专业化水平

特殊教育学校教师不仅需要爱心,还需要精湛的专业做支撑。要跟上快速发展的教育步伐,就需要教师主动学习,自觉提升。《第二期特殊教育提升计划(2017—2020 年)》(教基〔2017〕6 号)指出:"加强特殊教育教师培养培训,提高专业化水平。"2017 年,党和政府采取多项举措打造一支高素质的专业化队伍以应对融合教育挑战。《中华人民共和国残疾人教育条例》规定,从事听力残疾人教育的特殊教育教师应当达到国家规定的手语等级标准,从事视力残疾人教育的特殊教育教师应当达到国家规定的盲文等级标准;国务院教育行政部门和省、自治区、直辖市人民政府应当根据残疾人教育发展的需要有计划地举办特殊教育师范院校,支持普通师范院校和综合性院校设置相关院系或者专业,培养特殊教育教师;县级以上地方人民政府教育行政部门应当将特殊教育教师的培训纳入教师培训计划,以多种形式组织在职特殊教育教师进修提高专业水平;县级以上地方人民政府教育行政部门应当将特殊教育教师的培训纳入教师培训计划,以多种形式组织在职特殊教育教师进修提高专业水平。②

近年来,国家高度重视特殊教育教师队伍建设,在落实编制、资格认定、继续教育等方面不断加大力度,增强特殊教育教师职业吸引力,提高特殊教育教师专业化水平。

一是动态调整特殊教育教师编制。2012 年,教育部、中央编办等五部委《关于加强特殊教育教师队伍建设的意见》(教师〔2012〕12 号)强调,各省级

---

① 安徽省财政厅　安徽省教育厅关于印发《安徽省特殊教育补助资金管理办法》的通知(财教〔2017〕477 号)[EB/OL].2017 - 05 - 25[2018 - 04 - 19].http://www.ahcz.gov.cn/portal/zwgk/cwyjs/zxzjfp/glzd/1495485759307480.htm.

② 残疾人教育条例(国令第 674 号,2017 年 2 月 1 日)[R].中华人民共和国国务院公报,2017(3).

有关部门要落实特殊教育学校开展正常教学和管理工作所需编制，根据特殊教育学校学生少、班额小、寄宿生多等特点，可结合地方实际制定特殊教育学校教职工编制标准。据了解，已有北京、山西等省(区、市)按国家要求出台特教学校教职工编制标准，进一步加强了特殊教育学校教职工配备。其中，山东省于2016年出台《山东省特殊教育学校教职工编制标准》(鲁编办发〔2016〕14号)，对不同类别的残疾学生生师比进行了规定，其中盲班2∶1，聋班3∶1，培智班1.5∶1，孤独症、脑瘫和多重残疾班1.5∶1，同时规定每校配备康复教师1—3名。[①] 2017年，教育部会同有关部门推动建立健全特殊教育教师编制动态调整机制的相关要求，指导地方制订特殊教育学校教职工编制标准，加强康复医生、康复治疗师、康复训练人员及其他专业技术人才的配备。

二是加强特殊教育师资培养。《第二期特殊教育提升计划(2017—2020年)》(教基〔2017〕6号)要求，支持师范类院校和其他高校扩大特殊教育专业招生规模，提高培养质量；加大特殊教育专业硕士、博士研究生培养力度；各地采取公费培养、学费减免、助学贷款代偿等措施，为中西部贫困地区定向培养特殊教育教师；鼓励有条件的高等学校加强学前、普通高中及职业教育的特教师资培养；普通师范院校和综合性院校的师范专业普遍开设特教课程。根据这一要求，《广西壮族自治区第二期特殊教育提升计划实施方案(2017—2020年)》(桂教基教〔2017〕62号)提出，支持区内师范类院校和其他高校加强学前、高中及职业教育的特殊教育师资培养，扩大特殊教育教师培养规模。全区普通师范院校和综合性院校的师范专业要将特殊教育课程纳入师范专业课程体系，开设特殊教育基本课程，开展特殊教育通识教育。非特殊教育专业毕业的教师还应该经过省级教育行政部门组织的特殊教育专业培训并考核合格。[②]

---

① 教育部关于十二届全国人大五次会议第4868号建议的答复[EB/OL].2017-03-28[2018-04-19]. http://www.moe.gov.cn/jyb_xxgk/xxgk_jyta/jyta_jijiaosi/201803/t20180328_331547.html.

② 广西壮族自治区教育厅等.关于印发广西壮族自治区第二期特殊教育提升计划实施方案(2017—2020年)的通知(桂教基教〔2017〕62号)[EB/OL].2017-12-18[2018-04-19].http://www.gxedu.gov.cn/UploadFiles/zwgk/2017/12/20171226160232 9648.pdf.

三是采取特殊教育教师双证书资格制度。2015年，教育部印发《特殊教育教师专业标准(试行)》(教师〔2015〕7号)，作为特殊教育学校教师培养、准入、培训、考核等工作的重要依据，引领特殊教育教师专业发展。《第二期特殊教育提升计划(2017—2020年)》(教基〔2017〕6号)再次提出，在教师资格考试中要含有一定比例的特殊教育相关内容。到2020年，所有从事特殊教育的专任教师均应取得教师资格证，非特殊教育专业毕业的教师还应经过省级教育行政部门组织的特殊教育专业培训并考核合格。

四是强化教师在职培训。《教育部办公厅 财政部办公厅关于做好2017年中小学幼儿园教师国家级培训计划实施工作的通知》(教师厅〔2017〕2号)要求，加强特殊教育紧缺领域骨干教师培训，对150名新建特殊教育学校校长采取“集中面授＋影子培训＋返岗实践”的方式开展培训，提高参训学员解决办学重点难点问题的能力，为各地培养一批实施素质教育、推进农村教育、特殊教育改革发展的带头人。

五是提高教师待遇。海南省提出落实并完善特殊教育津贴等工资倾斜政策，从事特殊教育教学工作的人员按国家规定享受特殊教育津贴，其标准按以下办法执行：工作年限不满20年的，按本人基本工资的20%确定；连续从事特殊教育工作满20年以上的，按本人基本工资的30%确定。特殊教育学校教师、儿童福利机构特教班教师、医疗和残联部门特殊儿童康复机构教师、普通学校随班就读资源教师享受以上特殊教育津贴。①

三、健全特殊教育专业支撑体系

《第二期特殊教育提升计划(2017—2020年)》(教基〔2017〕6号)提出，健全特殊教育专业支持体系，区县建立由教育、心理、康复、社会工作等方面专家组成的残疾人教育专家委员会；支持特殊教育学校建立特殊教育资源中心，提供特殊教育指导和支持服务；各级教研机构配备专职和兼职特殊教育教研员。特殊教育专业支持体系是提升特殊教育质量的有力保障。一是建

---

① 海南省教育厅等七部门关于印发《海南省第二期特殊教育提升计划(2017—2020年)实施方案》的通知(琼教〔2017〕85号)[EB/OL].2017-12-13[2018-04-19].http://xxgk.hainan.gov.cn/hi/HI0108/201712/t20171213_2499797.htm.

立残疾人教育专家委员会。2017 年 2 月，《中华人民共和国残疾人教育条例》首次提出，县级人民政府教育行政部门应当会同卫生行政部门、民政部门、残疾人联合会，建立由教育、心理、康复、社会工作等方面专家组成的残疾人教育专家委员会，并指出残疾人教育专家委员会的职能为：可以接受教育行政部门的委托，对适龄残疾儿童、少年的身体状况、接受教育的能力和适应学校学习生活的能力进行评估，提出入学、转学建议；对残疾人义务教育问题提供咨询，提出建议。[①] 残疾人教育专家委员会的建立是我国健全特殊教育专业支撑体系的重要举措，对保障我国残疾学生接受适当教育具有重要意义。二是发挥特殊教育资源中心作用。《辽宁省第二期特殊教育提升计划实施方案(2017—2020 年)》(辽教发〔2017〕89 号)提出，依托辽宁师范大学等高等院校建立省特殊教育资源中心。2018 年底前，全部特殊教育学校完成特殊教育资源中心建设；没有特殊教育学校的县(市、区)，依托有条件的普通学校，整合相关方面的资源建立特殊教育资源中心，为区域内实施融合教育提供特殊教育专业指导和支持服务。[②] 三是健全特殊教育联席会议制度。如《广西壮族自治区第二期特殊教育提升计划实施方案(2017—2020 年)》要求，联合自治区、市、县(市、区)三级教育、发改、民政、财政、人社、卫生计生、残联等部门，分别建立自治区、市、县三级特殊教育联席会议制度，每年至少召开一次专题联席会议，研究、总结、部署本地特殊教育工作。

---

① 残疾人教育条例(国令第 674 号，2017 年 2 月 1 日)[R].中华人民共和国国务院公报，2017(3).

② 辽宁省教育厅等八部门关于印发《辽宁省第二期特殊教育提升计划实施方案(2017—2020 年)》的通知(辽教发〔2017〕89 号)[EB/OL].2017 - 12 - 20[2018 - 04 - 19].http://www.lnen.cn/zwgk/zwtz/289894.shtml.

第七章　加快高等教育内涵式发展

为加快高等教育内涵式发展，建设人力资源强国，2017 年，教育部及相关政府部门出台了一系列重大政策，推进高等教育领域的重大改革，包括：深化创新创业教育改革，2017 年教育部公布了深化创新创业教育改革示范高校名单、全国万名优秀创新创业导师人才库首批入库导师名单及第三届“互联网＋”大学生创新创业大赛获奖名单；制定研究生教育发展规划，教育部、财政部、国家发展改革委联合于 2017 年 1 月印发了《学位与研究生教育发展“十三五”规划》（教研〔2017〕1 号），勾勒出 2017—2020 年我国学位与研究生教育改革发展的蓝图；组织实施“双一流”建设，设立建设专家委员会，提出建设高校、学科遴选认定标准、程序和范围，组织建设高校编制建设方案，建立信息公开公示制度，并印发《统筹推进世界一流大学和一流学科建设实施办法（暂行）》（教研〔2017〕2 号），发布世界一流大学和一流学科建设高校及建设学科名单；推进新工科建设，2 月以来，教育部积极推进新工科建设，先后形成了“复旦共识”“天大行动”和“北京指南”，并发布了《关于开展新工科研究与实践的通知》（教高司函〔2017〕6 号）、《关于推荐新工科研究与实践项目的通知》（教高厅函〔2017〕33 号）两份政策文件；加强和改进新形势下高校党建与思想政治工作，并印发《高校思想政治工作质量提升工程实施纲要》（教党〔2017〕62 号）和《普通高等学校辅导员队伍建设规定》（教育部令第 43 号）；规范博士硕士学位授权审核，印发《博士硕士学位授权审核办法》（学位〔2017〕9 号）；深化高等教育领域“放管服”改革，教育部等五部门联合印发了《关于深化高等教育领域简政放权放管结合优化服务改革的若干意见》（教政法〔2017〕7 号）；下放高校教师职称评审权，出台《高校教师职称评审监管暂行办法》（教师〔2017〕12 号）；建立高等学校师范类专业认证制度，10 月，教育部印发《普通高等学校师范类专业认证实施办法(暂行)》(教师〔2017〕13号),对高校师范类专业实行三级监测认证;深入实施高校哲学社会科学繁荣计划,推进中国特色新型智库建设,加快哲学社会科学“走出去”步伐,努力建设一批中国特色、世界一流的哲学社会科学学科。

第一节　加快推进“双一流”建设

在高等教育后大众化的新时代背景下,“211 工程”与“985 工程”无法很好地推动高等教育内涵式发展,“双一流”建设应运而生,并成为新常态下大学制度创新的重要转折。[①] 从教育层面看,加快推进“双一流”建设有利于打破高校原有的身份固化,激发高校的建设活力,促进高校间的差别化发展,进而提升我国高等教育综合实力和国际竞争力,最终实现我国从高等教育大国到高等教育强国的历史性跨越。[②] 从经济社会发展角度来看,科技水平的高低对国家在全球的竞争力影响很大,而高等教育又对国家的科技发展有着深刻的影响。“双一流”建设通过发展一批一流大学和一流学科,可以引领国家的创新发展,尤其能够为我国科技发展的核心领域作出突破性的贡献。[③]

一、“双一流”建设的内容

国家层面对“双一流”建设的统筹规划,主要体现在制定“双一流”建设的目标,确定世界一流大学和一流学科的遴选标准和程序。

(一)“双一流”建设的目标

2015 年 10 月,国务院印发了《统筹推进世界一流大学和一流学科建设总体方案的通知》(国发〔2015〕64 号),提出了“双一流”建设的总体目标:到 2020 年,若干所大学和一批学科进入世界一流行列,若干学科进入世界一流

---

① 康宁,张其龙,苏慧斌.“985 工程”转型与“双一流方案”诞生的历史逻辑[J].清华大学教育研究,2016(5):11－19.

② 潘懋元.“双一流”为高等教育强国建设注入强大动力[N].人民日报,2017－11－19(09).

③ 眭依凡.关于“双一流建设”的理性思考[J].高等教育研究,2017(9):54－55.

学科前列;到2030年,更多的大学和学科进入世界一流行列,若干所大学进入世界一流大学前列,一批学科进入世界一流学科前列,高等教育整体实力显著提升;到21世纪中叶,一流大学和一流学科的数量和实力进入世界前列,基本建成高等教育强国。与此同时,还提出了“建设一流师资队伍”“培养拔尖创新人才”“提升科学研究水平”“传承创新优秀文化”“着力推进成果转化”五项建设任务,以及“加强和改进党对高校的领导”“完善内部治理结构”“实现关键环节突破”“构建社会参与机制”“推进国际交流合作”五项改革任务。[①] 指出国家将鼓励和支持不同类型的高水平大学和学科差别化发展,总体规划,分级支持,每五年一个周期,2016年开始第一轮建设。

2017年1月24日,教育部、财政部、国家发展改革委联合印发了《统筹推进世界一流大学和一流学科建设实施办法(暂行)》(教研〔2017〕2号),进一步强调以中国特色、世界一流为核心,落实立德树人根本任务,以一流为目标,以学科为基础,以绩效为杠杆,以改革为动力,推动一批高水平大学和学科进入世界一流行列或前列,为实现“两个一百年”奋斗目标,实现中华民族伟大复兴的中国梦提供有力支撑。坚持以学科为基础,支持建设一百个左右学科,着力打造学科领域高峰。支持一批接近或达到世界先进水平的学科,加强建设关系国家安全和重大利益的学科,鼓励新兴学科、交叉学科,布局一批国家急需、支撑产业转型升级和区域发展的学科,积极建设具有中国特色、中国风格、中国气派的哲学社会科学体系,着力解决经济社会中的重大战略问题,提升国家自主创新能力和核心竞争力。强化学科建设绩效考核,引领高校提高办学水平和综合实力。[②]

(二)“双一流”的建设标准

所谓一流大学,指的是具有先进办学理念,办学实力强,社会认可度较高

---

① 国务院关于印发统筹推进世界一流大学和一流学科建设总体方案的通知(国发〔2015〕64号)[EB/OL].2015-10-24[2018-02-01].http://www.gov.cn/zhengce/content/2015-11/05/content_10269.htm.

② 教育部 财政部 国家发展改革委关于印发《统筹推进世界一流大学和一流学科建设实施办法(暂行)》的通知(教研〔2017〕2号)[EB/OL].2017-01-24[2018-02-01].http://www.moe.edu.cn/srcsite/A22/moe_843/201701/t20170125_295701.html.

的高校，拥有一定数量国内领先、国际前列的高水平学科，在改革创新和现代大学制度建设中成效显著。所谓一流学科，是指具有居于国内前列或国际前沿的高水平学科，学科水平在有影响力的第三方评价中进入前列，或者是国家急需，具有重大的行业或区域影响，学科优势突出，具有不可替代性。

2017 年 1 月 25 日，教育部、财政部、国家发改委联合印发了《统筹推进世界一流大学和一流学科建设实施办法(暂行)》(教研〔2017〕2 号)，在人才培养、科学研究、社会服务、文化传承创新、师资队伍建设和国际交流合作六个方面规定了“双一流”建设的标准。要求坚持公平公正、开放竞争。列入拟建设名单的高校，要根据自身实际，以改革为动力，结合学校综合改革方案和专家委员会咨询建议，确定建设思路，合理选择建设路径，自主确定学科建设口径和范围，科学编制整体建设方案和学科建设方案。

二、“双一流”建设实践

2017 年 9 月 20 日，教育部、财政部、国家发改委公布了首批“双一流”拟建设高校，要求这些学校详细制定、规划一流大学和一流学科建设的方案。各大高校积极响应国家号召，先后制定了“双一流”建设方案，各区域也在积极发挥自身的区位优势，利用本地资源，积极促进高校和学科发展。

(一) 公布“双一流”拟建设高校

教育部、财政部、国家发改委出台的《关于公布世界一流大学和一流学科建设高校及建设学科名单的通知》(教研函〔2017〕2 号)中，公布了一流大学建设高校共计 42 所，其中 A 类 36 所，包括北京大学、清华大学、中国人民大学、北京航空航天大学、北京理工大学、浙江大学、武汉大学、复旦大学等；B 类 6 所，具体为东北大学、郑州大学、湖南大学、云南大学、西北农林科技大学、新疆大学。一流学科建设高校 95 所，其中，各高校进入“双一流”建设学科名单的数量为：北京大学 37 个，清华大学 34 个，复旦大学 17 个，上海交通大学 17 个，中国人民大学 14 个，北京航空航天大学 7 个，中国农业大学 9 个，北京科技大学 4 个，北京师范大学 11 个，哈尔滨工业大学 7 个，浙江大学 18 个。一流学科建设总量达 465 个。

(二) 制定"双一流"建设方案

为了积极响应国家的"双一流"建设,依据国务院及教育部的文件精神,各高校纷纷出台一流大学建设方案。

2017 年 12 月 28 日,《北京大学一流大学建设高校建设方案(精编版)》正式出台,标志着北京大学"双一流"建设的步伐又向前迈进了一步。其内容共包括 6 章 40 节,全面落实了国家统筹推进世界一流大学建设总体方案、实施办法的五大建设任务、五大改革任务要求。提出到 2020 年,学校整体建成世界一流大学,若干学科处于世界一流大学前列;到 2030 年,学校整体水平处于世界一流大学前列,一批学科处于世界一流大学前列;到 2048 年,学校成为顶尖的世界一流大学,主流学科全面位于世界一流大学前列,在全球高等教育体系中居于领导地位,成为世界著名的学术殿堂。① 在此目标下,北京大学学科建设的总体规划路径为,以队伍建设为核心,以院系建设为基础,以学科交叉与融合为重点,以体制机制改革为动力。

同日,《清华大学一流大学建设高校建设方案(精编版)》正式发布,提出到 2020 年,一批学科达到世界一流水平,若干学科进入世界一流前列,为实现"第一个百年"奋斗目标作出突出贡献;到 2030 年,更多优势学科进入世界一流学科前列,部分学科达到世界顶尖水平;到 2050 年前后,办学声誉获得世界公认,为实现"第二个百年"奋斗目标作出重大贡献,成为世界顶尖大学。清华大学制定了分类分层次的学科发展途径,构建了包括学科领域—学科群—学科三个层次的学科建设体系,涵盖了工科领域、理科领域、文科领域、生命医学领域的 20 个学科群及 8 个学科。主要建设内容包括学科建设、队伍建设、人才培养、科学研究与成果转化、传承创新优秀文化、全球战略六个方面。②

随后,浙江大学、武汉大学、复旦大学、北京理工大学、南开大学、哈尔滨

---

① 《北京大学一流大学建设高校建设方案(精编版)》正式发布[EB/OL].2017-12-28[2018-04-29].http://pkunews.pku.edu.cn/xwzh/2017-12/28/content_300847.htm.

② 《清华大学一流大学建设高校建设方案(精编版)》正式发布[EB/OL].2017-12-28[2018-04-28]. http://news.tsinghua.edu.cn/publish/thunews/9658/2018/20180108144930424642173/20180108144930424642173_.html.

工业大学等各大高校纷纷出台“双一流”建设方案。目前，教育部已经对全国42所“双一流”高校的建设方案进行了正式批复。

（三）“双一流”建设的区域特色

在“双一流”建设过程中，地方努力发挥自身优势，助力一流大学和一流学科建设。辽宁省在东北老工业基地振兴的背景下，将“双一流”建设与产业升级、技术改造的需求精准对接，计划到2030年，让大连理工大学和东北大学进入世界一流大学行列，同时，让两所省属高校达到全国一流水平，5所省属研究型高校、5所研究应用型高校、10所应用型高校达到全国领先水平，以此振兴老工业基地，推动经济社会发展。

海南省结合自身区位优势，将建设重点放到热带高效农业、国际旅游、热带海洋、热带医药、岛屿等生态领域。计划到21世纪中叶，让海南大学进入国内一流大学行列，同时努力使2—3个学科进入世界一流，10—15个学科进入国内一流。山东省则重点支持具有原始创新能力和解决重大问题能力的节能环保、新一代信息技术、新能源等战略性新兴产业学科，将山东大学、中国海洋大学、中国石油大学等部属高校作为“双一流”建设的重点扶持对象。安徽省则致力于打造属于自己的高水平学科团队，除了积极引进院士、“千人计划”等高端人才，还在省内积极打造高端教学科研团队，培养100名工程技术领军人才。[①]

三、“双一流”建设的成效

总体而言，从2015年出台“双一流”建设的总体方案到2017年暂行办法颁布以及建设高校名单公布，“双一流”建设工程一直在稳步前进，从理性蓝图逐渐付诸实践。具体来看，其主要成效体现在三方面。

首先，“双一流”建设高校的遴选标准与程序备受各方好评。国家教育咨询委员会的部分委员及诸多高校在采访中表示，不组织高校申报、无须主管部门推荐的做法杜绝了不正常的人情往来，有利于学校把精力和重心放到自

---

① 董鲁皖龙.“双一流”建设，地方如何出招？[N].中国教育报，2017-03-20(01).

身内涵建设上来。①

其次,“双一流”建设方案、暂行办法的出台及高校名单的公布激发了高校的办学活力,各地高校均积极公布本校的“双一流”建设方案。2017 年末,北京大学、清华大学、复旦大学等一大批高校“双一流”方案陆续公布。各高校的方案围绕三步走的发展目标明确了自己的学科规划及面临的重点、难点问题,制定了具体的“路线图”,以及搭建学科综合交叉的平台、重点发展优势学科、巩固发展学科高原等学科发展目标。② 此外,部分省政府通过资金和政策大力支持自己本省的高校。如河南省通过出台政策和安排专项资金来支持本省高校的“双一流”建设。③ 但需注意的是,从方案到具体落实是一个循序渐进的过程,既需要完善相应的机制体制来保障实施,方案本身也有待进一步的改进和完善。有学者通过对部分高校的“双一流”建设方案进行文本研究,发现有些高校的方案存在目标定位趋同、不合理等问题。④

最后,“双一流”的建设推动了一批一流学科的建设工作。2017 年 12 月 28 日,教育部学位与研究生教育发展中心(简称“学位中心”)公布了全国第四轮学科评估结果,学科评估是以第三方形式开展的非行政性、服务型评估项目,并对具有博士或硕士学位授予权的一级学科进行整体水平的评估,评估的内容包括师资队伍与资源、人才培养质量、科学研究水平、社会服务贡献与学科声誉。第四轮评估自 2016 年 4 月开始,评估范围涵盖人文社科类、理学、工学、农学、医学、管理学和艺术学的 95 个一级学科,共有 513 个单位的 7 449个学科参评。从评估结果看,我国各个领域学科建设成效显著。第一,研究生教育在支撑国家经济社会发展中的作用更加突出,高层次人才的供给水平稳步提升,研究生质量的社会认可度显著增强,扎根基层、服务基层的精神愈加彰显。第二,我国科技自主创新能力和原创成果产出取得巨大突破,创新体系日趋完善,国际影响显著提升,学科融合不断深化,科研创新满足国

① 高靓.“双一流”建设进入实战状态[N].中国教育报,2018-01-03(03).

② 各地高校双一流方案陆续公布,明确三步走发展目标[EB/OL].2018-01-02[2018-02-01].http://edu.people.com.cn/n1/2018/0102/c1053-29739955.html.

③ 李见新.河南 7.7 亿专项资金支持“双一流”建设[N].中国教育报,2018-01-29(02).

④ 吴小玮.省域“双一流”建设政策文本的内容分析[J].中国高教研究,2017(8):56-60.

家重大战略需求的能力明显增强。第三，我国已初步建立规模与质量并重的专任教师队伍，专任教师在师德与能力、教学与科研方面得到全面发展，国际化水平显著提高。第四，我国高校面向社会需求积累“中国经验”的程度大幅提升，面向技术前沿解决“中国问题”的能力大幅提升，面向国家重大基础设施服务“中国工程”的水平大幅提高。我国研究生教育正朝着高质量、创新性、深层次、世界一流的目标稳步迈进。

四、推进“双一流”建设的反思

高校建设世界一流学科和一流大学，离不开各方共同的努力，因此，建立与完善政府、社会、学校相结合的协同合作机制，形成多元主体参与的格局很重要。不同的主体基于不同的职责所采取的措施各异，学界讨论的最多的主体为政府与地方高校这两类主体，两类主体的具体措施如下。

政府作为“双一流”建设工程的发起者，在“双一流”建设中起着举足轻重的作用。第一，中央政府针对“双一流”建设高校建立与完善财政拨款制度，地方政府通过多种方式给予高校资金、政策与资源支持。“双一流”建设总体方案里的“支持措施”中明确提到，中央高校进行“双一流”建设将被纳入中央高校预算拨款制度中给予考虑，并通过相关专项资金进行帮助。[①] 第二，加强中央政府的主导作用，在遴选“双一流”建设高校中把好关卡。政府在遴选高校时应当控制数量，将资源集中起来。“双一流”建设需要消耗巨额资金，必须高度集中人力物力方能使高水平高校真正迈入世界一流高校。同时，更进一步完善遴选程序与标准，在最大程度上公平、公正地遴选出具有“双一流”潜力的高校。[②] 第三，明确中央政府与地方政府各自应承担的责任。“双一流”建设的良好实施需依靠中央政府和地方政府共同的扶持，中央高校所需经费由中央财政支持，而在“双一流”建设名单中的地方高校所需资金由地

---

① 国务院关于印发统筹推进世界一流大学和一流学科建设总体方案的通知(国发〔2015〕64号)[EB/OL].2015-10-24[2018-02-01].http://www.gov.cn/zhengce/content/2015-11/05/content_10269.htm.

② 眭依凡.关于“双一流建设”的理性思考[J].高等教育研究,2017(9).

方财政统筹安排。[①]

就地方高校这一主体而言,“双一流”建设为我国地方高水平大学的转型发展提供了良好的契机,地方高校理应是“双一流”建设的重要参与者。[②] 地方高校应如何采取措施推进学科建设是学者们讨论最多的主题之一。许多学者认为,地方高校可以从以下几方面着手。第一,立足现有基础,明确办学定位和建设目标,并以学科建设规划为核心。[③] 在“双一流”建设过程中,应积极引导有实力的地方院校根据自身特色和区位优势,设定差异化战略目标,激发地方政府、行业参与“双一流”建设的积极性,促进高等教育形成多元发展态势。[④] 第二,坚持引进高层次人才与培养高层次人才并举。一流学科的形成离不开学科带头人和优秀教师的贡献,为保障优势学科的长远发展,学校需要具备一支高层次学术人才队伍。一方面,地方高校需积极引进国际优秀博士毕业生、青年教师等杰出人才;另一方面,确保本校人才各项基本利益,充分考虑工资、奖金、培训等因素。[⑤] 第三,扎根地方和行业,服务国家、区域战略布局需求。[⑥]地方高校只有将建设一流的目标同推动地方经济社会发展相结合,才能打好根基,强化办学特色。

第二节 加强新工科建设

新工科是基于国家战略发展新需求、国际竞争新形势、立德树人新要求而提出的工程教育改革方向。新工科的内涵是以立德树人为引领,以应对变化、塑造未来为建设理念,以继承与创新、交叉与融合、协调与共享为主要途径,培养未来多元化、创新型卓越工程人才,具有战略型、创新性、系统化、开放式的特征。新工科建设将阶段推进,需要重点把握学与教、实践与

---

① 教育部 财政部 国家发展改革委关于印发《统筹推进世界一流大学和一流学科建设实施办法(暂行)》的通知(教研〔2017〕2 号)[EB/OL].2017-01-24[2018-02-01].http://www.gov.cn/xinwen/2017-01/27/content_5163903.htm.#1.

② 高书国.地方高校是“双一流”建设重要参与者[N].中国教育报,2018-01-17(04).

③⑥ 王永生.地方高校建设“双一流”大有可为[J].中国高等教育,2016(15):38-40.

④ 潘懋元.“双一流”为高等教育强国建设注入强大动力[N].人民日报,2017-11-19(05).

⑤ 王强.地方高校“双一流”怎么建?[N].中国教育报,2018-01-17(04).

创新创业、本土化与国际化三个任务，关键在于实现立法保障、扩大办学自主权、改革教育评价体系三个突破。

一、新工科建设的现实要求

高等教育发展水平是一个国家发展水平和发展潜力的重要标志。习近平总书记指出，我们对高等教育的需要比以往任何时候都更加迫切，对科学知识和卓越人才的渴求比以往任何时候都更加强烈。首先，为服务新产业革命与新经济背景下国家战略的深入实施，迫切需要深化高等工程教育改革。“创新驱动发展”战略、“中国制造 2025”等重大战略的深层推进需要高等工程教育在人才培养、科学研究与社会服务等方面切实履行自己的职责。其次，新一代信息技术产业人才告急，我国经济转型升级迫切需要以工程教育所培养的新型工科人才支撑。[①] 当前，我国经济发展正在进入结构调整、转型升级的攻坚期，以互联网为核心的新一轮科技和产业革命来势迅猛，若工程教育改革滞后，将会严重阻碍产业升级进程。最后，我国高等工程教育在人才培养上仍然存在着问题。现有的工程知识体系未能很好的满足社会需求，工程教育领域的教学方法和模式未能及时跟上时代变化的潮流。[②] 为提升国家综合实力与国际竞争力，新工科建设势在必行。

从现实问题解决的角度来看，新工科建设的大力开展，必将改变以往工程学科专业应用性不强的弊端，且通过发挥新兴工程学科的优势能够积极推进我国经济顺利进行转型升级，为建设工程教育强国提供强大的不竭动力。从学术研究的角度看，新工科的提出不仅可以补充与完善工程教育领域里的相关理论，更可以丰富工程教育“中国经验”“中国模式”的内涵。[③]

二、新工科建设“三部曲”

教育部高等教育司司长吴岩表示，新工科是“卓越工程师教育培养计划”的升级版，要面向产业界、面向世界、面向未来，深化工程教育改革，加快建设

---

① 李薇薇.聆听新工科建设春雷[N].中国教育报，2017－04－17(05).

② 钟登华.新工科建设的内涵与行动[J].高等工程教育研究，2017(3)：1－6.

③ 陆国栋.新工科建设的五个突破与初步探索[J].中国大学教学，2017(5).

新工科,促进我国工程教育加速进入世界第一方阵。“复旦共识”“天大行动”,加上“北京指南”,共同构成了新工科建设的“三部曲”,也标志着新工科建设的正式开工。

(一)“复旦共识”

2017年2月18日,教育部在复旦大学召开了高等工程教育发展战略研讨会,参会高校包括北京大学、清华大学、复旦大学等30所高校,与会高校对新时期工程人才培养进行了热烈讨论,探讨了新工科的内涵特征、新工科建设与发展的路径选择,并达成了相关共识。①

从时代的背景出发,国家实施了创新驱动发展、“中国制造2025”“互联网+”“网络强国”“一带一路”等一系列重大战略,为了积极响应国家战略需求,支撑以新技术、新业态、新产业、新模式为特点的新经济的发展,突破核心关键技术,力争在全球创新生态系统中占据战略制高点,迫切需要培养大批新兴工程科技人才。目前,我国已建成世界最大规模的高等工程教育,国家统筹推进世界一流大学和一流学科建设,也为加快建设和发展新工科奠定了良好基础。与此同时,随着第四次工业革命的迅速展开,世界高等工程教育面临新机遇、新挑战。为了应对挑战,主要发达国家已经公布了工程教育改革的战略性报告,积极推动工程教育改革创新,我国的高等工程教育也要抓住新技术创新以及新产业发展的机遇,既要主动设置和发展一批新兴工科专业,又要推动现有工科专业的改革创新。

从新工科的实践主体看,工科优势高校要对工程科技创新和产业创新发挥主体作用。推动应用理科向工科延伸,推动学科交叉融合和跨界整合,培育新的工科领域,促进科学教育、人文教育、工程教育的有机融合,培养工程能力强的综合性人才,掌握我国未来技术和产业发展主动权。地方高校要对区域经济发展和产业转型升级发挥支撑作用,主动对接地方经济社会发展和企业技术创新要求,利用地方资源,深化产教融合、校企合作,协同育人,培养大批具有较强行

---

① 教育部高等教育司.新工科建设复旦共识[EB/OL].2017-02-18[2018-02-5].http://www.moe.edu.cn/s78/A08/moe_745/201702/t20170223_297122.html.

业背景知识、工程实践能力、胜任行业发展需求的应用型和技术技能型人才。

从新工科实施的核心要素看，对内要加强研究和实践，充分发挥基层首创精神。要以更宽的视野、更大的勇气、更高的智慧、更强的担当来推进新工科建设。对外需要借鉴国际经验，加强国际合作。将“中国理念”“中国标准”注入“国际理念”“国际标准”，扩大我国在世界高等工程教育中的话语权和决策权。

从新工科的保障机制看，新工科建设需要政府部门的大力支持，在优化相关领域专业结构、改革培养机制、强化实习实训、加强师资队伍建设等方面出台更多的支持措施，为新工科人才培养提供良好的政策环境。还需要社会力量的积极参与，打造共商、共建、共享的工程教育责任共同体，深入推进产学合作、产教融合、科教协同，鼓励行业企业参与到教育教学各个环节中，促进人才培养与产业需求紧密结合。

（二）“天大行动”

2017 年 4 月 8 日，教育部在天津大学举行工科优势高校新工科建设研讨会，60 余所高校共商新工科建设的愿景与行动。10 日，在研讨的基础上公布了《新工科建设行动路线》，也称新工科建设“天大行动”。

新工科建设行动路线着眼于国家“两个一百年”的战略目标，提出了三个阶段的行动方案，即到 2020 年，探索形成新工科建设模式，主动适应新技术、新产业、新经济发展；到 2030 年，形成中国特色、世界一流工程教育体系，有力支撑国家创新发展；到 2050 年，形成领跑全球工程教育的中国模式，建成工程教育强国，成为世界工程创新中心和人才高地，为实现中华民族伟大复兴的中国梦奠定坚实基础。[①] 为达成以上目标，“天大行动”立足于工程教育的内外两个维度，从学校建设、人才培养、本土化与国际化建设等多个方面构建新工科建设行动路线。

针对我国工程教育专业的教学与课程结构一直受限于相对刚性的专业

---

① 教育部.新工科建设行动路线（“天大行动”）[EB/OL].2017 - 04 - 08[2018 - 05 - 11].http://www.moe.edu.cn/s78/A08/moe_745/201704/t20170412_302427.html.

目录，[①]教学内容和课程体系相对陈旧，教学模式以教师为中心等问题，“天大行动”从构建工科专业新结构、更新教学内容和课程体系、创新工程教育方式与手段三个方面，创新人才培养模式，实现人才培养与市场需求的有效匹配。具体来看，主要包括：大力发展大数据、云计算、物联网应用、人工智能、虚拟现实、基因工程、核技术等新技术和智能制造、集成电路、空天海洋、生物医药、新材料等新产业相关的新兴工科专业和特色专业集群；推动教师将研究成果及时转化为教学内容，向学生介绍学科研究新进展、实践发展新经验，积极探索综合性课程、问题导向课程、交叉学科研讨课程，提高课程兴趣度、学业挑战度；落实以学生为中心的理念，加大学生选择空间，方便学生跨专业跨校学习，增强师生互动，改革教学方法和考核方式，形成以学习者为中心的工程教育模式。推进信息技术和教育教学深度融合，建设和推广应用在线开放课程，充分利用虚拟仿真等技术创新工程实践教学方式。

随着教育治理体系和治理能力建设的推进，“天大行动”要求充分发挥办学自主权和基层首创精神，推进高校综合改革，建立符合工程教育特点的人事考核评聘制度和内部激励机制，探索高校教师与行业人才双向交流的机制。工科优势高校、综合性高校、地方高校要根据自身特点，积极凝聚校内外共识，主动作为，开拓创新，开展多样化探索。

工程教育类学校的发展需要广泛联合校内外多重资源条件，打造工程教育开放融合新生态。具体来看，首先，对学校内部来说，“天大行动”指出要优化校内协同育人组织模式，通过建立跨学科交融的新型机构、产业化学院等方式，突破体制机制瓶颈，为跨院系、跨学科、跨专业交叉培养新工科人才提供组织保障。其次，应汇聚行业部门、科研院所、企业优势资源，完善科教结合、产学融合、校企合作的协同育人模式，建设教育、培训、研发一体的共享型协同育人实践平台。[②]

参照国际前沿标准，增强工程教育国际竞争力。在以工业与技术为载体

---

① 王孙禺.国家创新之路与高等工程教育改进新进程[J].高等工程教育研究，2013(1)：15.

② 教育部.新工科建设行动路线(“天大行动”)[EB/OL].2017－04－08[2018－05－11].http://www.moe.edu.cn/s78/A08/moe_745/201704/t20170412_302427.html.

的经济竞争逐渐成为国际竞争核心领域的今天，作为产业人力资源和知识创新的主要供应者，工程教育的竞争力是代表一个国家经济的综合竞争力的重要指标。[①] 为进一步扩大我国工程教育的国际影响力，实现从"跟跑并跑"到"并跑领跑"的转变，"天大行动"指出要立足于人才培养的质量标准，从本土化与国际化两方面深化工程教育的国内国际交流与合作，既培养一批认同中国文化、熟悉中国标准的工科留学生，又鼓励具备条件的高校"走出去"，面向"一带一路"沿线国家培养工程科技人才、工程管理人才和工程教育师资。同时，完善中国特色、国际实质等效的工程教育专业认证制度，以应对当下工程教育新趋势、新变化。

(三)"北京指南"

2017 年 6 月 9 日，教育部在北京召开新工科研究与实践专家组成立暨第一次工作会议，全面启动、系统部署新工科建设。30 余位来自高校、企业和研究机构的专家深入研讨新工业革命带来的时代新机遇，聚焦国家新需求，谋划工程教育新发展，审议通过《新工科研究与实践项目指南》。

一方面，《新工科研究与实践项目指南》提出了新工科建设的指导意见：明确目标要求，深入贯彻落实习近平总书记系列讲话的重要精神和治国理政新理念新思想，全面落实立德树人的根本任务，面向产业界，面向世界，面向未来，以一流人才培养、一流本科教育、一流专业建设为目标，探索形成中国特色、世界水平的工程教育体系，加快从工程教育大国走向工程教育强国；注重理念引领，坚持立德树人、德学兼修，强化工科学生的家国情怀、国际视野、法治意识、生态意识和工程伦理意识等，着力培养"精益求精、追求卓越"的工匠精神；注重结构优化，加强工程科技人才的需求调研，掌握产业发展最新的人才需求和未来发展方向，优化学科专业结构；更加注重模式创新，完善多主体协同育人机制，突破社会参与人才培养的体制机制障碍，深入推进科教结合、产学融合、校企合作；注重质量保障，加强工程人才培养质量标准体系建设，制定发布理工科专业类人才培养质量标准，作为专业设置、专业建设、教

① 查建中，陆一平.中国高等工程教育国际竞争力指标体系初探[J].中国高教研究，2010(2)：11.

学质量评估的基本原则;注重分类发展,促进不同高校在不同层次和不同领域办出特色,办出水平;形成一批示范成果,包括建设一批新型高水平理工科大学,建设一批多主体共建共管的产业化学院,建设一批产业急需的新兴工科专业,建设一批体现产业和技术最新发展的新课程,建设一批集教育、培训、研发于一体的实践平台等。

另一方面,《新工科研究与实践项目指南》规划的新工科研究与实践项目有新理念、新结构、新模式、新质量、新体系 5 个部分共 24 个选题方向。新理念结合工程教育发展的历史与现实、国内外工程教育改革的经验和教训,分析研究新工科的内涵、特征、规律和发展趋势等,提出工程教育改革创新的理念和思路;新结构选题面向产业、面向世界、面向未来,对传统工科专业进行改造升级,开展新兴工科专业建设的研究与探索等,推动学科专业结构改革与组织模式变革;新模式选题在总结卓越工程师教育培养计划等工程教育人才培养模式改革经验的基础上,深化产教融合、校企合作的人才培养模式改革、体制机制改革和大学组织模式创新;新质量选题在完善中国特色、国际实质等效的工程教育专业认证制度的基础上,研究制订新工科专业人才培养质量标准、教师评价标准和专业评估体系,开展多维度的质量评价等;新体系选题分析研究高校分类发展、工程人才分类培养的体系结构,提出推进工程教育办出特色和水平的宏观政策、组织体系和运行机制等。

三、新工科建设内容及成效

新工科建设的主要内容可以用“五个新”来概括,分别是:工程教育的新理念、学科专业的新结构、人才培养的新模式、教育教学的新质量和分类发展的新体系。[①] 教育部高等教育司从顶层设计角度规划了这五方面各自的发展方向,有学者对其中部分方面的发展方向做了详细的探讨。[②] 如在理念层面,工程教育要

---

① 教育部高等教育司.关于开展新工科研究与实践的通知(教高司函〔2017〕6 号)[EB/OL]. 2017-02-20[2018-02-01]. http://www.moe.edu.cn/s78/A08/A08_gggs/A08_sjhj/201702/t20170223_297158.html.

② 吴爱华,侯永峰,杨秋波,等.加快发展和建设新工科 主动适应和引领新经济[J].高等工程教育研究,2017(1):1-9.

贯彻落实创新、协调、绿色、开放、共享的新发展理念，全面创新工程教育观。具体而言，高校要以培养具有专业能力、科技创新能力与跨学科能力的学生为目标。

在新工科建设的前期探索阶段，教育部积极推动了一批战略性新兴产业相关专业，截至2016年底，战略性新兴产业相关新设工科本科专业达22种，累计布点1 401个，[①]并在软件产业发展上积极推进示范性软件学院和微电子学院建设与改革。在当下加快新工科各方面建设的实践中，我国已有部分高校进行了一些重大改革，并取得了一些成绩。在新工科人才培养模式创新的探索上，天津大学将创新创业元素融入了新工科的教育教学模式，并成立了宣怀学院作为试点；在学科专业结构的调整与创新上，天津化学化工协同创新中心以分子科学与工程专业为抓手，在本科专业建设、课程建设、师资队伍建设、培养模式升级等方面进行了改革。[②] 在工科发展范式上，汕头大学在总结国内外工程教育改革经验的基础上，转变了工程教育范式。[③] 在新工科建设的各方面探索上，浙江大学的跨学科的机器人研究院、贯通本研的工程师学院以及校企协同的“千生计划”等相关改革，在打破学科壁垒、专业藩篱与校企隔阂上取得了一定的成效。[④]

与此同时，新工科建设在探索过程中也面临着一些困境，如传统工科专业的教育观念、结构等方面根深蒂固，不会轻易被改变，由此阻碍了新工科建设的有效实施；传统工科与实际需求的一些根本性矛盾如何破解是需要费心去思考的一个关键问题；高校在自主创新这方面，特别是在工科领域，长期存在聚焦不够、自信不足、缺乏共识的问题。[⑤]

四、加强新工科建设的反思

新工科建设过程中，需要注意三大问题：一是需要做好相关的顶层设

---

① 吴爱华，侯永峰，杨秋波，等.加快发展和建设新工科　主动适应和引领新经济[J].高等工程教育研究，2017(1)：1－9.

② 冯亚青，杨光.理工融合：新工科教育改革的新探索[J].中国大学教学，2017(9).

③ 顾佩华.新工科与新范式：概念、框架和实施路径[J].高等工程教育研究，2017(6).

④ 陆国栋.新工科建设的五个突破与初步探索[J].中国大学教学，2017(5).

⑤ 胡波，冯辉，韩伟力，等.加快新工科建设，推进工程教育改革创新——“综合性高校工程教育发展战略研讨会”综述[J].复旦教育论坛，2017，15(2)：20－28.

计,二是注重建设路径的关键抓手,三是不同类型高校在新工科建设中应该做好各自的规划,实现分类发展。

(一) 新工科建设路径的顶层设计

鉴于新工科建设是一个长期探索和实践的过程,是一项涉及面广泛的系统工程,因此在讨论、规划其建设路径时需做好相关的顶层设计。而由教育部大力推动所形成的"复旦共识"与"天大行动"已分别给出了新工科建设的路径选择与行动方向。"复旦共识"从应然层面指出了新工科建设的明确道路,即要从政府的支持措施、不同类型高校各自的建设方向、校企合作、国际交流与合作、新工科研究与实践项目的开展这五方面来加强与推进新工科的建设;"天大行动"则从问题导向的角度给出了行动方向,具体为工科发展新范式、工科专业新结构、工程人才知识体系的更新、工程教育方式与手段的创新、新工科自主发展与自我激励的机制、新工科人才培养的质量标准这七个方面。[①]

(二) 新工科建设路径的关键抓手

加强新工科建设,可从建设过程中应重点把握与突破的几个关键任务着手。根据相关学者的研究,具体可从三个关键点来开展。第一,政府部门大力推动工程教育领域的立法工作。中央与地方政府通过制定、出台与新工科建设有关的体制机制改革、师资队伍建设等方面的法律、意见等,来为新工科人才培养提供良好的政策环境。第二,扩大高校办学自主权,激发高校改革高等工程教育的积极性与活力。比如,扩大高校招生自主权、学位授予自主权、学科专业设置与调整自主权等。同时,贯彻落实好教育部等五部门印发的《关于深化高等教育领域简政放权放管结合优化服务改革的若干意见》,以破除束缚新工科建设、发展过程中遇到的体制机制障碍。第三,改革工程教育评价体系,使工程教育回归工程本身。高等工程教育应以服务国家为首要任务,把着力点放在人才培养效果的衡量、高校对经济社会发展的促进程度

① 张大良.新工科建设的六个问题导向[N].光明日报,2017-04-18(13).

以及高校对国家科技水平提升的实际贡献方面，而非以论文发表的数量、课题的数量等量化数据进行评价。[①] 也有学者从某一关键要素着手，提出了加强新工科建设的举措。其中，被提及较多的是以创新创业教育融入新工科人才培养体系来推动新工科建设。具体表现为构建创新创业教育生态体系，建立跨学科交叉创新平台，创办校企合作培训，建立成果转化基地与机制等举措。[②]

（三）不同类型高校在新工科建设中的举措

高校作为新工科建设的主体，如何发展和建设好本校的新工科备受关注。根据新工科建设的目标和人才培养定位的差异，可以将高校分为工科优势高校、综合性高校和一般地方高校。[③]

工科优势高校应努力做到新工科的建设门类尽可能多、覆盖面广，力求把每个新型工程学科建成强势学科专业。主要举措有三方面：首先，对传统工科专业进行改造和升级，推进互联网、人工智能、大数据等与传统工科专业的深度融合；其次，研究国外在工程教育改革方面做得较好的代表性高校，借鉴它们在学科建设和专业设置等方面的经验，以构建自己的新工科人才培养模式；最后，着重加强在信息技术、智能制造等领域的交叉学科专业建设，积极与世界一流的理工类大学进行合作，并加强与国内外聚焦于新兴产业的优秀企业的合作。

综合性高校新工科建设的重点应该在那些与其办学定位与特色相适应的新兴工科，并做到学科门类少而精。一方面，要发挥学科综合优势，推动文、理等学科与工科学科交叉融合，尤其是推动应用理科向工科延伸；另一方面，应注重研究世界一流综合性大学的工科学科建设与专业设置，以获得相关经验，进而构建科学教育、工程教育与人文教育相结合的工科人才培养模式。

一般地方高校应聚焦本省市区域经济和产业发展的相关领域。在具体实施上，首先，要充分利用地方资源，发挥与地方经济和产业紧密相连的优势，推动本校传统学科的整合、改造和升级。其次，构建与区域经济社会发展

---

① 钟登华.新工科建设的内涵与行动[J].高等工程教育研究，2017(3)：1-6.

② 郑庆华.以创新创业教育为引领创建新工科教育模式[J].中国大学教学，2017(12).

③ 林健.面向未来的中国新工科建设[J].清华大学教育研究，2017(2)：26-35.

相适应的学科专业体系。最后,在新工科实践中,重点构建应用型工程技术人才培养模式,培养大批具有较强行业背景知识、工程实践能力和就业创新能力的技术型人才。

第三节　深化创新创业教育改革

创新教育指培养人的创新思维、创新意识、创新精神和创新能力的活动;创业教育侧重于培养人的创业意识和创业精神,使其具备能适应将来工作岗位的能力和企业家的素质。创新创业教育是指以培养具有创新精神、创业意识和创新创业能力的学生为目标的一种新教育理念。① 它将创新的理念融入创业教育中,既不等同于原来的创新教育或创业教育,亦非两者的叠加,而是实现了对两者的超越,蕴含着一种新的教育理论、教育机制和教育实践。深化创新创业教育,指的是创新创业教育不仅仅停留在政府文件的倡导层面,在"大众创业、万众创新"背景下,还要注重推行程度和效果。

一、创新创业教育的主要任务

2010 年 6 月,教育部出台《教育部关于大力推进高等教育创新创业教育和大学生自主创业工作的意见》(教办〔2010〕3 号),强调大力推进高等学校创新创业教育工作,加强创业基地建设,打造全方位创业支撑平台,进一步落实和完善大学生自主创业扶持政策,加强创业指导和服务工作,加强领导,形成推进高校创业教育和大学生自主创业的工作合力。② 这是我国首次以政府名义推动创新创业教育。

(一) 创新创业教育的目标

2015 年 5 月,国务院办公厅出台《国务院办公厅关于深化高等学校创新

---

① 李志义.创新创业教育之我见[J].中国大学教学,2014(4):34.

② 教育部关于大力推进高等学校创新创业教育和大学生自主创业工作的意见(教办〔2010〕3号)[EB/OL].2010-05-28[2018-05-04].http://www.edu.cn/zcxx_10008/20100601/t20100601_481165_3.shtml.

创业教育改革的实施意见》(国办发〔2015〕36 号)(本章简称《实施意见》),确立了创新创业教育的总体目标:2015 年起全面深化高校创新创业教育改革;2017 年取得重要进展,形成科学先进、广泛认同、具有中国特色的创新创业教育理念,形成一批可复制可推广的制度成果,普及创新创业教育,实现新一轮大学生创业引领计划预期目标;到 2020 年建立健全课堂教学、自主学习、结合实践、指导帮扶、文化引领融为一体的高校创新创业教育体系,人才培养质量显著提升,学生的创新精神、创业意识和创新创业能力明显增强,投身创业实践的学生显著增加。

(二) 创新创业教育的主要任务

《实施意见》指出了创新创业教育的主要任务和措施,即完善人才培养质量标准,要求不同层次、类型、区域高校要结合办学定位、服务面向和创新创业教育目标要求,制订专业教学质量标准,修订人才培养方案;创新人才培养机制,实施高校毕业生就业和重点产业人才供需年度报告制度,深入实施"卓越人才"、科教结合协同育人计划等,鼓励高校开设跨专业交叉学科;健全创新创业课程体系,促进专业教育与创新创业教育的有机结合;改革教学方法和考核方式,注重培养教师的批判性和创造性思维,激发创新创业灵感,鼓励教师将国际前沿学术发展、最新研究成果带入课堂,改变考试形式和考核内容,注重考查学生的能力,破除"高分低等"的积弊;强化创新创业实践,鼓励高校加强创新创业实验教学平台分享,举办全国大学生创新创业大赛,支持高校学生开展创新创业实践。改革教学和学籍管理制度,建立创新创业学分积累与转换制度,为有潜质有意愿的学生制定创新创业能力培养计划;加强教师创新创业教学能力建设,完善专业技术职务评聘和绩效考核标准,加强创新创业教育的考核评价;改进学生创业指导服务,各地区、各高校要建立健全学生创业指导服务专门机构,做到机构、人员、场地、经费四到位,对自主创业学生实行持续帮扶、全程指导、一站式服务;完善创新创业资金支持和政策保障体系,要求各部门整合发展财政和社会资金,支持高校学生创新创业活动,鼓励设立大学生创业风险基金,提高扶持资金的使用效益。

二、创新创业教育的实践内容

《教育部2017年工作要点》(教政法〔2017〕4号)指出,进一步深化高校创新创业教育改革,认定一批示范高校,培育一批国家级示范基地,建成全国万名优秀创新创业导师人才库,办好第三届中国“互联网+”大学生创新创业大赛。

(一) 公布创新创业改革示范高校

2016年11月11日,教育部出台《教育部办公厅关于开展首批深化创新创业教育改革示范高校认定工作的通知》(教高厅函〔2016〕92号),对创新创业高校的认定范围、认定名额、认定程序等作了规定。在高校自主申报、省级教育行政部门遴选推荐、教育部组织专家审核认定的基础上,2017年1月28日,《教育部办公厅关于公布首批深化创新创业教育改革示范高校名单的通知》(教高函〔2017〕3号)正式认定了北京大学、清华大学、北京工业大学、北京航空航天大学、北京邮电大学、天津大学、河北大学、河北农业大学等99所高校为全国首批深化创新创业教育改革示范高校。① 同时,要求各示范高校进一步深入推进创新创业教育改革,切实发挥好示范引领作用。各省级教育行政部门和各高等学校要认真学习借鉴示范高校的好做法、好经验,扎实推进本地本校创新创业教育改革工作,努力增强学生的创新精神、创业意识和创新创业能力。

2017年4月,教育部出台了《教育部办公厅关于开展第二批深化创新创业教育改革示范高校认定工作的通知》(教高厅函〔2017〕23号),决定开展第二批深化创新创业教育改革示范高校认定工作,并详细规定了认定范围、认定名额、认定程序和工作要求。② 7月,《教育部办公厅关于公布第二批深化

---

① 教育部办公厅关于公布首批深化创新创业教育改革示范高校名单的通知(教高厅函〔2017〕3号)[EB/OL].2017-01-18[2018-02-06].http://www.moe.gov.cn/srcsite/A08/s5672/201702/t20170216_296445.html.

② 教育部办公厅关于开展第二批深化创新创业教育改革示范高校认定工作的通知(教高厅函〔2017〕23号)[EB/OL].2017-04-26[2018-02-06].http://www.moe.gov.cn/srcsite/A08/s5672/201705/t20170512_304453.html.

创新创业教育改革示范高校名单的通知》(教高厅函〔2017〕39 号)正式出台,公布了中国人民大学、北京理工大学、南开大学、河北科技大学、太原科技大学等 101 所高校为全国第二批深化创新创业教育改革示范高校。[①]

(二) 开展"互联网+"大学生创新创业大赛

为了贯彻落实《国务院办公厅关于深化高等学校创新创业教育改革的实施意见》(国办发〔2015〕36 号),进一步激发高校学生创新创业热情,展示高校创新创业教育成果,搭建大学生创新创业项目与社会投资对接平台,2017 年 3 月 6 日,教育部出台了《教育部关于举办第三届中国"互联网+"大学生创新创业大赛的通知》(教高函〔2017〕4 号),要求 3 月至 10 月举办第三届中国"互联网+"大学生创新创业大赛,并对大赛的参赛项目要求、参赛对象、赛制等相关流程做了详细规定。[②]

8 月 15 日,习近平总书记给第三届中国"互联网+"大学生创新创业大赛"青年红色筑梦之旅"大学生回信,对上百支参赛团队走进延安,学习延安精神,服务革命老区的行动予以充分肯定,对广大青年学生提出殷切期望。8 月 18 日,中共教育部党组发布《关于学习贯彻习近平总书记给第三届中国"互联网+"大学生创新创业大赛"青年红色筑梦之旅"大学生重要回信精神的通知》(教党〔2017〕45 号),指出全面贯彻落实习近平总书记重要回信精神,深入推进高校创新创业教育改革,引导青年学生在创新创业中增长智慧才干。各地各高校要把创新创业教育改革作为高等教育综合改革的重要突破口,持续向纵深推进。全力办好中国"互联网+"大学生创新创业大赛,强化创新创业实践,创新组织形式,汇聚更多优质资源,在更大范围、更高层次、更深程度上推动"大众创业、万众创新"。10 月 31 日,教育部最终评出大赛全国总决赛冠、亚、季军 4 名、金奖项目 35 个、银奖项目 110 个、铜奖项目 481

---

① 教育部办公厅关于公布第二批深化创新创业教育改革示范高校名单的通知(教高厅函〔2017〕39 号)[EB/OL].2017-07-21[2018-02-06].http://www.moe.gov.cn/srcsite/A08/s5672/201708/t20170802_310550.html.

② 教育部关于举办第三届中国"互联网+"大学生创新创业大赛的通知(教高函〔2017〕4 号)[EB/OL].2017-03-06[2018-02-06].http://www.moe.gov.cn/srcsite/A08/s5672/201703/t20170316_299808.html.

个、单项奖项目5个、参赛鼓励奖项目20个、优秀组织奖10个、先进集体奖20个。国际赛金奖项目4个、银奖项目13个、铜奖项目41项。[①]

开展“互联网+”创新创业大赛,旨在激发大学生的创造力,推动赛事成果转化和产学研用紧密结合,促进“互联网+”新业态形成,服务经济提质增效升级;以创新引领创业,创业带动就业,推动高校毕业生更高质量地创业就业。重在把大赛作为深化创新创业教育改革的重要抓手,引导各地各高校主动服务创新驱动发展战略,积极开展教学改革探索,把创新创业教育融入人才培养,切实提高高校学生的创新精神、创业意识和创新创业能力。

(三) 建设全国万名优秀创新创业导师人才库

为了贯彻落实《国务院办公厅关于深化高等学校创新创业教育改革的实施意见》(国办发〔2015〕36号)精神,教育部决定在各地各高校创新创业导师人才库的基础上建设全国万名优秀创新创业导师人才库。2016年11月9日,教育部出台《教育部办公厅关于建设全国万名优秀创新创业导师人才库的通知》(教高厅函〔2016〕90号),指明全国万名优秀创新创业导师人才库由各地各高校推荐的各行各业优秀创新创业人才、具有较高理论水平和实践经验的高校教师组成,旨在集聚优质共享的创新创业导师资源,切实发挥导师的教育引导和指导帮扶作用,提高创新创业教育的针对性、时代性、实效性,增强大学生的创新精神、创业意识和创新创业能力,提高人才培养质量,努力造就“大众创业、万众创新”的生力军。同时,对创业导师的选聘条件、入库流程、入库导师管理做出了相应规定。2017年10月23日,教育部完成了首批导师遴选入库相关工作,共确定4 492位导师为首批入库导师,并将名单予以公布。要求各高校要结合实际,充分利用全国万名优秀创新创业导师人才库资源优势,切实发挥入库导师作用,不断提升创新创业教育工作水平,全面提高人才培养质量。

---

① 教育部关于公布第三届中国“互联网+”大学生创新创业大赛获奖名单的通知(教高函〔2017〕4号)[EB/OL].2017-10-31[2018-02-06].http://www.moe.edu.cn/srcsite/A08/s5672/201711/t20171114_319143.html.

三、全面推进创新创业教育的反思

对全面推进创新创业教育的反思从两个方面进行：一是反思深化创新创业教育过程中应该注意哪些问题；二是多方位思考推进创新创业教育的路径。

（一）推进创新创业教育需注意的问题

首先，高校在深化创新创业教育改革中，要对创新创业教育的相关概念有明确和清晰的认知。"创业教育"概念自 20 世纪末传入我国，于 2010 年正式被官方使用。[①] 迄今为止，对这个概念仍未有一个统一的共识，但"创新创业教育"的基本范畴是确定无疑的，它是一种面向所有学生、顺应时代发展潮流的新教育，根本目的在于培养学生的事业心、进取心、创业能力、创新精神等综合品质。[②] 在有关创新创业教育的项目研究与实践探索中，出现了大量的对创新创业教育的曲解，如认为创新创业教育等同于创业培训，全面推进创新创业教育与素质教育相冲突等。[③]

其次，高校在深化创新创业教育改革过程中，要根据自己的办学定位与特色来作出相应的变革举措，不能人云亦云地都往一种模式上靠。国务院办公厅出台的《关于深化高等学校创新创业教育改革的实施意见》(国办发〔2015〕36 号)中明确提出"面向全体、分类施教"的基本实施原则，创新创业教育要根据高校各自的类型与层次进行。不同类型的学校如理工类与综合类大学的改革模式不尽相同，在遵循政府的普遍原则基础上，具体的实践一定要根据各高校本身存在的问题来进行。

最后，高校在深化创新创业教育改革中要始终围绕着学生创新精神、创新能力与创业能力的培养这一根本目标，切忌本末倒置，流于形式主义的面子工程。创新创业教育最终的落脚点在学生，只有当学生认同了创新创业观念，实践了创新创业项目，并取得了一定的成绩，深化创新创业教育改革才算

① 刘贵芹.深化高校创新创业教育改革 进一步提高人才培养质量[J].中国高等教育，2016(21).

② 潘懋元，朱乐平.以创新文化养人 以创业实践育才[J].中国高等教育，2017(8)：49－51.

③ 王占仁.高校全面推进创新创业教育的争论与反思[J].教育发展研究，2015(11)：113－119.

取得良好的效果。

(二)推进创新创业教育的路径

创新创业教育作为一项服务于国家战略的系统性工程,其深化改革与全面推进需要多方联动、协同推进,单靠高校这一主体的努力无法有效支撑起整个改革的顺利进行。① 因此,可从政府、高校、学生这三个主体各自的改革着力点来探讨深化创新创业教育的具体措施。

在政府层面,一是提供强有力的政策保障和法律支持,制定与出台一些指向明确的政策文件来实施一些与创新创业教育改革相关的计划,建设国家级或省级示范创新创业学院和创新创业教育实验班,等等。二是定期召开高校创新创业教育改革情况的工作会议,及时获得反馈并予以相关的意见指导,同时表彰那些改革效果良好的高校,以对其他高校形成示范引领作用。三是为高校的深化创新创业教育改革设立专项奖补资金。四是组织一系列创新创业大赛活动,尤其要继续推进“互联网+”大学生创新创业大赛。总之,政府可从政策制定、资金支持、舆论导向、服务体系等方面为深化创新创业教育改革创造良好的外部环境。

在高校层面,各地高校可从以下几个着力点去推进创新创业改革。一是深化教学改革。具体可从组建创新创业教育教研室,更新创新创业教育课程教学方法,积极开发创新创业教育在线开放课程等方面着手。二是强化创新创业实践。一方面,加强实验教学平台、大学生校外实践教育基地、创业实验室和训练中心等为大学生的创新创业教育服务的实践平台与硬件设施;另一方面,积极组织与创新创业教育相关的项目与比赛,尤其要组织与落实好“互联网+”大学生创新创业大赛。三是建设校园创新创业文化。② 通过在校园中张贴标语,组织与创新创业教育有关的讨论交流等措施来营造一种良好的创新创业文化,以使学生对创新创业教育有更清晰的认知,对相关比赛产生兴趣。

---

① 曾骊,张中秋,刘燕楠.高校创新创业教育服务“双创”战略需要协同发展[J].教育研究,2017(1):70-76.

② 潘懋元,朱乐平.以创新文化养人 以创业实践育才[J].中国高等教育,2017(8):49-51.

在学生层面，学生自身要主动学习学校开设的创新创业教育课程与国家制作的精品网络课程，积极参加学校与相关政府部门组织的创新创业大赛，充分了解社会创新创业的大趋势，选择自己喜欢的创新创业项目，以锻炼自身的创业能力与实践能力。

第八章　实施民办教育分类管理

2016 年 11 月，第十二届全国人大常委会第二十四次会议审议通过了《关于修改〈中华人民共和国民办教育促进法〉的决定》，确立了民办教育实行营利性和非营利性分类管理的原则。为贯彻落实新的《中华人民共和国民办教育促进法》（本章简称《民办教育促进法》），国务院相继颁发了《国务院关于鼓励社会力量兴办教育促进民办教育健康发展的若干意见》（国发〔2016〕81 号）（本章简称《若干意见》）、《民办学校分类登记实施细则》（教发〔2016〕19 号）和《营利性民办学校监督管理实施细则》（教发〔2016〕20 号）。《若干意见》全面部署了民办教育改革发展的各项政策措施，对民办教育进行了新判断、新定位、新安排，推动了民办教育在新的历史起点上健康发展；两个细则是操作层面的文件，遵循《民办教育促进法》修法精神，具体细化了《若干意见》的相关要求，初步构建了与上位法律、国务院文件、部门配套政策相衔接的，相对完整的分类管理改革制度和实施体系。2017 年，教育部全面贯彻落实新修订的《民办教育促进法》《若干意见》以及配套文件，印发《教育部等十四部门关于印发〈中央有关部门贯彻实施《国务院关于鼓励社会力量兴办教育促进民办教育健康发展的若干意见》任务分工方案〉的通知》（教发函〔2017〕88 号）；建立民办教育工作部际联席会议制度，国务院出台《国务院办公厅关于同意建立民办教育工作部际联席会议制度的函》（国办函〔2017〕78 号）；做好营利性和非营利性民办学校的登记管理工作，工商总局和教育部印发《关于营利性民办学校名称登记管理有关工作的通知》（工商企注字〔2017〕156 号）；组织修订《中华人民共和国民办教育促进法实施条例》，指导各省（市）出台了落实民办教育新法新政的实施意见。民办教育分类管理是本次《民办教育促进法》修订的核心内容，因此，本章将重点阐述 2017 年落实民办教育分类管理的相关政策。

第一节　完善民办教育分类管理顶层制度设计

长期以来，由于不能清晰界定民办学校的营利性或非营利性，导致民办教育政策扶持和制度规范的基本依据不足，这成为民办教育健康可持续发展的严重障碍。营利性与非营利性民办教育分类管理，是突破长期制约民办教育发展制度和政策瓶颈的根本手段。①

一、分类管理制度的触发机制

早在2002年《民办教育促进法》制定过程中，营利性和非营利分类管理制度设计的思路就已被许多专家学者和民办学校举办者提出；②由于受到《中华人民共和国教育法》(本章简称《教育法》)中“任何组织和个人不得以营利为目的举办学校及其他教育机构”的条款限制和制度约束，分类管理未被采纳，而是根据现实举办者的营利需求和促进民办教育的发展需要，作出了折中选择，提出了“合理回报”的主张。

十多年来，我国民办教育虽然得到了长足发展，但“合理回报”制度设计的模糊性在实践中造成了诸多阻碍，如法人属性不清，产权归属不明，学校权利得不到保障，教师权益未能享受，合理回报不明确，优惠政策未落实，会计制度不适用，监督管理不健全，公共服务不完善，分类管理难推行等。③ 这使得“合理回报”被认为是2002年《民办教育促进法》最具创新性但又争议最大的制度设计。

为解决我国民办教育发展长期以来积聚的诸多问题，贯彻党中央有关实施民办教育分类管理改革精神，落实《国家中长期教育改革和发展规划纲要

---

① 王烽.营利性与非营利性民办学校分类管理的几个重大问题[J].教育经济评论，2016(2)：7-10.

② 程化琴.《民办教育促进法》制定过程研究[M].北京：北京大学出版社，2012：65.

③ 中国民办教育协会.我国民办教育的十大问题与对策建议[R].上海：中国民办教育协会，2010.

(2010—2020 年)》提出的“积极探索营利性和非营利性民办学校分类管理”的要求,为实施民办学校分类管理改革提供法律依据,全国人大按照科学立法、民主立法原则,通过深入调查研究,广泛听取各方面意见,最终推动新的《民办教育促进法》出台。①

二、分类管理制度的演进脉络

试点是改革开放以来我国进行制度创新的独特方式。分类管理作为一项事关全国民办教育事业发展的重大制度改革,首先采取了试点的方式进行局部推进。2010 年国务院办公厅出台《关于开展国家教育体制改革试点的通知》(国办发〔2010〕48 号),决定在部分地区和学校开展民办教育改革试点。其中,承担“探索营利性和非营利性民办学校分类管理办法”的地区和学校包括上海市、浙江省、广东省深圳市和吉林华桥外国语学院。这些试点地区取得的试点经验和形成的制度设计为国家层面分类管理制度设计提供了经验。

民办学校营利性和非营利性分类管理的推行,在制度上的最大阻碍是 1995 年颁布的《教育法》第二十五条规定的“任何组织和个人不得以营利为目的举办学校及其他教育机构”。为此,2015 年 12 月 27 日第十二届全国人民代表大会常务委员会第十八次会议出台了《关于修改〈中华人民共和国教育法〉的决定》以及《关于修改〈中华人民共和高等教育法〉的决定》,均取消了“不以营利为目的”的条款。这为我国实施民办教育分类管理扫清了最主要的法律障碍。

在修订《教育法》和《中华人民共和国高等教育法》的基础上,2016 年 11 月 7 日,《全国人民代表大会常务委员会关于修改〈中华人民共和国民办教育促进法〉的决定》颁布,新的《民办教育促进法》随之正式出台。这部以营利性和非营利性民办教育分类管理原则为设计理念的专门法律,具有里程碑意义。它奠定了我国未来民办教育甚至整个教育事业的发展框架,不仅结束了

① 袁曙宏,李晓红,许安标.《中华人民共和国民办教育促进法》释义[M].北京:中国民主法制出版社,2017:24 - 27.

旷日持久的民办学校“合理回报”的难题，以及第三条道路[①]、两分法、三分法[②]甚至四分法[③]之争，也将我国教育类型重新划分为公办教育、非营利性民办教育和营利性民办教育。它从法律上确立了两类学校的发展思想、准入领域、扶持原则、优惠政策、监管措施等，并充分发挥地方的积极性，将部分权力下放到地方政府，为地方政府民办教育制度创新打开了一扇窗口。

为进一步细化分类管理的相关举措，完善顶层制度设计，国务院及相关部委又出台了《若干意见》，教育部等五部门印发《民办学校分类登记实施细则》(教发〔2016〕19 号)，教育部、人力资源社会保障部、工商总局联合印发《营利性民办学校监督管理实施细则》(教发〔2016〕20 号)等配套文件。这些文件的集中出台，构建了分类登记、分类管理和差别化扶持的制度体系，对我国民办教育未来的发展产生重大影响。为进一步落实《民办教育促进法》《营利性民办学校监督管理实施细则》(教发〔2016〕20 号)等法律法规，2017 年，教育部等有关部门印发《教育部等十四部门关于印发〈中央有关部门贯彻实施《国务院关于鼓励社会力量兴办教育促进民办教育健康发展的若干意见》任务分工方案〉的通知》(教发函〔2017〕88 号)和《工商总局、教育部关于营利性民办学校名称登记管理有关工作的通知》(工商企注字〔2017〕156 号)等文件，做好营利性和非营利性民办学校的登记管理工作。

三、分类管理制度的内容分析

(一) 厘清两类学校含义

《民办教育促进法》规定：“非营利性民办学校的举办者不得取得办学收益，学校的办学结余全部用于办学。”“营利性民办学校的举办者可以取得办学收益，学校的办学结余依照公司法等有关法律、行政法规的规定处理。”这与民法总则草案对营利性法人和非营利性法人的规定相一致，意味着非营利

① 潘懋元，邬大光，别敦荣.我国民办高等教育发展的第三条道路[J].高等教育研究，2012(4)：112；别敦荣.论民办教育发展的第三条道路[J].华中师范大学学报(人文社会科学版)，2012(3)：25.

② 胡卫.民办学校的发展与规范[M].北京：教育科学出版社，2000：82.

③ 徐绪卿.关于民办高校分类管理的思考[J].教育发展研究，2011(12)：24－30.

性民办学校在办学期间,举办者不能取得办学收益或者说不能分配利润;学校终止时,在清偿应退受教育者学费、杂费和其他费用,应发教职工的工资及应缴纳的社会保险费用和偿还其他债务后的剩余财产,只能用于非营利性学校办学。同时,也意味着营利性民办学校办学期间,举办者可以取得办学收益或者说分配利润,在清偿应退受教育者学费、杂费和其他费用,应发教职工的工资及应缴纳的社会保险费用和偿还其他债务后的剩余财产,按照公司法的有关规定处理,举办者可以收回。

(二) 实行分类登记

《民办教育促进法》第十二条、第十九条对学校登记进行了阐述。与之前规定不同的是,强调了“民办学校取得办学许可证后,进行法人登记”。根据分类管理要求,对非营利性学校和营利性学校实行分类登记。非营利性民办学校符合民办非企业单位有关规定的,在民政部门登记;符合事业单位登记有关规定的,在事业单位登记管理机关登记。营利性民办学校按照公司管理的规定,在工商部门进行登记。

(三) 明确准入领域

营利性学校的准入领域在许多国家和地区都是备受争议的话题,不同国家和地区对不同教育阶段的准入采取不同策略。总体上,营利性学校在非学历高等教育阶段较为普遍,而在中小学阶段却是被普遍禁止的。在我国,《民办教育促进法》第十九条明确规定,“民办学校的举办者可以自主选择设立非营利性或者营利性民办学校。但是,不得设立实施义务教育的营利性民办学校”。义务教育领域限制举办营利性民办学校是党中央明确提出的要求,表明了我国政府对义务教育的重视和承担的责任,体现了教育的公平性和公益性。据此,一些学校,特别是高收费的民办学校,其利润将不能用于分配,而是继续投入学校的运营和发展。

(四) 施行差别化扶持

对两类学校施行差别化扶持政策是分类管理制度的应有之义和最大亮

点。与《民办教育促进法》实施前对所有民办学校以非营利性对待并实施无差别化的扶持举措不同，新法实施后，将加强对非营利性民办学校的扶持力度，而对营利性民办学校采取适度扶持的策略。主要表现在财政扶持、税收优惠和用地政策三方面。

在财政扶持上，《民办教育促进法》第四十六条明确规定："县级以上各级人民政府可以采取购买服务、助学贷款、奖助学金和出租、转让闲置的国有资产等措施对民办学校予以扶持；对非营利性民办学校还可以采取政府补贴、基金奖励、捐资激励等扶持措施。"此条一方面明确了对所有民办学校包括营利性民办学校都可以采取购买服务、助学贷款、奖助学金等方式予以扶持，而对非营利性民办学校的财政扶持方式不仅相较于旧《民办教育促进法》有所扩大，而且相较于营利性学校也更为多样；另一方面，赋予地方政府在财政扶持方式上更多创新空间。为落实法律相关规定，地方政府应当建立健全政府补贴制度，完善购买服务的标准和程序，设立民办教育发展基金，落实鼓励捐资助学的相关优惠政策等。

在税收优惠上，《民办教育促进法》第四十七条规定："民办学校享受国家规定的税收优惠政策；其中，非营利性民办学校享受与公办学校同等的税收优惠政策。"根据 2004 年《财政部、国家税务总局关于教育税收政策的通知》的规定，非营利性民办学校享有增值税、营业税、企业所得税、个人所得税、房产税、城镇土地使用税、印花税、耕地占用税、契税、农业税、农业特产税和关税等 12 个税种的减免，[①]文件中没有明确对营利性民办学校的税收优惠。

在用地政策上，《民办教育促进法》第五十一条规定："新建、扩建非营利性民办学校，人民政府应当按照与公办学校同等原则，以划拨等方式给予用地优惠。新建、扩建营利性民办学校，人民政府应当按照国家规定供给土地。"这体现了差别化的用地政策，非营利性民办学校与公办学校一视同仁，政府采取划拨方式给予用地优惠；而对营利性民办学校，原则上应当采取招标、拍卖、挂牌方式出让，或有偿租赁等，同一宗地只有一个意向用地者可以按照协议方式供给土地。

---

① 2016 年 5 月 1 日，营业税改为增值税后，营业税税种取消，因此 12 个税种变为 11 个。

(五) 推进民办学校向分类管理过渡

分类管理的实施涉及十几万所民办学校和机构,这些老学校是否能够平稳过渡,事关分类管理制度推行的成败。为此,全国人民代表大会常务委员会《关于修改〈中华人民共和国民办教育促进法〉的决定》指出:"本决定公布前设立的民办学校,选择登记为非营利性民办学校的,根据依照本决定修改后的学校章程继续办学,终止时,民办学校的财产依照本法规定进行清偿后有剩余的,根据出资者的申请,综合考虑在本决定施行前的出资、取得合理回报的情况以及办学效益等因素,给予出资者相应的补偿或者奖励,其余财产继续用于其他非营利性学校办学;选择登记为营利性民办学校的,应当进行财务清算,依法明确财产权属,并缴纳相关税费,重新登记,继续办学。具体办法由省、自治区、直辖市制定。"这对现有学校的过渡安排作出了较为明确的规定:一是老学校选择登记为非营利性民办学校的,修改章程后继续办学;学校终止时予以补偿的时间为《民办教育促进法》实施之前,即 2017 年 9 月 1 日之前。二是老学校选择登记为营利性民办学校的,具体过渡安排由所在省、自治区、直辖市制定。

(六) 完善民办学校治理制度

《民办教育促进法》及其配套制度,对民办学校内外部治理作出了相关规定。相较于旧《民办教育促进法》,其创新点主要体现在:外部监督方面主要增加了教育行政部门及有关部门建立民办学校信息公示和信用档案制度;内部治理方面主要增加了建立相应的监督机制。

信息公示和信用档案制度主要记录民办学校获得办学许可的情况、日常监督检查的情况、办学水平和质量评估情况以及违法处罚情况等。这些信息向社会公开,使得家长和学生对这些情况有所了解,从而加强对民办学校的社会监督,促进学校依法依规办学。对营利性民办学校的信息公开,《营利性民办学校监督管理实施细则》还专门作出规定,如第三十五条指出:"营利性民办学校信息应当通过学校网站、信息公告栏、电子屏幕等场所和设施公开,并可根据需要设置公共阅览室、资料索取点方便调取和查阅。除学校已经公开的信息外,社会组织或者个人可以书面形式向学校申请获取其他信息。"

民办学校不仅要加强外部监管，而且也要加强内部监督，建立监事会或者监事等相应的监督机制。监事会是与董事会（理事会）并列设置的，对董事会（理事会）和校长等行政管理系统进行监督的内部组织。根据《民办教育促进法》要求，所有学校都应建立监事会（监事）制度，对按公司模式治理的营利性学校而言更应如此。《营利性民办学校监督管理实施细则》也专门作出了规定："营利性民办学校应当建立董事会、监事（会）、行政机构，同时建立党组织、教职工（代表）大会和工会。""营利性民办学校监事会中教职工代表不得少于1/3，主要履行以下职权：（一）检查学校财务；（二）监督董事会和行政机构成员履职情况；（三）向教职工（代表）大会报告履职情况；（四）国家法律法规和学校章程规定的其他职权。""监事会中应当有党组织领导班子成员。"这些规定将对推动营利性民办学校治理起到重要指导作用。然而，营利性学校公司治理、监事会等在我国还是新生事物，其运行机制的完善还有较长一段路要走。

第二节　创新地方民办教育分类管理制度

分类管理顶层制度设计的一个重要特征就是赋权地方、因地制宜，即将一些制度实施的具体办法交由地方政府根据本地实际情况制定。《全国人民代表大会常务委员会关于修改〈中华人民共和国民办教育促进法〉的决定》最后指出："国务院及其教育行政等有关部门和各省、自治区、直辖市在依照本决定实施民办学校分类管理改革时，应当充分考虑有关历史和现实情况，保障民办学校受教育者、教职工和举办者的合法权益，确保民办学校分类管理改革平稳有序推进。"这给地方政府民办教育制度创新留下了空间。根据教育部要求，各地应出台相关举措落实《民办教育促进法》及《若干意见》的精神。截至 2017 年 12 月 31 日，辽宁、安徽、甘肃、天津、浙江、云南、湖北、上海、河北 9 省市相继出台了具体实施意见；甘肃和上海还分别出台了分类登记实施细则和许可办法。

一、推进民办学校分类管理改革

《若干意见》要求，对民办学校（含其他民办教育机构）实行非营利性和营利性分类管理;非营利性民办学校举办者不取得办学收益,办学结余全部用于办学;营利性民办学校举办者可以取得办学收益,办学结余依据国家有关规定进行分配;民办学校依法享有法人财产权。为落实分类管理改革,各地进行了有效的探索。

(一) 落实分类管理制度

根据国务院和教育部有关民办教育分类管理的相关规定,各省市进行了有力探索。《安徽省人民政府关于鼓励社会力量兴办教育　促进民办教育健康发展的实施意见》(皖政〔2017〕127 号)提出,举办者自主选择举办非营利性民办学校或者营利性民办学校,但不得设立实施义务教育的营利性民办学校;非营利性民办学校,符合《民办非企业单位登记管理暂行条例》等有关规定的到民政部门登记为民办非企业单位,符合《事业单位登记管理暂行条例》等有关规定的到事业单位登记管理机关登记为事业单位;营利性民办学校,依据法律法规规定的管辖权限到工商行政管理部门办理登记。[①] 上海市印发《上海市人民政府关于促进民办教育健康发展的实施意见》(沪府发〔2017〕94 号),颁布《上海市民办学校分类许可登记管理办法》(沪府发〔2017〕95 号),对民办学校(含其他民办教育机构)实行非营利性和营利性分类管理,确保已设立的民办学校实现平稳过渡。[②]

(二) 推进现有学校有序过渡

现有民办学校如何稳妥过渡,不仅事关举办者利益,更是关系到我国民办教育能否稳定发展的大事。过渡安排主要包括营利性和非营利选择的过渡期限、老学校选择非营利性民办学校的补偿奖励以及老学校选择营利性民办学校的清算办法三个方面。

---

① 安徽省人民政府关于鼓励社会力量兴办教育　促进民办教育健康发展的实施意见(皖政〔2017〕127 号)[EB/OL]. 2017 - 10 - 27[2018 - 04 - 19]. http://xxgk.ah.gov.cn/UserData/DocHtml./731/2017/10/27/443237086334.html.

② 上海市人民政府关于促进民办教育健康发展的实施意见(沪府发〔2017〕94 号)[EB/OL]. 2017 - 12 - 26[2018 - 04 - 19]. http://www.shanghai.gov.cn/nw2/nw2314/nw2319/nw12344/u26aw54537.html.

第一，营利性和非营利选择的过渡期限。9 个省份中，除辽宁、天津外，有 7 个省市规定了过渡期。其中甘肃、浙江、河北针对已有学校选择不同办学性质给予 5 年过渡期，云南给予 4 年过渡期，湖北给予 1—3 年过渡期，上海过渡期为 1—2 年。安徽省规定民办高校过渡期为 5 年，其他学段由各地市、省直管县决定。过渡期长短的利弊根据各地情况不同而有所甄别（见表 8.1）。然而，过短的过渡期，特别是在《中华人民共和国民办教育促进法实施条例》尚未修订的情况下督促学校作出选择，是否恰当，还有待商榷。

表 8.1　民办学校过渡期规定

省（市）	规　　定
辽　宁	无。
安　徽	民办高校完成分类登记的过渡期为 5 年（2022 年底前），其他学段的民办学校由各市、省直管县决定。分类登记办法另行制定。
甘　肃	现有民办学校应在 2022 年 9 月 1 日之前选择营利性或非营利性办学类型。2016 年 11 月 7 日至 2017 年 8 月 31 日期间设立的民办学校（不含在工商行政部门登记的其他文化教育培训机构），只能登记为非营利性民办学校。
天　津	无。
云　南	2016 年 11 月 7 日前成立的，过渡期为 4 年（2021 年底前）。2016 年 11 月 7 日—2017 年 8 月 31 日批准设立的民办学校，要尽快进行分类登记。2017 年 9 月 1 日及之后批准设立的民办学校，在批准设立时要明确学校的非营利性或营利性类型。
上　海	2016 年 11 月 7 日前成立的经营性培训机构，过渡期为 2 年（2019 年底前）。现有学校举办者向主管部门提交关于学校办学属性选择书面材料的过渡期为 1 年（2018 年 12 月 31 日前）。
湖　北	2016 年 11 月 7 日前成立的，过渡期为 1—3 年。
浙　江	2016 年 11 月 7 日前成立的，过渡期为 5 年（2022 年底前）。
河　北	2016 年 11 月 7 日前成立的，过渡期为 5 年（2022 年 9 月 1 日前）。

第二，老学校选择非营利性民办学校的补偿奖励。考虑到《民办教育促进法》修订前，民办教育“合理回报”的历史、民办学校作出的历史贡献等因素，本次修法特规定 2017 年 9 月 1 日前，老学校选择非营利性民办学校的按

规定进行清偿,并综合考虑出资、取得合理回报的情况及学校办学效益等因素,给予出资者相应的补偿或奖励。具体办法由省、自治区、直辖市制定。这是营利性和非营利性分类管理的难点和敏感区域,因事关各学校举办者的核心利益,所以成为利益博弈的焦点,这增加了具体补偿奖励办法制定和执行的难度。各地政府在此方面表现得异常谨慎,有突出作为者较少。部分省市的补偿奖励办法如表 8.2 所示。

表 8.2 民办学校补偿奖励规定

省(市)	规　　定
上　海	补偿与奖励从学校剩余财产中的货币资金提取;货币资金不足的,从将其他资产依法转让后获得的货币资金中提取。
浙　江	补偿或奖励数额综合考虑举办者原始出资和 2017 年 8 月 31 日之前投入的后续出资、已取得的合理回报以及办学效益等因素,民办学校所在地政府已出台相关规定或与民办学校有约定且仍具有法律效力的,服从其规定(约定);否则,由民办学校所在地县级以上政府确定。

上海率全国之先在《上海市民办学校分类许可登记管理办法》(沪府发〔2017〕95 号)中对补偿和奖励作出了具体规定。计算方法见案例 1。

案例 1　上海补偿奖励办法的具体规定

《上海市民办学校分类许可登记管理办法》第三十二条规定的补偿与奖励金额按照如下方法计算:

一、补偿

补偿金额为出资金额与该出资的历年折算利息之和,在扣除出资者历年取得的合理回报与合理回报相应的历年折算利息后的金额,但不得超过剩余财产扣除财政扶持和社会捐赠形成资产后的金额。

其中,折算利息分别按照出资时或者取得合理回报时,至学校停止办学或者办学许可失效的先至时间,同期一至三年期或者一至五年期金融机构人民币贷款基准利率和一年期金融机构人民币定期存款基准利率的平均值计算。

二、奖励

奖励金额以学校停止办学或者办学许可失效的先至时间前5年内的最高年度学费总收入金额为基数，以2017年9月1日之后历年年度检查的结果为系数予以折算，奖励金额最高不超过清偿后的剩余财产扣除财政扶持和社会捐赠形成的资产以及补偿后的金额。

其中，系数初始值和最低值为0，学校每获得一次年度检查“合格”的结论，系数增加0.1；每获得一次“不合格”的结论，系数扣除0.5。

办学许可或者法人登记被注销前2年年度检查连续不合格的，或者办学许可证或者法人登记证被吊销的民办学校，对其出资者不予奖励。

第三，老学校选择登记为营利性民办学校的清算办法。对老学校选择营利性学校，《若干意见》规定要进行财务清算，依法明确土地、校舍、办学积累等学校财产的权属，并将清算的具体办法交由各省、自治区、直辖市人大及其常委会或政府制定。同选择非营利性学校的补偿奖励办法类似，各地政府对此仍采取保守策略，规定的内容较为原则化。如安徽“具体办法另行制定”，湖北“分校施策”等(具体见表8.3)。

表8.3 营利性学校清算办法

省(市)	规　　定
安　徽	具体办法另行制定。
甘　肃	在审批机关指导下进行清算。
上　海	经清算确认的举办者的出资应当为重新登记后法人的注册资本和实缴资本，除财政投入、社会捐赠等按照相关规定处理外，经清算确认的所有资产及其相关权利义务由重新登记后的法人承继；符合条件的，依法享受相关税费优惠政策。
湖　北	在对民办学校清产确权、重新登记的过程中，要充分尊重学校实际和办学历史，分校施策。

(三) 健全民办学校退出机制

《若干意见》要求，各地要结合实际，健全民办学校退出机制，依法保护受教育者的合法权益。为落实《若干意见》的精神,浙江省提出《浙江省人民政府关于鼓励社会力量兴办教育 促进民办教育健康发展的实施意见》(浙政发〔2017〕48 号),民办学校终止办学应在学生和教职工权益优先、全面保障的基础上,由学校董事会(理事会)提出财务清算和师生安置方案,保证有序退出,维护社会稳定;捐资举办的民办学校终止时,清偿后剩余财产统筹用于教育等社会事业;现有民办学校选择登记为非营利性民办学校的,终止时,民办学校的财产依法清偿后有剩余的,按照国家有关规定给予出资者一定额度的补偿或者奖励,其余财产继续用于其他非营利性民办学校办学;补偿或奖励数额综合考虑举办者原始出资和 2017 年 8 月 31 日之前投入的后续出资、已取得的合理回报以及办学效益等因素,民办学校所在地政府已出台相关规定或与民办学校有约定且仍具有法律效力的,从其规定(约定);否则,由民办学校所在地县级以上政府确定。财政拨款、社会捐赠形成的净资产和补偿、奖励后的剩余资产属于社会公共资产,探索通过学校所在地民办教育公益基金会托管等方式进行管理。选择登记为营利性民办学校的,应当进行财务清算,依法明确财产权属,终止时,民办学校的财产依法清偿后有剩余的,依照《中华人民共和国公司法》有关规定处理。①

二、建立差别化政策体系

《若干意见》要求,建立差别化政策体系。国家积极鼓励和大力支持社会力量举办非营利性民办学校。各级人民政府要完善制度政策,在政府补贴、政府购买服务、基金奖励、捐资激励、土地划拨、税费减免等方面对非营利性民办学校给予扶持。各级人民政府可根据经济社会发展需要和公共服务需求,通过政府购买服务及税收优惠等方式对营利性民办学校给予支持。

(一)落实税收优惠政策

税费激励政策是国家和地方政府运用税收和财政杠杆激励民间资金进

① 浙江省人民政府关于鼓励社会力量兴办教育 促进民办教育健康发展的实施意见(浙政发〔2017〕48 号)[EB/OL].2017 - 12 - 26[2018 - 04 - 19].http://www.zj.gov.cn/art/2018/1/5/art_32431_295889.html.

入教育领域的一种重要手段。对非营利性学校而言，根据《民办教育促进法》第四十七条，"非营利性民办学校享受与公办学校同等的税收优惠政策"，即非营利性民办学校按照"非营利组织免税资格认定"取得非营利组织免税资格后，与公办学校享受同等的增值税、企业所得税、个人所得税等 11 个税种的税收减免。而对争议较大的营利性民办学校税收优惠问题，《民办教育促进法》作出了原则性规定，《若干意见》稍作细化："对企业办的各类学校、幼儿园自用的房产、土地，免征房产税、城镇土地使用税。"具体实施办法还有待国务院及相关部门进一步细化。部分省市的实施意见在此方面作了相对简单的规定（见表 8.4）。

表 8.4　营利性民办学校税收优惠

省（市）	内　　容
辽　宁	民办学校提供技术开发、技术转让和与之相关的技术咨询、技术服务，符合相关规定的，免征增值税。一个纳税年度内，居民企业技术转让所得不超过 500 万元的部分，免征企业所得税；超过 500 万元的部分，减半征收企业所得税。
天　津	对符合税收政策规定条件的民办幼儿园提供的保育教育服务和从事学历教育的民办学校提供的教育服务免征增值税。
河　北	对营利性民办学校，对其取得的幼儿保教保育和学历教育劳动收入免征增值税，其用于教育的房产、土地，免征房产税、土地使用税。符合一般纳税人条件的民办培训机构提供非学历教育服务缴纳增值税，可以选择使用简易计税方法征收。

（二）实行差别化用地政策

土地是当前民办学校办学最重要的组成要素，因此在分类管理过程中，土地问题受到举办者和办学者的普遍关注。《民办教育促进法》和《若干意见》确立了差别化用地政策，《若干意见》规定："非营利性民办学校享受公办学校同等政策，按划拨等方式供应土地。营利性民办学校按国家相应的政策供给土地。"对营利性学校而言，"一般来说，不应给营利性的学校无偿划拨土地。如果国家无偿提供土地，取得利润后供个人分配，是不符合社会公益目的的。但政府可以根据市场情况和学校的承受能力，适当降低土地使用的价格”。[①] 这就为地方政府根据本地区情况为营利性学校供给土地提供了操作空间,部分省市在《若干意见》的基础上也制定了一些具有地方特色的政策(见表 8.5),以安徽省为例,安徽省规定,民办学校建设用地按科教用地管理,各级人民政府应将民办学校建设用地纳入土地利用总体规划和年度用地计划,保障民办教育发展用地需求,非营利性民办学校享受公办学校同等政策,按划拨等方式供应土地;营利性民办学校按国家相应的政策供给土地,只有一个意向用地者的,可按协议方式供地。[②]

表 8.5 民办学校差别化用地政策

省(市)	内　　容
云　南	在符合土地领用总体规划和城市规划并经批准的前提下,民办学校迁建、扩建可依法依规进行土地置换。在民办学校新建、扩建的征地过程中,占补平衡指标和年度用地指标的取得应由政府统筹安排。
湖　北	国土资源部门按规定做好民办学校土地供应、不动产权证办理等相关工作。社会力量投资教育建设项目,利用闲置的厂房、医院、学校、商业设施等存量土地和用房资源进行整合改造后用于办学的,五年内可暂不办理土地用途和使用权人变更手续。持续经营满五年后,经批准可采取协议出让方式,办理用地手续。鼓励采用租赁方式供应教育设施用地,支持实行长期租赁、先租后让、租让结合的土地供应方式。

(三) 实行分类收费政策

在《民办教育促进法》修订前,民办高等教育收费已是大势所趋,不少省市也在积极探索民办中小学收费的可行性。因此,扩大收费自主权、实行市场导向的收费政策是各地民办学校收费政策发展的总体导向。这点在《民办教育促进法》和《若干意见》中都得到体现。《若干意见》指出:“非营利性民办学校收费,通过市场化改革试点,逐步实行市场调节价,具体政策由省级人民政府根据办学成本以及本地公办教育保障程度、民办学校发展情况等因素确

---

① 袁曙宏,李晓红,许安标.《中华人民共和国民办教育促进法》释义[M].北京:中国民主法制出版社,2017:158.

② 安徽省人民政府关于鼓励社会力量兴办教育 促进民办教育健康发展的实施意见(皖政〔2017〕127 号)[EB/OL]. 2017 - 10 - 02[2018 - 04 - 19]. http://xxgk.ah.gov.cn/UserData/DocHtml./731/2017/10/27/443237086334.html.

定。营利性民办学校收费实行市场调节价，具体收费标准由民办学校自主确定。政府依法加强对民办学校收费行为的监管。”根据法律规定和政策精神，各省市对各级各类营利性民办学校收费都采取放开举措，而对非营利性民办高等院校和民办中小学采取了或同或异的收费政策。总体而言，民办高校除河北暂行审批制外，基本实行市场调节价（自主定价）；民办中小学除辽宁和浙江实行政府定价外，都采取市场调节价（见表 8.6）。

表 8.6　非营利性民办学校收费政策

省（市）	非营利性民办高等院校	非营利性民办中小学
辽　宁	市场调节价	政府定价
安　徽	试点市场指导价	试点市场指导价
甘　肃	市场调节价	市场调节价
天　津	试点市场调节价	试点市场调节价
云　南	自主定价	自主定价
上　海	市场调节价	市场调节价
湖　北	市场调节价	市场调节价
浙　江	市场调节价	政府定标准
河　北	暂行审批制	市场调节价

三、规范民办学校办学行为

《若干意见》提出，要落实现代学校制度，加快现代学校制度建设，完善学校法人治理，健全资产管理和财务会计制度，规范学校办学行为，落实安全管理责任。

（一）健全学校法人治理结构

民办学校要依法制定章程，按照章程管理学校，将党组织建设有关内容纳入学校章程，明确党组织在学校法人治理机构中的地位，保证党组织在重大事项决策、监督、执行各环节有效发挥作用。如《安徽省人民政府关于鼓励社会力量兴办教育　促进民办教育健康发展的实施意见》（皖政〔2017〕127号）要求，健全董事会（理事会）和监事（会）制度，董事会（理事会）和监事（会）

成员依据学校章程规定的权限和程序共同参与学校的办学和管理;董事会(理事会)应当优化人员构成,由举办者或者其代表、校长、党组织负责人、教职工代表等共同组成,其中1/3以上的理事或者董事应当具有5年以上教育教学经验;监事会中应当有党组织领导班子成员;实行独立董事(理事)、监事制度;健全党组织参与决策制度,积极推进"双向进入、交叉任职",学校党组织领导班子成员通过法定程序进入学校决策机构和行政管理机构,党员校长、副校长等行政机构成员可按照党的有关规定进入党组织领导班子。学校党组织要支持学校决策机构和校长依法行使职权,督促其依法治教、规范管理。《浙江省人民政府关于鼓励社会力量兴办教育 促进民办教育健康发展的实施意见》(浙政发〔2017〕8号)规定,民办学校校长应熟悉教育及相关法律法规,具有5年以上教育管理经验和良好办学业绩,个人信用状况良好;依法保障校长行使教育教学和行政管理职权;学校关键管理岗位实行亲属回避制度。

(二)健全资产管理和财务会计制度

现代学校制度的特征之一就是产权明晰。民办学校实施分类管理之后,要进一步明晰规范资产管理,各省市也出台了相应规定。《云南省人民政府关于鼓励社会力量兴办教育 促进民办教育健康发展的实施意见》(云政发〔2017〕81号)要求,新批准设立的民办学校要按照登记的法人属性,根据国家有关规定及时建立健全资产管理和财务会计制度。已批准设立的民办学校,到2020年按照登记的法人属性,明确产权关系,完善资产管理和财务会计制度。民办学校举办者要依法履行出资义务,将出资用于办学的土地、校舍和其他资产在学校被正式批准设立后,及时足额过户到学校名下。进一步规范民办学校会计核算,建立健全第三方审计制度。民办学校按照登记的法人属性,根据国家有关规定执行相应的会计制度。登记为事业单位法人的民办学校,适用事业单位会计制度;登记为民办非企业单位(法人)的民办学校,执行民间非营利组织会计制度;登记为企业法人的民办学校,适用企业会计制度。民办学校要明晰财务管理,依法设置会计账簿。民办学校要将举办者出资、政府补助、受赠、收费、办学积累等各类资产分类登记入账,定期开展资产清查，并将清查结果向社会公布。民办学校要加强财务管理，完善年度财务报告、预算报告和决算报告的报备制度，及时将当年经董事会（理事会）批准的年度预算及执行情况报主管部门备案，年终将经第三方审计后的财务决算报告报主管部门备案，并进行公示。各地、有关部门要加快探索制定符合民办学校特点的财务管理办法。①

（三）落实安全管理责任

对于明确民办学校安全管理责任，各省市出台的促进民办教育健康发展的实施意见都有相应的规定，提出民办学校应严格遵守国家有关安全法律、法规和规章，重视加强校园安全工作，学校选址、校舍建筑和校园安全技术防范系统建设必须符合国家和地方有关标准。民办学校选址和校舍建筑应符合现行国家抗震设防、消防技术、安防建设等相关标准，教学用房、学生宿舍、食堂抗震设防类别不低于重点抗震设防类标准，新建学校应同步建成应急避难场所。同时，加强师生安全教育培训，定期开展安全演练，发生安全责任事故的，依法依规追究学校和相关责任人责任。

四、地方分类管理制度评析

总体而言，从地方民办教育制度创新的视角审视，先期出台的 9 份实施意见地方特色不足，《民办教育促进法》和《若干意见》授权地方政府进行制度创新的若干内容，如财政扶持、土地政策、过渡安排等，本应“由各省、自治区、直辖市根据法律规定和本地情况作出规定”，进行细化。这些规定和细化内容不应再是原则性的，而应是具有可操作性，并对实践具有切实指导意义的条款。然而，纵观各地实施意见文本，一定程度上存在照抄照搬、回避关键问题的现象，从而使得部分实施意见形同虚设。究其原因，大体有如下几个方面：

一是民办教育分类管理本身极为复杂，涉及面广，利益相关者众，部门协

① 云南省人民政府关于鼓励社会力量兴办教育　促进民办教育健康发展的实施意见（云政发〔2017〕81 号）[EB/OL].2017-12-22[2018-04-19].http://www.yn.gov.cn/yn_zwlanmu/qy/wj/yzf/201712/t20171222_31441.html.

调较为困难,利益博弈较为激烈,这使得每个点上的制度创新都牵一发而动全身。

二是分类管理是一项创新性事业,在教育领域没有经验可以借鉴,其他领域如医疗结构等的经验又与教育领域极为不同,其他国家地区如美国等情况又与中国迥异,因此对“摸着石头过河”的各地政府而言,较少创新意味着较少失误,而复制中央政府的文件无疑是稳妥的。

三是分类管理的顶层制度设计虽已基本完成,然而进一步的实施细则《中华人民共和国民办教育促进法实施条例》的修订仍在征求意见,一些事项仍悬而未决。在修订条例未出台,又迫于实施意见制定期限临近,地方政府不得不采取原则性的制定策略。

更有甚者,部分省市的实施意见在解决了民办教育分类管理一些问题的时候,又因与其他部门的规定或教育部门的其他规定相冲突,产生了新的问题。如安徽省规定“支持社会资金和民办学校依法依规利用BT(建设—移交)、BOT(建设—经营—移交)、企业债券、项目收益债、中期票据等融资工具投入学校项目建设。允许营利性民办学校以各种方式引入风险投资、战略投资,发行专项债券,通过资本市场进行规范融资。”这与财政部《关于进一步做好政府和社会资本合作项目示范工作的通知》(财金〔2015〕57号)规定的“对采用建设—移交(BT)方式的项目,通过保底承诺、回购安排等方式进行变相融资的项目,财政部将不予受理”相冲突。政策理论认为,政策制定与政策执行是两个相互联系又有所不同的领域,从这个角度而言,民办教育营利性和非营利性分类管理制度的完善和执行,未来还有很长一段路要走。

第九章　支持民族地区教育加快发展

2017年，民族教育受到高度重视，国家大力支持民族地区发展教育事业，贯彻落实《国务院关于加快发展民族教育的决定》(国发〔2015〕46号)，加强国家通用语言文字推行力度，提高普及程度和应用规范水平，培育中华民族共同体意识，增进文化认同和国家认同，弘扬以爱国主义为核心的民族精神。加大对民族地区学前教育的经费投入，加快培养少数民族人才教育，开展"组团式"援疆援藏工作等一系列惠民政策，推动区域协调发展、协同发展、共同发展。编制《内地民族班改革和发展规划(2017—2025年)》，全面提高内地民族班办学水平。

第一节　加强爱国主义教育与民族团结教育

民族团结、爱国主义是社会主义核心价值体系的基本内容，蕴涵着中华民族最为深厚的情感，是全国各族人民共同的精神支柱。2010年颁布的《国家中长期教育改革和发展规划纲要(2010—2020年)》和2015年8月国务院印发的《国务院关于加快发展民族教育的决定》(国发〔2015〕46号)，都明确指出了开展学校民族团结教育的重大意义，规定了民族团结教育的指导思想、课程性质、基本原则、目标与任务、主要内容、实施途径等。党的十九大报告提出，深化民族团结进步教育，铸牢中华民族共同体意识，加强各民族交往交流交融，促进各民族像石榴籽一样紧紧抱在一起，共同团结奋斗，共同繁荣发展。因此，加强爱国主义教育和民族团结教育，是维护国家统一、促进民族文化交融的需要，是抵御境内外敌对势力渗透破坏，把握反分裂斗争主动权的需要,是全面贯彻党的教育方针,全面实施素质教育,培养德智体美全面发展的中国特色社会主义合格建设者和可靠接班人的需要。

一、推进爱国主义教育与民族团结教育

《国务院关于加快发展民族教育的决定》(国发〔2015〕46 号)要求建立民族团结教育常态化机制,坚持不懈开展爱国主义教育和民族团结教育,引导各族学生牢固树立“三个离不开”思想,不断增强对伟大祖国、中华民族、中华文化、中国共产党、中国特色社会主义的认同;深入推进民族团结教育进学校、进课堂、进头脑,在全国小学高年级、初中开设民族团结教育专题课,在普通高中思想政治课程中强化民族团结教育内容,在普通高校、职业院校(含高等职业学校和中等职业学校,下同)开设党的民族理论与政策课程;国务院教育行政部门指导编写中学、小学各一册民族团结教育教材,其中农村义务教育阶段此教材纳入免费教科书范围,各地可结合实际编写地方补充教材;推动马克思主义理论研究和建设工程民族学类教材在全国高校相关专业统一使用,巩固党的民族理论和民族政策在民族学教学研究领域的指导地位;利用现代信息技术等多种手段,开发、编译民族团结教育教学资源;在师范院校和民族院校设立马克思主义民族理论与政策师范专业,培养培训民族团结教育课教师;将民族团结教育纳入督导评估工作。① 同时,《“十三五”促进民族地区和人口较少民族发展规划》(国发〔2016〕79 号)也提出,培育中华民族共同体意识,深入开展爱国主义和民族团结教育,引导各族群众牢固树立“三个离不开”思想,不断增强“五个认同”,树立正确的国家观、民族观、宗教观、历史观、文化观;健全民族团结教育常态化机制。② 根据国务院的工作部署,2017 年教育部印发的《教育部民族教育司 2017 年工作要点》(教民司函〔2017〕1 号)对推进爱国主义教育与民族团结教育进行了细致而周密的安排。研究制订学校民族团结教育指导意见,在广西召开全国学校民族团结教

---

① 国务院关于加快发展民族教育的决定(国发〔2015〕46 号,2015 年 8 月 11 日)[R].中华人民共和国国务院公报,2015(9).

② 国务院关于印发“十三五”促进民族地区和人口较少民族发展规划的通知(国发〔2016〕79 号,2016 年 12 月 24 日)[R].中华人民共和国国务院公报,2017(2).

育工作研讨会，指导各地小学和初中开设民族团结教育专题课，在普通高中思想政治课程中强化民族团结教育内容，在普通高校、职业院校开设党的民族理论与政策课程。

二、促进各民族师生的交往交流交融

《国务院关于加快发展民族教育的决定》（国发〔2015〕46 号）要求，促进各民族文化交融创新，坚持以社会主义先进文化为引领，传承建设各民族共享的中华文化，继承和弘扬少数民族优秀传统文化，建设各民族共有精神家园；充分发挥教育在各民族文化交融创新中的基础性作用，把中华优秀传统文化融入中小学教材和课堂教学，在民族地区学校开设民族艺术和民族体育选修课程，开展民族优秀传统文化传承活动；鼓励支持普通高校、职业院校加强与文化企事业单位合作，将民族优秀文化列入学科专业，开展教学和研究，挖掘民族优秀文化资源，抢救、保护和传承非物质文化遗产。2017 年，教育部指导民族地区积极开展各族学生体育、文艺、联谊等活动，促进不同民族学生共学共进。在民族地区与支援省市之间，建立各族学生交流交往平台，通过开展“心连心 手拉手”主题夏令营以及互相考察学习等活动，增进相互了解，相互学习，相互帮助。

第二节 加大对少数民族和民族地区教育的支持力度

习近平总书记在吉林省延边朝鲜族自治州考察时说：“我们正在为全面建成小康社会而努力，全面小康一个也不能少，哪个少数民族也不能少，大家都要过上全面小康的生活。”《国务院关于加快发展民族教育的决定》（国发〔2015〕46 号）提出，力争到 2020 年，民族地区教育整体发展水平及主要指标接近或达到全国平均水平，逐步实现基本公共教育服务均等化，各级各类教育质量显著提高，服务民族地区全面建成小康社会的能力显著增强。国务院《“十三五”促进民族地区和人口较少民族发展规划》（国发〔2016〕79 号）、国务院办公厅《兴边富民行动“十三五”规划》（国办发〔2017〕50 号）均提到扶持

少数民族和民族地区发展,提高民族地区教育发展水平。《国家教育事业发展“十三五”规划》(国发〔2017〕4号)指明,要协调推进教育结构调整,促进区域教育协调发展,优化教育资源区域布局,科学规划、分类指导、统筹推进东部、中部、西部和东北地区教育发展,新增教育资源重点向革命老区、民族地区、边疆地区和集中连片特困地区倾斜。

一、加快培养少数民族人才

扶持民族地区发展教育事业,加强民族地区人才资源开发是促进民族地区经济社会发展的重要手段和途径。一方面,国家层面的各种资源配置大力向民族地区倾斜;另一方面,在各地区内部,民族教育发展也得到重点倾斜,民族教育优先发展得以充分体现。如在西藏自治区,2012年已经实施了15年免费教育,教育优先发展战略地位全面落实。[①]

2017年以来,全国各地根据《兴边富民行动“十三五”规划》(国办发〔2017〕50号),扎实推进兴边富民行动,促进边境地区经济社会发展。一是加大对民族地区学前教育的经费投入。如为确保农村适龄儿童“应入尽入”就近免费入读幼儿园,新疆2017年投入巨资新建改扩建4 387所农村双语幼儿园,在全疆范围内普及农村学前3年免费双语教育。其中,南疆新建农村幼儿园达3 223所。在加强“硬件”建设的同时,新疆继续实施“新疆学前双语特设岗位计划”、免费师范生、干部支教等教育惠民政策,多渠道、多途径解决农村学前双语教师师资匮乏的问题。[②] 二是提升内地民族班学生教育质量。2017年,根据工作部署,教育部民族司加强内地民族班学生教育的制度建设,进一步加大内地民族班教师、辅导员、管理人员的培训力度,提升管理水平,督查《教育部等12部门关于切实加强有关内地民族班学生教育管理服务工作的若干意见》(教民〔2014〕3号)的落实情况;深化少数民族预科教育教学改革,组织开展会考和监测工作,组织内地西藏班、新疆班开展教师优质课评比和质量监测工作,提升内地民族班教育教学质量;积极推进内地西藏班、

---

① 赵小雅.这五年,民族教育砥砺前行[J].中国民族教育,2017(10):1.

② 新疆今年将全面普及农村学前3年免费双语教育[EB/OL].2017-01-17[2018-04-19].http://www.chinaxinjiang.cn/zixun/xjxw/201701/t20170117_546649.htm.

新疆班混班教学、混合住宿，促进各民族学生共同学习、共同生活、共同成长。三是继续落实少数民族高层次人才培养计划。为加快为西部和民族地区培养高素质人才，教育部印发《教育部办公厅关于下达2017年少数民族高层次骨干人才研究生招生计划的通知》(教民厅〔2016〕8号)，要求各单位要高度重视，认真落实，切实做好学生教育管理服务工作，努力培养一大批立场坚定、思想过硬，具有较高科学人文素养和创新能力的少数民族高层次骨干人才，为民族地区经济社会发展提供人才支持和智力支撑。2017年5月，教育部出台《教育部办公厅关于调整"少数民族高层次骨干人才计划"硕士研究生基础强化培训的通知》(教民厅〔2017〕5号)，决定自2017年起各高校录取的"骨干计划"新生直接进入招生学校进行基础强化学习，不再单独安排强化基础培训；新生入校后严格执行相关招生单位的基本素质要求、研究生培养要求和学籍管理规定；同时要求，各高校做好新生入学后的教育管理服务工作，围绕学生、关照学生、服务学生，牢牢把握"高校培养什么人、如何培养人以及为谁培养人"这个根本问题，切实提升思想政治教育亲和力和针对性，为民族地区培养政治素质高、专业知识扎实的社会主义合格建设者和可靠接班人。[①] 各地方也出台相关政策，支持民族地区的人才培养，如《广西壮族自治区普通高等学校少数民族预科和民族班教育发展规划(2016—2020年)》，广东省民族宗教委、省招生委员会联合印发了《关于做好普通高校招收广东省少数民族聚居区少数民族考生工作的通知》(粤民宗规〔2017〕1号)。

二、积极做好对口支援工作

东西部扶贫协作和对口支援，是推动区域协调发展、协同发展、共同发展的战略要求。

(一) 扎实做好教育对口支援等工作

教育对口支援工作包括援疆、援藏和对口支援四省藏区的教育工作。对

① 教育部办公厅关于调整"少数民族高层次骨干人才计划"硕士研究生基础强化培训的通知(教民厅〔2017〕5号)[EB/OL].2017-05-25[2018-04-19].http://www.moe.gov.cn/srcsite/A09/moe_763/201706/t20170605_306453.html.

口援疆工作事关新疆改革发展稳定,2017 年 7 月,第六次全国对口支援新疆工作会议在新疆召开。会上强调,要坚定不移聚焦提高人口素质,推进教育援疆,着力提升教育质量;要坚定不移聚焦增强实效,推进干部人才援疆,切实关心好、使用好、管理好援疆干部人才。要坚定不移聚焦民族团结,推进交往交流交融,搭建多层次交往交流交融平台;在对口援疆的政策、资金、人才等多方面给予充分的重视和支持。为贯彻教育对口支援工作,各省市出台相关政策,派遣专家学者支援新疆教育事业。2017 年 1 月,浙江省教育厅等部门先后印发《关于明确援派干部人才有关待遇的通知》(浙组通〔2017〕40 号)和《浙江省教育厅办公室关于选派殷凌云等 18 位同志援疆工作的通知》(浙教办高科〔2017〕67 号)等文件,以支持新疆教育事业。

开展"组团式"对口支援西藏和四省藏区教育工作。"组团式"教育人才援藏工作自 2014 年启动以来,援藏省市已先后选派多批教师赴西藏各中小学对口支教。援藏支教教师在提升学校规划管理,加强教学科研等方面起到了引领示范作用,通过"传帮带",全面提升了藏区的教育教学水平和质量。根据教育部《关于加强"十三五"期间教育对口支援西藏和四省藏区工作的意见》(教民〔2016〕5 号),教育对口支援西藏和四省藏区主要从实施好"组团式"教育人才援藏工作,帮助提高教师和管理人员素质,加强学校之间的结对帮扶,帮助提高双语教育质量,帮助提高教育信息化水平,加大人才培养力度,帮助推进中等职业教育发展,继续做好高校对口支援工作,加强教育部直属单位对口援藏工作等方面,部署了"十三五"期间教育援藏的重点任务。"十三五"期间,将定期从对口支援省市和教育部直属高校附属中小学选派 800 名左右教师进藏支教,每 10—50 名教师组成 1 个团队集中对口支援西藏一所中小学。在做好"组团式"教育人才援藏工作的同时,对口支援省市和学校还多渠道、多形式开展"送培上门""送教上门"等支教活动,选择 100 所西藏中小学、幼儿园,与对口省市的 100 所优质中小学、幼儿园结成"手拉手"帮扶关系,增进各民族师生交往交流交融。

(二) 实施万名教师援疆援藏支持计划

《边远贫困地区、边疆民族地区和革命老区人才支持计划教师专项计划实施方案》(教民〔2012〕6号)指出,要提升边远贫困地区、边疆民族地区和革命老区学校教师队伍素质,为“三区”教育改革和发展提供人才支持。从2013年起至2020年,每年选派3万名优秀幼儿园、中小学(含普通高中)和中等职业学校教师到“三区”支教一年;每年为“三区”培训3 000名幼儿园、中小学和中等职业学校的骨干教师和紧缺专业教师。通过选派支教教师和培训当地教师,加快“三区”教师队伍建设,提高教师素质,为推动“三区”普及学前教育、义务教育均衡发展、普及高中阶段教育、大力发展中等职业教育提供人才支持。为了落实该实施方案,2017年12月,教育部等四部门联合印发了《援藏援疆万名教师支教计划实施方案》(教师〔2017〕14号),首批拟向西藏、新疆、兵团共援派教师4 000人。该计划主要目标是通过实施援藏援疆万名教师支教计划,建立西藏、新疆与内地学校共享优质教育资源的常态化机制,缓解西藏、新疆受援地优秀教师不足的矛盾,辐射带动西藏、新疆受援学校教育教学水平,切实加强西藏、新疆教师队伍建设,提升西藏、新疆教育自给能力,全面提高西藏、新疆基础教育质量,为西藏、新疆经济发展、社会稳定和长治久安培养爱党爱国的社会主义事业合格建设者和可靠接班人。实施万名教师支教计划,组织内地优秀教师到西藏、新疆支教,在每所中学形成稳定的理科教学团队。在对口支援机制下,每期选派1万名内地教师赴西藏、新疆任教。支教教师发挥骨干示范作用,主要承担一线教学任务,组织教研活动,开展业务培训和教学指导,与当地教师组成教学团队,整体提升学校理科教学水平。每年置换出1万名当地理科教师,通过集中培训、专题研修、跟岗学习等方式,提高这些教师的学科教学能力。到2020年,共组织内地3万名教师赴西藏、新疆支教,置换出当地90%以上理科教师脱产培训。

三、加大教育扶贫力度

2017年,西藏自治区进一步完善教育脱贫优惠政策体系,实施建档立卡贫困家庭子女高等教育免费政策,将建档立卡贫困家庭子女纳入国家助学金、生源地助学贷款等资助范围,提高对建档立卡贫困大学生贷款额度,推进义务教育薄弱学校改造和标准化建设,加大农牧区双语幼儿园建设力度。甘肃省加大教育扶贫力度,提升贫困地区基本公共服务水平,加强幼儿园教师的培养培训,建设贫困县行政村幼儿园 1 000 所;加强公办幼儿园师资队伍建设,加大普惠性民办幼儿园的奖补力度,基本普及学前教育,学前教育幼儿免保教费。四川省全面免除民族自治地区 51 个县的公办幼儿园在园幼儿保教费,支持实施大小凉山彝区学前双语教育;安排学前教育资金 18 亿元,支持城乡公办、民办幼儿园发展,减免孤儿、残疾儿童和家庭经济困难儿童在园幼儿保教费,免除民族自治地区和全省所有建档立卡贫困家庭在园幼儿保教费;支持"四大片区"贫困县改善普通高中办学条件。宁夏固原市推行"9+3"义务职业教育,加快发展贫困地区职业教育,推进义务教育"全面改薄"工程,新改扩建校舍和运动场地 89 万平方米,所有县(市、区)教育均衡发展通过自治区级验收。贵州新建改扩建 20 所城镇义务教育学校,新增 24 个县基本普及 15 年教育、15 个县实现义务教育基本均衡发展。黑龙江、云南、贵州等省完善推进城乡义务教育均衡发展的财力分担机制,统一城乡义务教育学生"两免一补"政策,实现生均教育经费随学生流动可携带。海南、广西等省实施"全面改薄"工程,推动义务教育均衡发展。

整体来看,五个民族自治区与少数民族分布较多省份的教育扶贫主要集中在几方面:完善学前教育资助制度,重点资助家庭经济困难少数民族儿童、孤儿、残疾儿童接受普惠性学前教育;完善高中阶段家庭经济困难学生资助体系;完善面向特殊教育的资助政策,逐步实行高中阶段少数民族残疾学生全免费教育,加大学前、高等教育阶段少数民族残疾学生资助力度。

第三节　加强对少数民族的国家通用语言文字教育

我国作为一个多民族、多语言、多方言的人口大国,推广普及国家通用语言文字,是增进民族间地区间交往,促进经济文化等各项事业发展的必要条件。《国家通用语言文字普及攻坚工程实施方案》(教语用〔2017〕2 号)指出,树立国家通用语言文字认同感,有利于培育中华民族共同体意识,增进文化认同和国家认同,有利于弘扬以爱国主义为核心的民族精神,增强中华民族的凝聚力和向心力。2017 年,教育部科学稳妥地推行双语教育,加强对双语教育的宏观指导,加强民文教材编译审查管理,推动少数民族双语教学资源建设，加强对少数民族汉语水平等级考试的指导和管理，指导建立双语教育评估体系和质量监测机制。习近平总书记在2014年的中央民族工作会上指出，语言相通是人与人相通的重要环节，语言不通就难以沟通，不沟通就难以达成理解，就难以形成认同。加强少数民族国家通用语言文字教育，大力推广和规范使用国家通用语，事关国民素质提高和人的全面发展，事关国家统一和民族团结，事关历史文化传承和经济社会发展，在决胜全面建成小康社会中发挥着不可替代的作用。

一、推广普及国家通用语言文字

做好语言文字工作是实施西部大开发战略的前瞻性工程。正是基于国家民族发展的战略考虑，2015年召开的第六次全国民族教育工作会议，对全面推行民汉双语教育进行了顶层设计，提出了在民族地区要坚定不移推行国家通用语言文字教育，确保少数民族学生基本掌握和使用国家通用语言文字，少数民族高校毕业生能够熟练掌握和使用国家通用语言文字。新疆少数民族国家通用语言文字教育的重点在南疆，难点在农村。受自然环境、经济发展水平、语言生态环境、教育背景基础等各种主客观因素影响，虽然国家通用语言文字教育已在南疆开展多年，但质量提升并不明显，语言差异导致教师和学生、教师和教师之间存在巨大交流障碍。2017年，新疆各级各类学校将国家通用语言文字教育要求纳入学校、教师、学生管理和教育教学的各个环节，实现国家通用语言文字教育全覆盖。

新疆维吾尔自治区紧锣密鼓推动双语教育全覆盖

新疆维吾尔自治区召开推进中小学双语教育座谈会以来，自治区教育厅紧紧围绕双语教育全覆盖这个核心目标，加强配套措施建设，抓好顶层制度设计，强力推动目标任务落实，在工作督导、教材准备和使用、教师队伍建设、教学质量提升、政策宣传引领等方面出实招，打出组合拳推进双语教育蓬勃发展。

截至6月中旬，全疆在园农村幼儿达到105.43万人，南北疆4 408个农村幼儿园建设项目紧张施工，其中大部分项目进入主体施工或装修阶段，设施设备采购全面开展，8 月底前全面竣工、9 月新学期全部投入使用的目标指日可待，全疆上下同心同向、凝心聚力推动双语教育改革发展的浓厚氛围令人鼓舞。

为确保自治区党委决策部署落地生根，教育厅专门成立了 11 个由厅级领导任组长的督导组，分片包干 15 个地州市，在 6 月至 8 月期间，每月将赴所包地(州、市)至少开展一次督查。围绕“应建尽建”“应入尽入”工作目标，重点推进农村学前三年免费双语教育工作，围绕小学和初中起始年级全面实行国家通用语言文字授课，推动“幼小衔接”“小初衔接”整体部署。教育厅还专门印发了《关于开展自治区农村学前三年免费双语教育督导评估工作的通知》，从工作机制建设、教学管理、教师队伍、运行管理、园风园貌、社会氛围等方面，全方位巩固学前双语教育成果。着手制定《自治区学前和义务教育阶段双语教育规范化办学(园)行为专项督导办法》，并将以此为依据，将遴选产生 100 所自治区级双语教育示范校和 100 所双语教育示范幼儿园，通过典型引路的作用，推进双语教育治校办园水平实现质的提升。

针对双语教学岗位师资短缺，自治区坚持“内部挖潜与争取外援”相结合的原则，积极协调落实多渠道补充教师的各项工作，通过国家“特岗”、自治区地方“特岗”招聘计划，今年将完成 2.4 万名教师招聘任务，统筹安排 1.33 万名城镇教师和大学生支教，启动自治区和兵团 1 万名干部、新录用公务员和新聘教师赴南疆农村幼儿园支教，落实 3 200 名援疆省市教师支教，并同步完成好免费师范生招录和应届免费师范生定向就业工作，为推进双语教育全覆盖提供师资保障。

自治区不仅追求双语教育全覆盖的规模效益，更注重双语教育质量提升。自治区教育厅迅速调整完善学前和义务教育阶段教学指导纲要、课程设置方案，组织专家团队全面启动学前和义务教育阶段教材修编工作，保证今年秋季学期课前到书。同时，进一步完善双语教育质量四级监测体系，对全疆 5.6 万名少数民族小学生汉语和数学成绩进行了抽样监测，农村双语幼儿园保教质量监测也正在进行，后期将充分运用监测结果，实施综合排名、末位约谈，压实双语教育质量提升工作责任。

为寻求社会支持，形成全社会共同关注、广泛支持的浓厚氛围，自治区通过各种渠道大力宣传改进和加强双语教育工作的重大意义，为推进双语教育全覆盖奠定扎实的群众基础。自治区举办“向祖国报告”双语教育成果展演晚会引发社会强烈反响，同时，第五届少儿双语大赛启动以来，全疆已有105万少年儿童报名参赛，创历年新高。目前，各地初赛全面展开，产生了广泛的社会影响。近期，自治区还将举办地、县两级管理干部参加的双语教育政策解读培训班，指导各级教育部门准确把握双语教育目标要求、重点举措，提高双语教育政策理解力、执行力，培养一批业务骨干，尽快将政策解读培训覆盖到基层一线，让教育管理干部、校(园)长和广大教师准确把握党中央和自治区党委有关双语教育的决策部署，确保政令畅通，取得实效。

资料来源：王飞.新疆维吾尔自治区紧锣密鼓推动双语教育全覆盖[EB/OL].2017-06-23[2018-04-19].http://www.chinaxinjiang.cn/zixun/xjxw/201706/t20170623_554271.htm.

为推广普及少数民族地区使用国家通用语言文字，各对口支援省市将国家通用语言文字培训项目纳入民族地区对口支援范围，加大边远、民族地区干部和青壮年农牧民国家通用语言文字培训，加大对少数民族学生学习国家通用语言文字的教学研究、课程开发、教材建设和出版支持力度。通过教师培训工程，有效提高全疆各地州教师的国家通用语授课能力、综合素质及教师队伍学历层次。同时，依托对口支援省市、高校及自治区师范院校，对中青年骨干教师、少数民族教师培训，提升了教师专业水平和教学能力。2017年秋季，新疆开始实施新录用公务员、新聘用教师赴南疆四地州农村幼儿园支教计划，这极大地促进了当地少数民族国家通用语言文字教育的发展。

二、积极稳妥地推行双语教育

习近平总书记在2014年9月的中央民族工作会上指出，在一些民族地区推广双语教育，既要求少数民族学习国家通用语言，也要鼓励在少数民族地区生活的汉族群众学习少数民族语言。经过多年实践，我国少数民族双语教育取得了重大进展。

《“十三五”促进民族地区和人口较少民族发展规划》(国发〔2016〕79号)要求，科学稳妥推行双语教育，在国家通用语言文字教育基础薄弱地区，以民汉双语兼通为目标,建立健全从学前到中小学各阶段教育有效衔接、教学模式与学生学习能力相适应、师资队伍与教学资源满足需要的双语教学体系;国家对双语教师培养培训、教学研究、教材开发和出版给予支持,为接受双语教育的学生升学、考试提供政策支持;建立双语教育督导评估和质量监测机制。同时,《援藏援疆万名教师支教计划实施方案》也提出,在对口支援机制下,组织内地优秀教师到西藏、新疆支教,带动和培训当地教师,帮助西藏、新疆整体提升教育发展水平,为打赢脱贫攻坚战,实现西藏、新疆长治久安提供坚强保障。为推进双语教学,2017 年 4 月,教育部民族教育发展中心和人民教育出版社联合建立了少数民族双语教育教学资源重点研究基地,研究基地将积极推进少数民族文字教材和资源建设,提高少数民族文字教材质量,开创少数民族文字教材资源建设工作的新局面。

第十章　培养高素质的教师队伍

中共十九大报告指出，我国社会主要矛盾已经转化为人民日益增长的美好生活需要和不平衡不充分的发展之间的矛盾，人民对公平而有质量的教育的向往更加迫切。高素质的教师队伍是办好教育的基础与前提，面对新方位、新征程、新使命，教师队伍建设还不能完全适应。回首2017年，教育系统始终把教师队伍建设摆在极其重要的位置，大力提升教师思想政治素质，全面加强师德师风建设，完善师德师风考评监督机制成为教师队伍建设最亮的底色。同时，运用全国教师管理信息系统，全面推进教师管理信息化，优化教师工作治理体系，提升教师工作治理能力，覆盖了教师准入到退出的全过程。此外，2017年我国乡村教师队伍建设无论是在准入门槛、培养培训体系还是在后勤保障方面，都取得了良好的成效。

第一节　加强师德师风建设

教师是教育事业发展的基石，高素质的教师队伍是提高教育质量，办好人民满意教育的关键，而师德师风建设是造就高素质教师队伍的内在要求和重要保证。党中央、国务院历来高度重视教师队伍建设，师德教育和管理力度不断加大，旨在"努力建设一支师德高尚、业务精湛、结构合理、充满活力的中小学教师队伍"。[①]

① 教育部关于建立健全中小学师德建设长效机制的意见(教师〔2013〕10号，2013年9月2日)[R].中华人民共和国教育部公报，2013(10).

一、落实大中小学师德师风建设长效机制

2013年,在贯彻落实《国务院关于加强教师队伍建设的意见》(国发〔2012〕41号)的基础上,为进一步弘扬高尚师德,切实解决教师师德问题,教育部发布《建立健全中小学师德建设长效机制的意见》(教师〔2013〕10号),这成为近年来各地落实师德师风、建设长效机制的纲领性文件。2017年,《国家教育事业发展"十三五"规划》(国发〔2017〕4号)(以下简称《教育"十三五"规划》)、《义务教育学校管理标准》(教基〔2017〕9号)明确指出,落实大中小学师德师风建设长效机制,全面加强教师队伍学风、教风、作风建设,努力建设一支有理想信念、有道德情操、有扎实学识、有仁爱之心的教师队伍。

近年来,我国大中小学师德师风建设取得了丰硕的成果,内容覆盖了教师准入、职业道德、思想、心理健康等多个方面。然而,在中国特色社会主义新时代的背景下,师德师风长效机制建设仍面临许多新情况、新问题和新挑战,存在许多不适应的方面和薄弱环节。对此,《教育"十三五"规划》中对于落实师德师风建设长效机制有如下几点要求:一是将"德"作为教师立身、立学、施教的根本,在要求教师教书育人、言传身教的基础上,提出了教师应潜心问道、关注社会,同时注重学术自由和学术规范;二是将"德"涵盖教师教育的各个层面,具体来说,就是将教师职业理想、职业道德、法治、心理健康等教育融入培养、培训和管理的全过程,推动各地各校出台具体的实施细则和办法,构筑覆盖各级各类学校的师德建设制度网络。[①] 最后,以"德"为中心,由学校领导干部带头开展自查自纠。通过自查自纠,及时发现自身存在的问题,对促进基层学校师德师风机制建设具有重要意义。此外,《中共教育部党组关于教育系统认真学习宣传贯彻党的十九大精神 写好教育"奋进之笔"的通知》(教党〔2017〕54号)也提出要加强师德师风建设,推行师德考核负面清单制度,推进国家教师荣誉制度,开展"黄大年式"教师团队创建活动和"寻找最美教师"大型公益活动,倡导全社会尊师重教。《中小学德育工作指南》

---

① 国务院关于印发国家教育事业发展"十三五"规划的通知(国发〔2017〕4号,2017年1月10日)[R].中华人民共和国教育部公报,2017(5).

（教基〔2017〕8 号）也明确指出加强师德师风建设，培育、宣传师德标兵、教学骨干和优秀班主任、德育工作者等先进典型，引导教师争做“四有”好教师。

为深入践行习近平总书记提出的做“有理想信念、有道德情操、有扎实学识、有仁爱之心”好教师的倡议，2017 年，湖北、云南、辽宁、重庆、成都等地立足学校发展和教师队伍建设实际，按照抓当前、管长远、见实效原则，整体构建师德建设新机制，将师德建设各项要求落实到教师管理各项制度中。以吉林市为例，《吉林市教育事业发展“十三五”规划》（吉市政办发〔2017〕49 号）中明确指出，“制定关于加强中小学师德师风建设工作的实施意见，逐步形成教育、宣传、考核、监督、奖惩相结合的师德建设政策体系。推进各地、各校完善师德师风建设实施方案，形成制度，常抓不懈，建设有理想信念、有道德情操、有扎实知识、有仁爱之心的教师队伍”。[①] 面对广大人民群众日益增长的对优质教育资源的需求、对教师素质的要求，加强和改进师德师风建设是一项刻不容缓的任务。各地师德师风长效机制的建设，对弘扬高尚师德，推动师德师风建设制度化、常态化具有重要意义。

二、加强教师思想政治工作

思想引领是强化教育带动，筑牢教师理想信念的根基。加强和改进教师思想政治工作，关系到办什么样的学校、怎么办学校的根本问题，关系到党对学校的领导，对于培养中国特色社会事业的接班人具有重要意义，是一项重大的政治任务和战略工程。

加强和改进教师思想政治工作，具有特殊的重要性和现实紧迫性。习近平总书记强调指出，要坚持党的教育方针，坚持社会主义办学方向，坚持立德树人，强化思想引领。此外，从当前我国面临的形势和挑战来看，教师思想政治工作面临许多新情况、新任务。对此，应“创新工作手段和载体，开辟思想教育新阵地，抓好骨干教师和学科带头人培训，组织广大教师开展多种形式的社会实践活动，了解国情、社情、民情，引导广大教师带头践行社会主义核心价值观，增

---

① 吉林省教育厅关于印发吉林省教育事业发展“十三五”规划的通知（吉市政办发〔2017〕49号[EB/OL].2017－01－21[2018－02－19].http://www.jledu.gov.cn/show/43011.html.

进对中国特色社会主义的思想认同、政治认同、理论认同和情感认同。加大对新入职教师、海外留学归国教师的国情国史教育力度。大力宣传和表彰优秀教师、师德标兵,提升教师职业的崇高感和荣誉感”。[①]

2017年2月,中共中央、国务院印发了《关于加强和改进新形势下高校思想政治工作的意见》(本章简称《意见》)。相比之前加强思想政治工作的文件,该《意见》弘扬改革创新精神,使教师思想政治工作的落实更接地气、深入人心。《意见》把思想理论教育和价值引领放在首位,指出要加强教师队伍和专门力量建设。强调要提升教师思想政治素质,加强思想政治工作,建立中青年教师社会实践和校外挂职制度,加强师德师风建设,增强教师教书育人的责任担当,[②]努力培养造就有理想信念、有道德情操、有扎实学识、有仁爱之心的好老师。[③] 8月,《中共教育部党组关于加强新形势下高校教师党支部建设的意见》(教党〔2017〕41号)中对加强教师思想政治工作,充分发挥党支部的主体作用作出了细致的规定。在此背景下,各地高校积极探索加强教师思想政治工作的新途径、新方法,出实招,求实效。如西南交通大学成立党委教师工作部,建立教师思想政治工作与师德师风建设长效机制,对教师思想政治工作进行顶层设计和中长期规划;从健全教职工政治理论学习制度,成立教师服务中心,建立青年教师职业导师制等细节入手,加强教师政治思想工作。

三、完善师德师风考评监督机制

师德师风考评监督机制是防止教师行为失范的有效途径,对形成依法、依规监督,有效反馈的良性师德师风建设具有重要意义。

当下,虽然教育职能部门和学校设立了师德监督机构和相应的规章制度,但缺乏行之有效的监督标准和执行设施,导致相关规章制度的贯彻落实情况无人监督,多数还停留在书面上,并没有真正发挥作用,师德师风建设规

① 国务院关于印发国家教育事业发展“十三五”规划的通知(国发〔2017〕4号,2017年1月10日)[R].中华人民共和国教育部公报,2017(5).

② 中共中央 国务院印发《关于加强和改进新形势下高校思想政治工作的意见》[EB/OL]. 2017-02-27[2018-02-19].http://www.gov.cn/xinwen/2017-02/27/content_5182502.htm.

③ 坚持党对高校的领导 加强改进思想政治工作——中央宣传部、中央组织部、教育部负责人就《关于加强和改进新形势下高校思想政治工作的意见》答记者问[N].人民日报,2017-02-28.

章制度形同虚设。同时，我国教师的考评机制不完善，缺乏科学的师德师风考评标准，往往是“一手软，一手硬”，大多以科研成果、课时数量、技术任务等显性条件为考核依据，而职业理想、师德师风等隐性条件则不在重点考核范围之内。① 对此，《教育“十三五”规划》分三步对师德师风考评监督机制进行了完善。首先，将师德师风建设作为重要内容纳入学校工作考核和教育质量督导评估中，师德师风表现成为教师考评的首要内容。其次，创新考核机制，建立个人自评、学生测评、同事互评、单位考评等多种形式相结合的考核机制，构建学校、教师、学生、家长和社会多方参与的师德师风监督体系。再次，完善师德表彰奖励制度，将师德表现作为评奖评优的首要条件；依法依规加大对各类违反师德和学术不端行为的查处力度，对考核不合格的教师在职称评审、岗位聘用、评优奖励等环节实行一票否决制，将表现恶劣的清除出教师队伍。最后，建立师德事件及舆情快速反应机制，及时掌握师德师风信息动态，及时纠正不良倾向和解决问题。②

针对当下师德师风考评监督存在的问题，首先，应制定具有可操作性的师德师风考评监督标准，师德评价标准的问题就是“用什么去衡量”的问题，确定评价标准是做师德评价的前提和基础。③ 其次，考评监督的主体要实现多元化，师德考评监督要改变一元主体的师德考评模式，探究多渠道的考评方式，使多主体协同配合。最后，考评监督结果要合理使用，考评监督的结果是为了提高教师的师德师风水平，因此，考评监督的结果需要及时反馈给本人，使教师对自身有全面客观的认识，充分发挥师德师风考评监督结果对师德建设的导向作用。

第二节 提高教师培养质量

近年来，我国实行了“卓越教师培养计划”“国培计划”，从源头、过程中提

---

① 徐士元，陈帅.高校师德他律机制研究[J].思想教育研究，2017(4)：48-49.

② 国务院关于印发国家教育事业发展“十三五”规划的通知(国发〔2017〕4号，2017年1月10日)[R].中华人民共和国教育部公报，2017(5).

③ 瞿鹤鸣，吴佳.当代师德评价探究[J].广西社会科学，2009(9).

高教师培养质量,为吸引优秀人才从教,完善教师培养培训体系,促进教师专业发展提供了强大的推动力。

一、完善师范生招生制度

自20世纪90年代以来,教育规模的快速扩张导致对教师数量的需求大为增加,传统封闭的师范教育体系已无法满足教师数量不断增长的要求,开始逐步走向开放,从而在一定程度上满足了社会发展对教师数量的需求。然而,开放的教师教育体系存在着培养机构庞杂、生源质量偏低、培养质量不高等缺陷,使教师教育长期徘徊在低水平发展层次。[①] 为此,要从教师培养的源头上把控,完善师范生招生制度,为培养专业化的教师队伍打下坚实的基础。

师范生的质量是保证教师队伍专业化、优质化的基础性条件。但当前,师范生的招生制度受多种因素影响,师范生就业在一定程度上存在着“错位”的现象,学科教学论师资队伍的匮乏制约了师范生实践学习和师范生培养质量的提高。[②] 在此背景下,2007年《教育部直属师范大学师范生免费教育实施办法(试行)》(国办发〔2007〕34号)的发布,成为改革和加强教师教育的重要机遇和突破口。2015年《关于加快发展民族教育的决定》将免费师范生教育的政策向民族地区倾斜。2016年,《关于加强师范生教育实践的意见》(教师〔2016〕2号)的出台为增强师范生的社会责任感、创新精神和实践能力,全面提升教师培养质量夯实了实践基础。2017年,《教育“十三五”规划》针对以往师范生招生制度中存在的问题,首先从完善师范院校提前批录取办法入手,完善免费师范生制度体系,吸引优秀学生读师范、当教师。鼓励重点高校为非师范专业学生提供教师教育课程服务,畅通非师范专业毕业生从教通道。落实完善毕业生到乡村学校服务的学费代偿政策,吸引优秀毕业生到中小学和中等职业学校特别是农村学校任教。同时,做好师范类专业认证试点

① 闫建璋,郭赟嘉.从开放走向新封闭:精英化教师教育体系的构建[J].河北师范大学学报(哲学社会科学版),2017(9):152.

② 赵萍.我国师范学院的机构转型与教师培养——对三所师范学院的个案考察[J].教师教育研究,2017(1):93.

工作。完善高校、地方政府、中小学“三位一体”的协同育人机制，加强师范生教育实践和教师教育师资队伍建设。全面推动教师教育改革创新，着力提高教师培养质量。[①] 并且，完善师范生招生制度并不仅仅局限于中小学和中等职业学校，在一些地方，学前教育专业也纳入了免费师范生的招生范围。

二、健全教师培养培训体系

教师是教育发展的关键之一，不断提升教师队伍能力，离不开教师培训的参与。自1999年《中小学教师继续教育规定》(教育部令〔第7号〕)颁发以来，我国中小学教师培训的发展十分迅速，尤其是在国家级培训与省级培训活动的带领与示范下，各级各类中小学教师培训活动全面展开。[②] 近年来，我国教师教育体系不断完善，教师教育改革持续推进，教师培养质量和水平得到提高，但也存在教师培养的适应性和针对性不强、课程教学内容和教学方法相对陈旧、教育实践质量不高、教师教育师资队伍薄弱等突出问题。随着人们对教育质量要求的提高，大力提高教师培养质量成为我国教师教育改革发展最核心、最紧迫的任务。2017年有关教师培养培训的实践主要集中在以下几个方面。首先，建立教师专业发展支持体系。《义务教育学校管理标准》(教基〔2017〕9号)明确指出，按规定将培训经费列入学校预算，制定教师培训计划，建立教师专业发展档案；引进优质培训资源，鼓励教师利用网络学习平台，促进教研、科研与培训有机结合，建设教师学习共同体。此外，《关于推动高校形成就业与招生计划人才培养联动机制的指导意见》(教高〔2017〕8号)、《关于做好职业院校教师素质提高计划2017年度项目组织实施工作的通知》(教师厅〔2017〕8号)指出，在高等院校和职业院校推行“双师型”教师培养工作。其次，补好乡村教师、民族地区教师培训短板。《关于进一步加强控辍保学提高义务教育巩固水平的通知》(国办发〔2017〕72号)提出，加强乡村教师培训，中小学教师国家级培训计划(“国培计划”)优先支持艰苦边远地区乡村教师培训。国务院印发的《兴边富民行动“十三五”规划》

---

① 国务院关于印发国家教育事业发展“十三五”规划的通知(国发〔2017〕4号，2017年1月10日)[R].中华人民共和国教育部公报，2017(5).

② 朱益明.改革中小学教师培训的原则与策略[J].教师教育研究，2017(2)：55.

中要求,加强双语教师培养培训,建设一批双语教师培养培训基地,继续实施"国培计划"。最后,关注特殊教育教师的培养培训工作。针对教师队伍数量不足、待遇偏低、专业水平有待提高的现状,2017 年,教育部等七部门启动《第二期特殊教育提升计划(2017—2020 年)》(教基〔2017〕6 号),对于特殊教师的专业化培养、培训时长、方式等方面进行了详细的说明,增强了特殊教师培养培训的实效性与针对性。此外,伴随着各地学校网络环境的改善,教师培养培训的内容也应与时俱进、不断契合当下教育环境的变化,2016 年《教育信息化"十三五"规划》将教师信息技术应用能力纳入教师培训必修学时(学分),将能力提升与学科教学培训紧密结合,有针对性地开展以深度融合信息技术为特点的课例和教学法的培训,培养教师利用信息技术开展学情分析与个性化教学的能力,增强教师在信息化环境下创新教育教学的能力,使信息化教学真正成为教师教学活动的常态。① 随后《全面推进教师管理信息化的意见》(教师〔2017〕2 号)的出台,为满足教师培养培训的个性化需要、推进培训学分银行建设等提供了有力的支撑。安徽、新疆、辽宁等地开展了多种形式的实践活动,丰富了教师培养培训的途径,提升了当地教师参与培训的积极性,取得了良好的成效。

健全的教师培养体系是教师不断进步的推动力,为此,应结合教师实际需求创新培训理念;借助现代教育条件,创新培训方式;改革教师培训体系各部门内容。② 更重要的是,针对当下培训评价机制主体单一、仅局限于内部的现状,应建立双向性的评价机制,实现评价主体的双向化、评价的追踪性,关注教师培养培训的动态累积过程,促进教师专业发展的改进与调整。

三、培养造就高素质学校领导队伍

近年来,政府职能转变以及权力下放使学校拥有了更多的自主发展权。实现教育治理体系与治理能力现代化,建立现代学校制度,离不开校长主体

---

① 国务院关于印发国家教育事业发展"十三五"规划的通知(国发〔2017〕4 号,2017 年 1 月 10 日)[R].中华人民共和国教育部公报,2017(5).

② 田穗.教育现代化进程中我国教师培训体系创新[J].继续教育研究,2017(7):93-94.

功能的实现。①

1999 年《中共中央国务院关于深化教育改革全面推进素质教育的决定》中正式提出,"试行校长职级制,逐步完善校长选拔和任用制度,鼓励优秀校长到薄弱学校任职"。2010 年颁布的《国家中长期教育改革和发展规划纲要(2010—2020 年)》中规定,推行校长职级制。② 此后,《国务院关于加强教师队伍建设的意见》(国发〔2012〕41 号)、《深入推进教育管办评分离促进政府职能转变的若干意见》(教政法〔2015〕5 号)等文件出台,加快推行中小学校长职级制改革,促进了校长队伍专业化建设。2017 年,《中小学校领导人员管理暂行办法》出台,对中小学领导人员的任职条件和资格、选拔任用、任期和任期目标责任、考核评价、职业发展和激励保障监督约束、退出机制进行了详细的说明,从领导人员的准入、发展、工作等方面规范了校长的职责。此外,《教育"十三五"规划》中明确提出了校长培训的学时,建立校长培训学分银行,将校长培训作为评价的重要方面。同时,鼓励支持校长和骨干教师参加海外研修培训,更广泛更深入地参加国际学术交流与合作。全面开展依法治教和教育信息化领导力培训,提升校长和其他教育行政管理人员现代教育治理的意识和能力素养。在此背景下,沈阳市提出严格校长专业任职条件,建立校长梯队培养机制,健全完善竞聘上岗与组织考察、任命相结合的校长选拔任用机制;加强聘期管理和考核奖惩,推行以教育教学质量为核心的实绩考核和以"三述一评"为主要依据的民主评议,考核结果作为评优树先、表彰奖励、职务晋升的重要依据,成绩达不到规定要求的予以解聘,聘期期满重新竞聘;建立校长队伍定期交流轮岗机制,校长满两个聘期后,原则上进行交流轮岗。③ 此外,加大"国培计划"对中西部地区乡村教师校长培训的集中支

① 王库,林天伦.中小学校长负责制 30 年:困境与对策[J].教育科学研究,2017(7):44.

② 张茂聪,侯洁.教育家办学的制度实践与思考——以山东省潍坊市校长职级制改革为例[J].教育研究,2017(3):140.

③ 沈阳市人民政府办公厅关于印发沈阳市推进教育供给侧结构性改革实施方案的通知[EB/OL].2017-11-22[2018-02-12]. http://www.shenyang.gov.cn/zwgk/system/2017/11/17/010198219.shtml.

持力度,[①]促进乡村地区学校领导队伍的专业化发展。

教育管办评分离改革后,权力的下放赋予了校长更多的自主权。在此框架下,调整了学校内部关系,规范了学校组织内部的运行与管理,进一步协调了学校、家长、社会之间的关系。学校章程的制定、内部治理结构的完善等多方面的任务都需要校长把控方向、制定计划,以保证措施的妥善执行。因此,应充分发掘学校领导人的主体作用,引领中小学校长专业发展。[②] 同时,中小学校长也应及时评估自身专业发展,加强自身评估有助于校长明确自己的优点和不足,及时调整自己的专业理念及行为,明确专业发展目标,以不断提升自己的专业水准,促进自身专业发展,最终为提高学校的办学质量服务。[③]

第三节　完善教师管理制度

中小学教师管理一般可以从教育行政和学校教育管理两个方面来展开。为了更好地规范和引导教师工作以及教师的专业化发展,有必要加强和完善教师管理制度。但值得注意的是,在一些中小学中,内部管理机制存在效率主义和工具主义倾向。这种管理机制虽然可以增强对教师工作的规范和约束,但也会导致管理工作日益趋向技术化、机械化和工具化,从而阻碍教师在教育活动中的主动性、积极性和创造性。[④] 2017 年,教育部从完善准入和退出、健全教师编制管理、深化考核评价、落实教师工资保障四方面入手,全面推进教师管理信息化,促进教师管理的合理化、规范化以及人性化,以实现对教师的有效管理。

一、完善准入和退出机制

造就高素质专业化的教师队伍需要完善教师准入和退出机制,健全教师

---

① 国务院关于印发“十三五”推进基本公共服务均等化规划的通知(国发〔2017〕9 号,2017 年 1 月 23 日)[R].中华人民共和国国务院公报,2017(8).

② 王库,林天伦.中小学校长负责制 30 年:困境与对策[J].教育科学研究,2017(7):48.

③ 褚宏启,吕蕾,刘景.中小学校长培训机构建设与培训制度改革[J].中国教育学刊,2009(12):6.

④ 陈振华.中小学教师管理制度建设:问题语改进策略[J].教育研究,2015(9):99.

管理制度。我国教师准入制度的起步比较晚，1993 年的《中国教育改革和发展纲要》提出逐步实行教师资格制度，近几年的政策文件中基本确立了培养——考试——入职三个环节。而教师退出机制，则是 2013 年 6 月教育部宣布开展教师资格入门和退出机制试点以后，才开始在四川省成都市、江苏省常州市探索。①

2012 年发布的《国务院关于加强教师队伍建设的意见》(国发〔2012〕41 号)要求，全面实施中小学教师资格考试与定期注册制度，严把教师队伍入口关，不断提高教师队伍整体素质。随后，中小学教师资格考试和定期注册改革试点范围进一步扩大，截至 2017 年，已有 28 个省份参与了试点工作，逐步形成“国标、省考、县聘、校用”的教师准入机制。2017 年的《教育“十三五”规划》明确指出：“健全教师专业标准，明确师德和心理健康要求，完善教师资格制度。依照科学合理、分类指导原则，依法实施中小学教师资格考试制度，进行中小学教师定期登记。幼儿园新入职教师须取得幼儿园教师资格证，深化义务教育阶段教师‘县管校聘’管理改革，探索将行业企业从业经历作为取得职业学校专业课教师资格的必要条件，将新入职教师岗前培训和教学实习作为取得高等学校教师资格的必备条件。”②就教师退出机制而言，当前我国教师退出机制存在不合格教师认定困难、退出成本大、退出程序不完善等弊端。2017 年福建省、甘肃省、四川省等地出台了相关政策，要求逐步完善教师退出机制。福建省提出了教师强制性退出的标准；甘肃省将定期注册不合格的在岗教师调整出教学岗位等。这一系列做法，对于提升教师质量，缓解教师结构性过剩的现实矛盾，促进依法治教具有重要意义。

教师准入机制的健全是勾勒合格的未来教师，从入职源头保证教师质量和专业化水平的重要举措。随着人们对优质教育需求的不断提升，我们迫切需要构建符合当下教育发展的教师准入标准，并将其渗透在整个教师培养过程、教师资格制度之中，从而培养真正具有专业知识与能力的未来教师。具体来看，应明晰不合格教师的判定标准，构建完善的教师退出程序；深化探究

---

① 唐守伦.推行教师退出机制要因地制宜[N].中国教育报，2017 - 8 - 31(002).

② 国务院关于印发国家教育事业发展“十三五”规划的通知(国发〔2017〕4 号)[EB/OL].2017 - 01 - 10[2018 - 01 - 18].http://www.gov.cn/zhengce/content/2017 - 01/19/content_5161341.htm.

不合格教师产生的原因,建立不合格教师觉察机制;同时做到科学评价教师,切实做到有据可依、客观公正。[①]

二、健全编制管理制度

教师编制管理是一项政策性很强的工作,反映了国家的教育发展战略需求。教师编制标准是师资配置政策的核心要素,制定科学合理的教师编制标准有利于促进教育公平和提高教育质量。[②]

中小学教师编制政策是我国教师政策体系的核心内容之一,直接关涉到我国义务教育教师的身份与权益保障,对我国义务教育事业的健康可持续发展具有重要影响。[③] 针对教师编制城市优先、公平缺失的现象,2014年《关于统一城乡中小学教职工编制标准的通知》的出台奠定了当下教师编制标准统一的局面,对于促进学校教育资源均衡配置具有重要意义。2017年,教育部办公厅公布了关于中小学教职工编制管理创新工作案例,其中,山东省、内蒙古自治区创新教师编制管理取得了良好的成效。以山东省为例,首先,多渠道增加中小学教职工编制,加强市域内教师编制调配力度;建立农村教师机动编制;按班师比核定小规模学校教职工编制。其次,加强县域交流,促进县域师资均衡配置。按照"总量控制、统筹城乡、结构调整、有增有减"的原则,自2016年起,县域内中小学教师交流不再申报用编进人计划。现有教职工超出规定编制的,管理、教学辅助和工勤人员超过规定比例的,予以调配分流。强化学区内教师资源统筹配置,学区内教师可统筹安排使用,实行短缺学科教师走教,实现学区优质师资共享。最后,强化督查监管,严格规范中小学教职工编制管理。自2016年起,开展教师管理逐校专项清查工作,对挤占、挪用和截留中小学教职工编制,在有合格教师来源的情况下"有编不补",长期聘用代课教师,以各种形式"吃空饷",管理部门与中小学校混编混岗占用教职工编制的情况进行全面排

---

① 张彩云.我国中小学不合格教师退出机制研究[J].教育科学研究,2017(3):95-96.

② 左崇良.教师编制政策的制度变迁和路径依赖[J].教育学术学刊,2017(1):51.

③ 韩小雨,庞丽娟,谢云丽.中小学教师编制标准和编制管理制度研究——基于全国及部分省区现行相关政策的分析[J].教育发展研究,2010(8):15.

查整顿。

通过对我国近年来教师编制的政策本文分析，可以发现在中小学教师职工编制方面，实现了由精英取向、效益取向逐步转向公平取向、补偿取向；编制管理制度逐步规范，主要体现为完善部门分工，明确各级政府责任，形成了动态管理运行机制。[①] 在高校教师编制管理方面，2015 年北京市正式开启取消高校教师事业编制管理试点改革。[②] 伴随着新一轮事业单位分类改革的推进，在教育领域，将可能打破编制的壁垒，实行聘任制，促进教师在行业内流动，保证均衡的师资配比，形成一个动态开放的生态系统，促进学校的持续、健康发展。

三、改进考核评价制度

教师考核评价制度是近年来我国教师人事制度改革的重点难点问题，也是管办评分离改革，推进教育治理现代化建设的重要内容。科学合理的考核评价，不仅是教师晋升、聘任、培训和奖惩的依据，也是调动教师积极性和创造性，提高教师教学工作效率的重要方面。

近年来，我国在教师分类管理、考核指标、评价机制创新等方面做了探索和研究，教师考核评价机制存在评价主体单一、重量轻质等现实情况。2016 年，《中共中央关于深化人才发展体制机制改革的意见》明确指出，发挥政府、市场、专业组织、用人单位等多元评价主体作用，加快建立科学化、社会化、市场化的人才评价制度。同年，《教育部关于深化高校教师考核评价制度改革的指导意见》(教师〔2016〕7 号)出台，将高校教师师德、教学、科研、社会服务、专业发展作为考核评价的重要组成部分。在此背景下，2017 年，《教育"十三五"规划》中重申教师考核评价制度的重要性，要求加快研制各级各类教师队伍建设标准，建立符合大中小学教师岗位特点的评价机制，深入推进高校教师考核评价制度改革，坚持德才兼备，以实际能力为衡量标准，注重凭能力、实绩和贡献评价人才，克服唯学历、唯职称、唯论文等倾向，引导高校教

---

① 李廷洲，薛二勇，赵丹丹.中小学教职工编制的政策分析与路径探析[J].教育研究，2016(2)：64－65.

② 田贤鹏.取消高校教师事业编制管理的理性之思[J].教师教育研究，2017(1)：43－44.

师潜心教书育人,围绕国家战略需求开展科学研究。8月,教育部办公厅公布了高校教师考核评价改革示范院校,为进一步深入推进高校教师考核评价制度改革,深化高等教育领域综合改革,破除束缚高校教师发展的体制机制障碍起到了示范作用。在地方层面,《山东省"十三五"教育事业发展规划》(鲁政发〔2017〕33号)中提出建立向一线教师、优秀人才和关键岗位倾斜的绩效工资分配办法,要求中小学严格按照标准条件和程序组织开展评聘工作,确保评聘质量等。① 2017年,辽宁省、四川省等地也针对教师考核评价存在的问题出台了相关文件。

除以上关于教师管理的若干成果外,2017年教育部发布《全面推进教师管理信息化的意见》(教师〔2017〕2号),以全国教师管理信息系统为平台,为每位教师建立电子档案,建立统一高效、互联互通、安全可靠的全国教师基础信息库,形成了教师队伍大数据,进一步完善了教师准入和退出机制、编制管理制度、考核评价制度,以便优化教师工作治理体系,提升教师工作治理能力,全面推进教师管理信息化,更好地促进了教师队伍建设工作的开展。同时,2017年完善了教师职称制度,实行教师职称评审与岗位聘用相结合的办法,全面推开中小学教师职务(职称)制度改革,在中小学设置正高级教师职务(职称),推进中等职业学校教师职务(职称)制度改革,探索在中等职业学校设置正高级职务(职称)。建立具有职业教育特点的职业学校职务(职称)评审制度。畅通民办学校教师申报参加职务(职称)评审渠道。②

第四节 加强乡村教师队伍建设

自2015年《乡村教师支持计划(2015—2020年)》(国办发〔2015〕43号)出台以来,围绕师德建设、培养补充、待遇提升、资源配置等方面对乡村教师队伍建设进行了全面的部署,其中明确指出,发展乡村教育,教师是关键,必

① 山东省"十三五"教育事业发展规划(鲁政发〔2017〕33号,2017年10月16日)[R].山东省人民政府公报,2017(30).

② 国务院关于印发"十三五"推进基本公共服务均等化规划的通知(国发〔2017〕9号,2017年1月23日)[R].中华人民共和国国务院公报,2017(8).

须把乡村教师队伍建设摆在优先发展的战略地位。这是当前国家关于农村教师发展的最新、最有力的专门性支持政策，旨在通过政策的制定与施行，以教师作为重要抓手，并以变革乡村教师为核心来提升乡村教育质量，这在一定程度上体现了国家采用自上而下、由外及内的方式来建设乡村教师队伍的基本思想，①在此背景下，2017 年进一步落实乡村教师支持计划，积极引导教师扎根乡村、奉献乡村教育，加强了对乡村地区教师、紧缺科目教师的补充，建立乡村教师荣誉制度，提高乡村教师的保障机制。

一、建立乡村教师补充机制

随着我国教育投入进入“后 4%”时代，乡村教师发展的保障能力进一步提高，教师作为教育活动的核心要素，成为第一教育资源，乡村教师队伍建设得到重点关注。② 乡村教师流失是当下存在于乡村教育中的重要问题之一。留住教师意味着留住孩子成长的希望。2017 年，无论是中央还是地方都出台了多重举措，建立乡村教师补充机制，留住教师。

2017 年，《教育“十三五”规划》中明确指出，推动省级政府建立统筹规划、统一选拔的乡村教师补充机制。《国务院办公厅关于进一步加强控辍保学提高义务教育巩固水平的通知》(国办发〔2017〕72 号)指出，要落实乡村教师支持计划，提高乡村教师生活待遇，吸引优秀教师到乡村从教。同时，加强校长教师轮岗交流，统筹调配编内教师资源，着力解决乡村教师结构性缺员问题。此外，为保证乡村教师队伍的数量与质量，切实加强乡村学校教师补充，优先满足连片特困地区和国家扶贫开发工作重点县村小、教学点的教师补充需求。《国务院关于印发“十三五”推进基本公共服务均等化规划的通知》(国发〔2017〕9 号)同样提到逐步扩大农村教师特岗计划实施规模。据统计，2017 年全国计划招聘特岗教师约 8 万名，比 2016 年增加了 1 万人。各地深化教师管理制度改革，统筹配置城乡师资并向乡村倾斜，稳步提高乡村教师待遇，不断增强乡村教师岗位的吸引力。例如，河北省石家庄市开展领导

① 王鉴，苏杭.略论乡村教师队伍建设中的“标本兼治”政策[J].教师教育研究，2017(1)：29.

② 秦玉友.师资建设是农村教师质量全面提升的战略重点[J].教育发展研究，2015(19)：3.

贴心、待遇暖心、工作舒心、感情留心的“四心工程”留住教师,实现了特岗教师安居乐业。湖南省除落实每月200—500元的乡镇工作补贴外,还为所有贫困县乡村教师每人每月发放300—700元的乡村教师津贴。湖北省组建近200个“启明星团队”,从城镇学校选派500余名优秀校长和骨干教师驻点帮扶农村薄弱学校和教学点。[①]

此外,农村音、体、美教师存在严重欠缺。在一些经济欠发达的农村,音、体、美课程形同虚设,或有些音、体、美教师甚至负责整个学校的教学情况。这一方面不利于儿童的成长,另一方面导致教师压力大,教学质量令人担忧。2017年12月,《加快中西部教育发展工作督导评估监测办法》(国教督办〔2017〕10号)中规定,补充音、体、美等紧缺学科教师,创新教学、管理方式,确保合格教师授课。

乡村教师补充机制的建立缓解了农村学校教师紧缺、教师年龄和学科结构性矛盾突出等问题,是合理统筹配置城乡师资,下活乡村教育这盘棋的重要路径。在今后的乡村教师队伍建设中,应继续提高乡村教师待遇,解决特岗教师后顾之忧,提高乡村教师自我认同和成就感。

二、加强教师本土化培养

近年来,国家出台了不少政策,大力支持农村教育事业,农村教师的待遇水平、生活条件、晋升渠道都得到一定程度的改善,农村教师队伍呈现总体稳定、局部波动的态势。但由于城乡差异、职业差异的存在,以及从业者个人理想追求、个体情况的不同,农村教师向城市流动和向其他职业发展的现象,也依然将在一定阶段内存在。相对城市教育较少教师不足的困扰,农村教师最重要的能力是“留下来的能力”,乡村教育的未来无疑要寄望于本土年轻教师。[②]

相对而言,本土教师因文化背景、血缘关系、生活习惯等皆根植于当地,其地域认同和身份认同与外地选择“过渡岗位”的教师有很大不同,扎根家乡服务教育的选择没有掺杂太多其他考虑,因而是农村教师队伍的主体力量。

① 各地有序推进城乡义务教育一体化改革发展[R].教育部简报,2017(22).

② 廖德凯.稳定乡村教师队伍还应靠本土化培养[N].中国教育报,2015-09-23.

对外公开招考和调配是重要补充手段，但在“跳板心态”下，外来稳定性会与本土教师有较大差异。[①] 2015 年国务院办公厅印发《乡村教师支持计划(2015—2020 年)》(国办发〔2015〕43 号)，第一次在国家层面提出鼓励地方政府和师范院校根据当地乡村教育实际需求加强本土化培养，采取多种方式定向培养“一专多能”的乡村教师。2016 年《国务院关于印发“十三五”脱贫攻坚规划的通知》(国发〔2016〕64 号)、2017 年《教育“十三五”规划》等文件同样将乡村教师本土化培养作为发展乡村教师队伍的重要方面。

乡村教师本土化培养是一项长期、复杂的系统工程，它既需要国家政策的宏观引导，又需要各级政策持续推动，以便形成全社会真正重视乡村教育、真正尊重乡村教师的良好氛围。2017 年，在中央教育政策的指引下，各地出台了相应的措施加强乡村教师的本土化培养，但在今后推进乡村教师本土化的过程中，也应注意政策倾斜与观念转变相结合，定向培养与在职培养相结合，促进城乡互动，标本兼治。

三、完善乡村教师荣誉制度

教师荣誉是国家和社会对于教师辛勤付出与获得成就的一种肯定和赞扬方式。国家级教师最高奖具有鼓励全国教师热爱并积极从事教育事业的重要作用。2015 年《乡村教师支持计划(2015—2020 年)》(国办发〔2015〕43 号)中明确指出建立乡村教师荣誉制度，颁布实施后两年，各地取得了良好的成效。

2016 年，教育部和人力资源社会保障部联合印发《关于做好乡村学校从教 30 年教师荣誉证书颁发工作的通知》(教师函〔2016〕4 号)，对长期扎根乡村学校的教师给予褒扬鼓励。这既是对乡村教师工作的充分肯定，也是给乡村教师的一项精神福利。2017 年全年，教育部向 106 万从教 30 年以上的乡村教师颁发了荣誉证书。

相比英美等国家，我国的乡村教师荣誉制度还存在很多不完善的地方，比如，30 年教师荣誉证书评选几无门槛，只看教龄，一定程度上降低了荣誉证书的含金量。事实上，超过 80%的教师更希望的是在终身从教时，待遇能

---

① 廖德凯.稳定乡村教师队伍还应靠本土化培养[N].中国教育报，2015-09-23.

有所提高,权益能有所保障,能获得来自社会各界的尊重,让他们的付出在整个30年的每一个阶段均能得到实实在在的官方、民间双认可。①

建立与完善乡村教师荣誉制度的目的在于营造全社会关注、关心乡村教师的氛围,鼓励乡村教师扎根乡村、建设乡村的决心。要让一纸证书真正发挥功效,关键还是要依靠有关教育主管部门完善相应的政策配套机制。首先,对乡村荣誉教师的选拔应设立一定的标准,按照标准分为几个等级,设立专项基金对具有突出贡献的乡村教师给予额外补助。其次,利用大数据平台,建立乡村荣誉教师数据库,定期做好跟踪调查,了解荣誉教师的动态,帮助他们克服困难,保持其示范性。最后,定期开展多种形式的活动,大力宣传具有突出贡献教师的先进事迹,形成以点带面的态势,以此带动其他教师工作的积极性,进而激发整个乡村地区教师的活力。

除此之外,2017年有关乡村教师队伍建设的政策还包括以下几点。第一,2017年1月国务院印发的《教育"十三五"规划》(国发〔2017〕4号)、《"十三五"推进基本公共服务均等化规划的通知》(国发〔2017〕9号)等文件中,均再次强调要全面落实集中连片特困地区乡村教师生活补助政策。二是对乡镇教师执行乡镇工作补贴政策,补贴标准不低于月人均200元,并向条件艰苦的偏远乡镇和长期在乡镇工作的人员倾斜。第二,职称评定政策向农村教师倾斜。2017年6月,人力资源社会保障部、教育部印发《关于做好2017年度中小学教师职称评审工作的通知》(人社厅发〔2017〕67号)再次明确,要加大对农村和艰苦边远地区中小学教师职称评审工作的支持,对长期在农村和艰苦边远地区工作的中小学教师,可放宽学历要求,不作论文、职称外语和计算机应用能力要求,侧重考查其工作业绩,提高实际工作年限的考核权重;鼓励有条件的地区单独建立农村和艰苦边远地区中小学教师职称评审委员会或评审组,进行单独评审。② 云南、广西、四川、重庆、福建等省份还明确规

① 乡村教师从教30年 要"荣誉证书"也要实际待遇[EB/OL].2016-06-23[2018-02-15].http://www.sohu.com/a/85389861_120823.

② 人力资源社会保障部办公厅 教育部办公厅关于做好2017年度中小学教师职称评审工作的通知(人社厅发〔2017〕67号)[EB/OL].2017-06-07[2018-02-15].http://www.moe.gov.cn/srcsite/A10/s7030/201706/t20170622_307714.html.

定，长期在乡村任教人员，评聘高级教师职称时不受岗位结构比例限制。第三，全面提升乡村教师能力素质。2017 年 7 月，《关于进一步加强控辍保学提高义务教育巩固水平的通知》中指出，加强乡村教师培训，中小学教师国家级培训计划优先支持艰苦边远地区乡村教师培训。[①] 江西、河南、山东等地还明确了参与培训的时长要求。

① 国务院办公厅关于进一步加强控辍保学提高义务教育巩固水平的通知(国办发〔2017〕72号)[EB/OL]. 2017 - 09 - 05[2018 - 02 - 15]. http://www.gov.cn/zhengce/content/2017-09/05/content_5222718.htm.

第十一章　深化考试招生制度改革

2014 年 9 月，国务院印发《关于深化考试招生制度改革的实施意见》(国发〔2014〕35 号)(本章简称《意见》)，对新一轮考试招生制度改革作出了系统部署，并确定在上海和浙江开展高考综合改革试点。根据国家统一部署，上海市和浙江省先后发布《上海市深化高等学校考试招生综合改革实施方案》(沪府发〔2014〕57 号)和《浙江省深化高校考试招生制度综合改革试点方案》(浙政发〔2014〕37 号)，正式启动高考综合改革试点。2017 年，各省(自治区、直辖市)政府均把考试招生制度改革作为教育领域的重要任务予以推进落实，北京、天津、山东、海南四省市正式启动第二批高考综合改革试点。[①] 2017 年，高考综合改革试点在上海、浙江平稳落地。与此同时，改革试点也遇到了一些新情况、新问题，上海市和浙江省均委托第三方机构对高考综合改革试点进行了评估。在此基础上，浙江省出台了《浙江省人民政府关于进一步深化高考综合改革试点的若干意见》(浙政发〔2017〕45 号)，上海市出台了《关于进一步深化本市高考综合改革试点工作的若干意见》(沪府发〔2018〕14 号)推动高考改革向纵深发展。在高考综合改革深入推进的同时，高中阶段学校考试招生制度改革也在稳步推进，根据《意见》要求，2016 年 9 月，教育部印发《关于进一步推进高中阶段学校考试招生制度改革的指导意见》(教基二〔2016〕4 号)，要求各省级教育行政部门制订具体实施意见，于 2017 年 8 月底前报教育部备案；同时，《教育部 2017 年工作要点》也明确提出，指导地方落实《关于进一步推进高中阶段学校考试招生制度改革的指导意见》，积极稳妥推进中考改革。各省(自治区、直辖市)均围绕上述要求出台了本地区推

---

① 柴如瑾.四省份开启 2017 高考综合改革试点[N].光明日报，2017－02－25(06).

进高中阶段学校考试招生制度改革的实施意见。此外,《意见》还明确,“加快推进高职院校分类考试。高职院校考试招生与普通高校相对分开,实行‘文化素质+职业技能’评价方式”。《教育部2017年工作要点》也提出完善高等职业教育考试招生制度。根据国务院《意见》精神和教育部工作部署,2017年部分省市出台了高等职业教育分类考试招生政策文件,改革考试内容和录取方式,逐步形成分类考试、综合评价、多元录取的考试招生模式。

第一节　高考招生制度改革

高考招生制度是我国教育事业的一项基本制度,是公正选拔人才和全面提高教育质量的关键环节。高考招生制度事关教育全局,事关广大人民群众的切身利益,事关国家和民族的未来,因而成为全社会关注的热点问题之一。2017年,首批高考综合改革试点成功落地,第二批高考综合改革试点正式启动,考试内容、形式不断深化和多样,招生录取机制不断完善,特殊类型招生不断规范,具有中国特色的现代教育考试招生制度不断改进和完善。

一、深化高考综合改革试点

上海市和浙江省“一市一省”自2014年率先启动高考综合改革试点以来,全面贯彻执行党中央、国务院的战略部署,优化顶层设计,全面统筹规划,认真组织实施,出台系列政策文件,顺利实现高考综合改革试点的平稳落地。

(一) 深化“一市一省”高考综合改革试点

2017年,上海505所高校、990个院校专业组的投档工作平稳推进,学生和院校的选择权进一步增加。① 浙江实现了平稳录取,呈现志愿填报率高(96.9%)、志愿投档率高(95.0%)、志愿满足率高、考生的选考科目与高校设

① 张婷,董少校.上海:给学生一个多选的未来[N].中国教育报,2017-09-23(01).

置的专业要求匹配度高、退档率显著降低的“四高一低”特征,[①]高考招生录取工作的圆满结束,新一轮高考改革试点成功落地。

经过三年试点,“一市一省”高考综合改革试点在平稳落地的同时,也面临一些新情况和新问题,如物理、化学选择人数偏少,走班效果不佳等。党的十九大报告提出,深化教育改革,加快教育现代化,办好人民满意的教育。[②] 中共中央办公厅、国务院办公厅印发《关于深化教育体制机制改革的意见》,要求深入总结高考综合改革试点经验,稳步推进高考综合改革。[③] 为推动高考综合改革向纵深发展,上海市和浙江省在认真评估、分析、论证的基础上,对进一步深化高考综合改革的相关政策进行了动态调整,为全面推进高考综合改革提供可复制、可推广的经验。

以浙江省为例。2017 年 11 月,浙江省出台《浙江省人民政府关于进一步深化高考综合改革试点的若干意见》(浙政发〔2017〕45 号),在坚定不移深化高考综合改革试点的同时,对完善学考选考安排、健全选考机制、推进育人方式改革等进行了调整完善。在完善学考选考安排方面,从 2017 级高中学生起,学考与选考分离,实行分卷考试。考试安排在每年 1 月和 6 月举行。学生首次学考不早于高一第二学期,科目不多于 3 门,须于高三第一学期结束前完成各科目学考,每科 1 次机会,不合格者可申请再次考试。学生高三起参加选考科目考试,学考合格方能报考相应科目的选考。在健全选考机制方面,一是高校按照国家专业人才培养标准,科学选拔学生,遵循人才培养规律,科学合理设置相关专业的选考科目。二是高中学校要尊重学生自主选择权,保护和促进学生兴趣特长发展,加强职业生涯规划指导。三是建立科学合理的选考科目保障机制,确保学生专业学习基础要求与国家专业人才培养需要相适应。当选考某科目某次考试赋分人数少于保障数量时,以保障数量为基数进行等级赋分,保障数量按国家相关学科人才培养需求确定。针对当

① 蒋亦丰.浙江：新高考录取志愿满足率高[N].中国教育报,2017-08-23(01).

② 习近平.决胜全面建成小康社会 夺取新时代中国特色社会主义伟大胜利——在中国共产党第十九次全国代表大会上的报告[M].北京：人民出版社,2017：45.

③ 中共中央办公厅 国务院办公厅印发《关于深化教育体制机制改革的意见》[N].人民日报,2017-09-25(01).

前学生选考科目实际，率先建立物理选考科目保障机制，保障数量按高校授理学、工学学位专业近 5 年在浙江省高考录取考生的平均人数确定。[①] 随后，根据上述文件精神，浙江省教育厅出台了《浙江省教育厅关于完善学考选考工作的通知》(浙教考〔2017〕116 号)，对相关政策进行了细化要求，如自 2017 级高中学生起学考选考实行分卷考试，学生高一第一学期不得参加学考，外语首次考试“一考两用”，成绩既可用于评定学业水平等级又可用于高考。[②]

(二) 启动第二批高考综合改革试点工作

按照教育部统一部署，2017 年，北京、天津、山东、海南成为第二批高考综合改革的试点省市。[③] 同时，在上述四省(市)已经出台的高考综合改革方案基础上，北京市教育委员会、天津市教育委员会、山东省教育厅、海南省教育厅均先后制订出台了普通高中学业水平考试实施办法和普通高中学生综合素质评价实施办法等高考综合改革的配套文件，并明确从 2017 年 9 月 1 日起，即从 2017 级高一学生开始实施。以北京市为例，自 2017 年秋季起，从普通高中起始年级开始实施高中学业水平考试和高中学生综合素质评价，普通高中学业水平考试分为合格性考试和等级性考试。普通高中课程方案所设定的 13 门科目均设合格性考试，其中思想政治、历史、地理、物理、化学、生物 6 门科目设等级性考试。参加北京市当年统一高考的考生，可以从 6 门等级性考试科目中自主选择 3 门参加考试。普通高中学生综合素质评价内容包括学生的思想品德、学业成就、身心健康、艺术素养和社会实践五方面。[④]

二、改革考试内容和形式

改革以后的考试招生制度的主要变化体现在两个方面：一是考试的科

---

① 浙江省人民政府关于进一步深化高考综合改革试点的若干意见(浙政发〔2017〕45 号)[EB/OL].2017-11-29[2017-12-01].http://www.zj.gov.cn/art/2017/11/29/art_32431_295370.html.

② 浙江省教育厅关于完善学考选考工作的通知(浙教考〔2017〕116 号)[EB/OL].2018-04-19[2017-12-01].http://www.zjedu.gov.cn/news/151212359109711753.html.

③ 王家源.新学期一系列教育新政落地[N].中国教育报，2017-09-01(01).

④ 施剑松.北京 2017 级高一新生将迎来高考综合改革[N].中国青年报，2017-07-07(01).

目设置使得考生的选择性更多,考试科目基本走向"3+3"模式;二是考试内容和形式发生变化,着重考查学生独立思考和运用所学知识分析问题、解决问题的能力。

(一) 改革考试科目设置

《意见》对考试科目设置提出了明确要求,强调增强高考与高中学习的关联度,考生总成绩由统一高考的语文、数学、外语 3 个科目成绩和高中学业水平考试 3 个科目成绩组成。保持统一高考的语文、数学、外语科目不变、分值不变,不分文理科,外语科目提供两次考试机会。计入总成绩的高中学业水平考试科目,由考生根据报考高校要求和自身特长,在思想政治、历史、地理、物理、化学、生物等科目中自主选择。[①] 根据《意见》要求,首批试点和第二批试点的高考综合改革省市在考试科目设置上,基本采取了"3+3"模式(见表 11.1)。

表 11.1 第一批和第二批高考综合改革试点省市考试科目

省(市)	必考科目	选考科目
上海	语文、数学、外语	政、史、地、物、化、生(6 选 3)
浙江		政、史、地、物、化、生、技术(7 选 3)
北京	语文、数学、外语	政、史、地、物、化、生(6 选 3)
天津		
山东		
海南		

考试科目设置的变化对高中教育改革产生了明显的"倒逼"和拉动效应。比如上海探索出了大走班、中走班和小走班的分层教学模式,浙江选择传统理科的学生由 60%下降到 17%,选择传统文科的学生由 40%下降到 10%,更多学生交叉选择三门选考科目。[②] 与此同时,新一轮高考综合改革实施选课走班

① 国务院关于深化考试招生制度改革的实施意见(国发〔2014〕35 号)[EB/OL].2014-09-04[2018-04-19].http://www.gov.cn/zhengce/content/2014-09/04/content_9065.htm.

② 郑天虹,仇逸.2017 年"新"高考前瞻:高考改革到底会取得哪些进展与突破?[EB/OL].2017-06-06[2018-04-19].http://www.xinhuanet.com/politics/2017-06/06/c1121093779.htm.

教学，因此学校迫切需要对学生自我认知、课程选修、高校招生志愿选择、生涯规划等进行指导，帮助学生根据自身实际选择适合的发展方向。为此，山东省出台《关于做好普通高中学生发展指导工作的意见》(鲁教基字〔2017〕8 号)，要求为每个学生配备专职或兼职的生涯规划导师，并在高中时期内保持稳定，逐步建立以班主任、心理健康教师为主体，专职教师为骨干，学科教师共同参与的生涯规划指导队伍。有条件的地方可聘请高等院校、科研院所和社会组织等机构的专业人士作为兼职导师进行专业指导。同时，要开齐开好学生发展指导课程，学生发展指导共计 4 学分，其中学生发展指导课程 1 学分，职业体验活动 3 学分，重点在高一、二年级实施，每周安排 1 课时或统筹使用。①

(二) 改革考试内容和形式

《意见》对考试内容和形式亦提出了要求，要求依据高校人才选拔要求和国家课程标准，科学设计命题内容，增强基础性、综合性，着重考查学生独立思考和运用所学知识分析问题、解决问题的能力。改进评分方式，加强评卷管理，完善成绩报告。加强国家教育考试机构、国家题库和外语能力测评体系建设。高考改革试点省份均采取有效措施保障考试内容和课程改革的衔接。如上海严格按照普通高中课程标准，开展普通高中学业水平考试命题，根据普通高中课程标准和高等学校人才选拔要求，开展统一高考科目命题，科学设计试题内容，增强基础性、综合性，着重考查学生独立思考和运用所学知识分析和解决问题的能力，每年均公布有关科目合格性考试和等级性考试的命题要求，对考试难度、内容、试卷题型组成和考试时间等作出相应规定。② 在具体考试内容方面，语文科目上增加开放性试题的数量，主观题逐

---

① 山东省教育厅关于做好普通高中学生发展指导工作的意见(鲁教基字〔2017〕8 号)[EB/OL].2017 - 08 - 25[2018 - 04 - 19]. http://www. sdedu. gov. cn/eportal/ui? pageId = 465425 &articleKey=1077860&columnId=465614.

② 上海市教育委员会关于公布 2017 年上海市普通高中语文、数学和外语 3 门科目学业水平合格性考试命题要求的通知[EB/OL].2017 - 10 - 10[2018 - 04 - 19]. http://www.shmec.gov.cn/html./xxgk/201607/402162016006.php；上海市教育委员会关于公布 2017 年上海市普通高中思想政治等 6 门科目学业水平等级性考试命题要求的通知[EB/OL].2016 - 09 - 30[2018 - 04 - 20]. http://www.shmec.gov.cn/html./xxgk/201609/402162016007.php.

渐增多,“死记硬背”的内容日益减少,试卷正在变得“更语文”。为配合语文试卷变化,还专门成立了主观性试题评阅组,确保考生的每一个答案都得到更加公平公正的评价。[①] 外语科目上,为适应外语“一年两考”,上海早在2014年就出台了《关于加强本市外语听说测试标准化考场建设的通知》(沪教委基〔2014〕93号),要求自2014年起上海市将加强外语听说测试标准化考场建设。[②] 随后,又颁布了外语听说测试标准化考场建设标准,先后在全市16个区建成81个考点225个外语听说测试标准化考场。外语听说测试全部在标准化考场进行,采用人机对话的方式,重点考查学生说英语的能力。[③]

三、改革招生录取机制

《意见》要求改革招生录取机制,减少和规范考试加分,完善和规范自主招生,完善高校招生选拔机制,改进录取方式,拓宽社会成员终身学习通道。同时,《教育部2017年工作要点》提出,确保2017年上海、浙江探索基于“两依据一参考”的录取模式顺利实施。

(一) 多元录取机制改革

首先,实施“两依据一参考”的多元录取机制。新高考方案的一大亮点,是实施“两依据一参考”的多元评价机制,即依据统一高考成绩、高中学业水平考试成绩,参考高中学生的综合素质评价信息进行录取。2017年6月,在招生录取工作开始之际,教育部要求上海、浙江精心组织新高考录取工作,细化完善工作预案,加强政策宣传解读,认真指导考生、家长填报志愿,审慎做好投档录取,确保改革措施平稳落地。其他省份根据上海、浙江高考综合改革录取工作方案,指导所属高校积极配合做好录取工作。有关高校根据向社

---

① 许沁.今年高考语文试卷 首设主观题评阅组[N].解放日报,2017-06-13(02).

② 上海市教育委员会关于加强本市外语听说测试标准化考场建设的通知[EB/OL].2014-12-25[2018-04-19].http://www.shmec.gov.cn/html./xxgk/201412/420032014014.php.

③ 周培培.2017高考:上海高考首设英语听说测试[EB/OL].2017-06-09[2018-04-19].http://news.cctv.com/2017/06/09/ARTIsNrSZ4N47GdKsdQ9R6SU170609.shtml.

会公布的学校招生章程和试点省份录取工作方案，加强与试点省份的工作衔接，确保试点录取顺利。[①] 事实上，浙江省高等学校招生委员会早在 2017 年 1 月就发布了《浙江省 2017 年普通高校招生录取工作方案》，明确了新高考的录取方案（见表 11.2）。[②]

表 11.2　浙江省高考录取方案对比（以普通类专业为例）

内　　容	新　高　考	原　高　考
录取批次	不分批次	分三批招生
志愿设置	分段填报志愿和录取	分批填报志愿、分批录取，
平行志愿	平行志愿以专业为单位	平行志愿以院校为单位
提前批次	一个提前录取批次	分批设提前录取批次

2017 年 3 月，上海市教育考试院公布了《上海市 2017 年普通高等学校招生志愿填报与投档录取实施办法》)（沪教考院〔2017〕17 号），规定院校将考生高考成绩作为本科录取时的基本依据，同时参考高中学生综合素质评价信息；考生高考成绩由语文、数学、外语 3 门统一高考科目成绩和学生自主选择的 3 门普通高中学业水平等级性考试科目成绩构成（见表 11.3）。[③]

表 11.3　上海市高考录取方案对比（以本科批次为例）

内　　容	新　高　考	原　高　考
志愿填报	以院校专业组为单位	以院校为单位
填报时间	统一高考成绩公布后	统一高考之前
普通批征求志愿次数	2 次	1 次

① 教育部办公厅发布关于做好 2017 年全国普通高校招生录取工作的通知（教学厅〔2017〕10 号）[EB/OL].2017-06-29[2018-04-11].http://www.moe.edu.cn/srcsite/A15/moe_776/s3258/201707/t20170710_309000.html.

② 浙江省高等学校招生委员会关于印发《浙江省 2017 年普通高校招生录取工作方案》的通知 [EB/OL].2017-01-03[2018-03-28].http://www.zjzwfw.gov.cn/art/2017/1/6/art_52190_8682.html.

③ 上海市 2017 年普通高等学校招生志愿填报与投档录取实施办法（沪教考院〔2017〕17 号）[EB/OL].2017-03-27[2018-04-29].https://www.shmeea.edu.cn/page/08000/20170317/8038.html.

综观“一市一省”的录取方案，上海由院校到院校专业组，更加聚焦专业，院校专业组是指由招生院校根据不同专业（含专业或大类）的科目要求和人才培养需要设置，是本科志愿填报与投档录取的基本单位。一所高校可设置一个或多个院校专业组，每个院校专业组内可包含数量不等的专业，同一院校专业组内专业可调剂。考生的选考科目只要有1门与该院校专业组科目要求相同，即具有填报资格。本科普通批次考生可以填报24个院校专业组志愿。考生根据自己的选考科目，参照高校的招生章程，在院校专业组内选择专业志愿。每个院校专业组内，考生最多可填报4个专业志愿。浙江改革的步伐更大，取消文理及批次，新高考录取分普通类、艺术类、体育类三类。从以往按批次分批填报志愿、分批录取，变为按考生成绩分段填报志愿、分段录取。新高考各类各段分数线，是按实考人数的总分排序来划定的。以普通类为例，总分排名前20%的考生划为第一段，前60%、前90%分别划为第二、三段。平行志愿从高分到低分按计划1∶1比例投档后，最后一名被投档考生的分数，即为某院校的某专业(类)投档线。原来是看考生的名次，新高考则看在其所属高考类别中的位次。位次是按照某类全体考生成绩高低排定的相对位置，这成为今年考生填报志愿定位参考的重要新指标。从以往的学校平行志愿，变为专业平行志愿。平行志愿是按“分数优先、遵循志愿”的原则来投档的，以一所院校的一个专业(类)为一个志愿单位。普通类志愿依据考生成绩从高分到低分分3段填报，考生每次可填报不超过80个专业。①

另外一个最大的变化是综合素质评价的引入。首先，上海和浙江均建立了统一的综合素质评价信息管理系统，并在高考招生中有效使用。上海通过综合素质评价培养学生的实践能力和创新精神，建立1 800多个学生社会实践基地，常年提供40余万个社会实践岗位，实现每位学生社会实践不少于90天、志愿者服务不少于60学时的目标，引导学生开展各类实践活动，并建立全市统一信息平台，动态记录、实时更新。② 主要包括每位考生高中3年在校期间所展现的品德发展和公民素养、高中学业成绩、创新精神与实践能力、身心健康

---

① 姜泓冰，赵婀娜.新高考，招录方式新在哪儿[N].人民日报，2017-07-19(12).

② 市政府新闻发布会介绍上海推进教育综合改革相关情况[EB/OL].2017-09-20[2018-04-29].http://www.shanghai.gov.cn/nw2/nw2314/nw2319/nw12344/u26aw53639.html.

与艺术素养等方面的行为素养记录的《上海市普通高中学生综合素质纪实报告》也作为招生选拔的重要参考。包括品德表现、学业水平、运动健康、艺术素养、创新实践五方面内容的《浙江省普通高校招生考生综合素质评价基本信息表》也作为高职提前招生、"三位一体"招生和统考招生中的重要参考依据。

其次，探索综合评价、多元录取机制。在教育部的支持下，2015 年，上海在复旦大学和上海交通大学实施综合评价录取改革试点。2016 年，由复旦大学和上海交通大学扩展到同济大学、华东师范大学、上海财经大学、上海外国语大学、华东理工大学、东华大学、上海大学 9 所高校进行综合评价录取改革试点。2017 年，9 所高校陆续公布了综合评价录取改革试点方案，均采取"高考成绩(60%)+面试成绩(30%)+学业考成绩(占 10%)"方式，依据综合成绩按招生计划择优录取。① 高考成绩不再是选拔学生的唯一标准，考查学生综合素质的校测面试和体现过程性学习经历的高中学业水平考试，成为高招选拔的重要组成部分。

最后，深入探索"三位一体"综合评价。浙江省突破传统高考以单一成绩作为评价选拔的依据，高校依据自身的专业特色和培养目标，自主确定综合素质测评内容标准及方式，将学考与高考结合、过程性与结果性结合、考试成绩与综合素质结合，通过多元化评价考核方式对考生进行选拔和择优录取。以北京大学为例，根据考生高考投档成绩、高中学业水平考试成绩与学校组织的测试成绩构成的综合成绩择优录取，且高考投档成绩须达到浙江省 2017 年高考一段线。其中高考投档成绩(折算成百分制)占总成绩的 60%，学校组织的测试成绩(折算成百分制)占 30%，高中学业水平测试成绩(折算成百分制)占 10%。②

(二) 完善和调整招生录取批次

《意见》提出，创造条件逐步取消高校招生录取批次，并从 2015 年起在有条件的省份开展录取批次改革试点。2016 年，上海在全国率先合并原有的一、二本批次。2017 年，各省市陆续出台相关政策，实施高考合并录取批次。

---

① 张炯强.上海 9 所高校公布综合评价录取改革试点方案[N].新民晚报，2017-04-29(05).

② 北京大学 2017 年浙江省"三位一体"综合评价招生简章[EB/OL].2017-04-30[2018-04-29].http://www.gotopku.cn/index/detail/914.html.

北京、河南、江苏、安徽相继公布实施合并本科二批与本科三批录取,山东、海南公布2017年高考招生录取方案,合并本科一批和本科二批录取,形成本科统一录取批次。据统计,全国共有3个省市合并本科一、二批录取批次,18个省份合并本科二、三批录取批次(见表11.4)。

表11.4 部分省市本科录取批次调整情况

省(市)	本科录取批次调整情况
上 海	本科一批、二批合并为本科普通批次。
山 东	取消本科录取批次划分,合并为本科批次校。
海 南	本科一批和本科二批合并录取。
北 京	本科二批与本科三批合并录取,取消本科三批。
天 津	本科一批A、B类院校统一合并为本科一批;本科二批A、B两个阶段合并为本科二批A阶段,本科三批并入本科二批,成为本科二批B阶段。
江 苏	本科一批、二批、三批调整为本科一批、二批。
安 徽	本科二批、三批合并为本科二批。
河 南	本科三批与本科二批合批录取。
云 南	原本科二批、三批合并为本科二批。
新 疆	本科二批、三批合并为本科二批,设置18个平行志愿。

(三)完善特殊类型招生政策

2017年1月,教育部发布《教育部办公厅关于做好2017年普通高等学校部分特殊类型招生工作的通知》,对社会关注度较高的艺术类、高水平艺术团、高水平运动队、保送生4项特殊类型招生工作作出了进一步的规范,要求各地各高校在开展特殊类型招生中进一步落实责任、规范程序、从严管理,按照教育部有关特殊类型招生政策,完善本地本校相关的考核办法、评分细则、录取规则等,严禁各行其是、降低标准、打"擦边球"。[①] 此后,根

① 教育部办公厅关于做好2017年普通高等学校部分特殊类型招生工作的通知(教学厅〔2016〕10号)[EB/OL].2017-01-03[2018-04-08].http://www.moe.edu.cn/srcsite/A15/moe_776/s3258/201701/t20170106_294162.html.

据教育部统一部署，各省（区、市）出台了本地区特殊类型招生的办法，对省级统考和测试管理进行了规范，明确了特殊类型招生要求，并对高考加分项目进行了规范和调整。

第二节　高中阶段学校考试招生制度改革

《国家"十三五"规划纲要》强调要深化考试招生制度改革，推行初高中学业水平考试和综合素质评价。《意见》也要求改进高中阶段学校考试招生方式，以进一步深化高中阶段学校考试招生制度改革（以下简称"中考改革"），更好地发挥其在推进素质教育中的正确导向作用。2016 年 9 月，教育部发布《关于进一步推进高中阶段学校考试招生制度改革的指导意见》（教基二〔2016〕4 号），从初中学业水平考试、完善学生综合素质评价、改革招生录取办法、进一步完善自主招生政策和加强考试招生管理五个方面对高中阶段学校考试招生制度改革进行了部署。为积极稳妥有序推进中考改革，保障各项要求落到实处，教育部还明确了责任分工和时间进度安排。要求省级教育行政部门制订初中学业水平考试、综合素质评价的统一要求，选择有条件的地市进一步扩大综合改革试点，积极探索基于初中学业水平考试成绩、结合综合素质评价的招生录取模式；制订中考改革实施意见，2017 年 8 月底前报教育部备案。同时明确，此次中考改革以地市为主实施。初中学业水平考试一般由地市组织实施，要求地市制定科学规范的综合素质评价体系，制定具体的中考改革实施方案并报省级教育行政部门备案。时间上，从 2017 年之后入学的初中一年级学生开始实施，此前的初中在校生、非试点地市仍执行原来的考试招生办法不变，争取到 2020 年左右，初步形成新的基于初中学业水平考试成绩，结合综合素质评价的高中阶段学校考试招生录取模式和规范有序、监督有力的管理机制，促进学生全面发展、健康成长，维护教育公平。[①] 根据教育部要求，各省市在 2017 年陆续出台了中考改革实施意见（见

① 教育部关于进一步推进高中阶段学校考试招生制度改革的指导意见（教基二〔2016〕4 号）[EB/OL]. 2016 - 09 - 19[2018 - 04 - 24]. http://www.moe.edu.cn/srcsite/A06/s3732/201609/t20160920_281610.html.

表 11.5),明确中考改革时间表和路线图。

表 11.5 各省市中考改革实施意见出台情况

省(市)	出台单位	出台时间
北　京	市教育委员会	2016 年 5 月
山　西	省教育厅	2017 年 12 月
辽　宁	省教育厅	2017 年 8 月
黑龙江	省教育厅	2017 年 12 月
浙　江	省教育厅	2017 年 12 月
安　徽	省教育厅	2017 年 12 月
河　南	省教育厅	2017 年 12 月
湖　北	省教育厅	2017 年 12 月
广　东	省教育厅	2017 年 12 月
海　南	省教育厅	2017 年 11 月
四　川	省教育厅	2017 年 11 月
贵　州	省教育厅	2017 年 12 月
青　海	省教育厅	2017 年 12 月

一、考试科目和分值改革

中考改革最重要的内容是改革考试科目,并改进了考试成绩的呈现方式。

(一) 改革考试科目

在考试科目上,语文、数学、外语为基础学科,并统一作为录取计分科目。体育也纳入录取计分科目,科学确定考试分值或等第要求,引导学生加强体育锻炼。同时,根据文理兼顾、负担适度的原则,由试点地区确定其他纳入录取计分科目。国家课程方案所设定的科目均列入学业水平考试的范围,但并不要求将所有科目纳入招生录取计分科目,以免增加学生负担。在每门科目合格的前提下,也可以给学生适当的选择权,发展学生优势特长。学生的学业水平考试将可以选择除语文、数学、外语、体育之外的其他录取计分科目。但不能只选文科类科目，也不能只选理科类科目，要文理兼顾。没有选择的科目，不仅“要学”“要考”，还要“合格”。

（二）改进考试成绩呈现方式

在学业成绩的呈现方式上，可以采用分数、等级等多种形式呈现，鼓励有条件的地区实行“等级”呈现，克服“分分计较”，避免过度竞争。如陕西省初中学业水平考试所有笔试科目的成绩采用试卷原始得分登记，成绩以分数和等级方式并列呈现；体育与健康考试现场给出成绩，成绩以分数和等级方式并列呈现；所有操作考试科目现场给出成绩，成绩以分数和等级方式并列呈现；音乐、美术考试成绩以等级方式呈现。[①] 也有地区采取“分数制＋等级制”的呈现方式。如上海市学业考试科目设语文、数学、外语、物理、化学、思想品德、体育、理化实验操作技能。其中，语文、数学、外语、物理、化学、体育科目考试成绩采用分数制，总分为630分；思想品德科目和理化实验操作技能考试成绩采用等级制。[②]

二、改革考试内容和形式

改革中考的内容与形式，推行初中学业水平考试，完善学生的综合素质评价，深化考试内容改革。

（一）推行初中学业水平考试

初中学业水平考试主要衡量学生达到国家规定学习要求的程度，考试成绩是学生毕业和升学的基本依据。根据教育部要求，已经实行初中毕业、高中招生“两考合一”的地区要统一规范为初中学业水平考试，把《义务

---

① 陕西省教育厅关于印发《陕西省初中学业水平考试改革实施意见》的通知（陕教规范〔2017〕10号）[EB/OL]. 2017-09-22[2018-04-05]. http://www.snedu.gov.cn/news/jiaoyutingwenjian/201709/22/12883.html.

② 上海市教育委员会关于2017年本市中等学校高中阶段考试招生工作的若干意见（沪教委基〔2017〕20号）[EB/OL].2017-03-18[2018-04-05].http://www.xhedu.sh.cn/cms/data/html/doc/2017-03/24/344297/index.html.

教育课程设置实验方案》所设定的全部科目纳入初中学业水平考试的范围,引导学生认真学习每门课程,确保初中教育的基本质量。依据义务教育课程标准确定初中学业水平考试内容,提高命题质量,减少单纯记忆、机械训练性质的内容,增强与学生生活、社会实际的联系,注重考查学生综合运用所学知识分析问题和解决问题的能力,要重视对有关学科教学实验操作的考查。个别没有实行"两考合一"的地区要积极创造条件,逐步过渡到初中学业水平考试,实现"一考多用",避免多次考试加重学生备考负担。① 各地关于初中毕业生学业水平考试的功能定位逐渐清晰。上海将初中学业水平考试作为学生是否达到毕业标准的主要依据,也是高中阶段学校招生录取的主要依据之一,主要考核初中毕业生在学科学习方面所达到的水平。② 陕西将初中学业水平考试作为衡量学生达到国家规定学习要求的程度,考试成绩是学生毕业和升学的基本依据。③ 在考试形式上,有的地方采取集中一次统考,如安徽合肥;也有地方政府针对科目考试方式的差异采取不同的考试安排策略,"化整为零"和"学完即考",为了减少学生的考试压力,甚至提供多次考试机会,如山东潍坊中考取消"一考定终身",初一学生可中考。④

(二) 完善学生综合素质评价

综合素质评价是对学生全面发展状况的观察、记录和分析,是培育学生良好品行、发展个性特长的重要手段。教育部在中考改革指导意见中明确,要根据义务教育的性质、学生年龄特点,结合教育教学实际,细化和完善思想

---

① 教育部关于进一步推进高中阶段学校考试招生制度改革的指导意见(教基二〔2016〕4 号)[EB/OL]. 2016 - 09 - 19[2018 - 04 - 21]. http://www.moe.edu.cn/srcsite/A06/s3732/201609/t20160920_281610.html.

② 上海市教育委员会关于 2017 年本市中等学校高中阶段考试招生工作的若干意见(沪教委基〔2017〕20 号)[EB/OL].2017 - 03 - 18[2018 - 05 - 04].http://www.xhedu.sh.cn/cms/data/html/doc/2017 - 03/24/344297/index.html.

③ 陕西省教育厅关于印发《陕西省初中学业水平考试改革实施意见》的通知(陕教规范〔2017〕10 号)[EB/OL]. 2017 - 09 - 22[2018 - 04 - 05]. http://www.snedu.gov.cn/news/jiaoyutingwenjian/201709/22/12883.html.

④ 冯川钧.中考制度改革的现状、问题及对策分析[J].教学与管理,2017(7):55.

品德、学业水平、身心健康、艺术素养和社会实践五个方面的评价内容和要求，充分反映学生的全面发展情况和个性特长，注重考查学生的日常行为规范养成和突出表现。在评价内容上，要求细化和完善思想品德、学业水平、身心健康、艺术素养和社会实践五个方面的评价内容和要求，努力把党的教育方针落实落细。在评价重点上，强调反映学生的全面发展情况和个人特长，注重考查学生日常行为规范养成和突出表现，充分体现义务教育阶段学生的特点。在评价程序上，强调要做好写实记录，遴选典型事实材料，将招生使用的事实材料进行公示、审核，建立综合素质评价档案，做到程序严谨，方便适用。在结果使用上，实行谁使用谁评价，由高中学校根据学校办学特色制定具体的使用办法。在严格程序、评用分开的同时，还特别强调要建立责任追究制度，加强对综合素质评价的监督检查，严肃查处违规违纪行为，保障评价客观真实。

山东潍坊将综合素质评价结果与语文、数学等科目同等对待，作为一个组合。浙江嘉兴将综合素质评价结果折算为相应分值计入总分，满分值为20分。湖南长沙按照学业成绩等第、综合素质评价结果、政策性加分、语数外成绩的顺序甄别、等地地将综合素质评价作为招生录取依据。[①] 上海将初中毕业生综合素质评价结果作为学生能否毕业的重要依据，也作为高一年级学校招生录取的参考依据之一。[②] 山东淄博把初中学生综合素质评价结果作为中考招生普通高中不同批次考生录取的限制条件使用，主要从思想品德、学业水平、身心健康、艺术素养、社会实践五个维度考查学生综合素质。思想品德主要考查学生在爱党爱国、理想信念、诚实守信、仁爱友善、责任义务、遵纪守法等方面的表现；学业水平主要考查学生各门课程基础知识、基本技能的掌握情况以及运用知识解决问题的能力等；身心健康主要考查学生的健康生活方式、体育锻炼习惯、身体机能、运动技能和心理素质等；艺术素养主要考查学生对艺术的审美感受、理解、鉴赏和表现的能力；社会实践主要考

---

① 张晨.克服“不考不学”　不再“分分计较”[N].中国教育报，2016-09-21(04).

② 上海市教育委员会关于做好2017年本市初中毕业生综合评价工作的通知(沪教委基〔2017〕19号)[EB/OL].2017-03-17[2018-04-21].http://www.xhedu.sh.cn/cms/data/html/doc/2017-03/24/344295/.

查学生在社会生活中动手操作、体验经历等情况。①

(三) 深化考试内容改革

此次中考改革，在考试内容上，强调依据义务教育课程标准确定初中学业水平考试内容，提高命题质量，减少单纯记忆、机械训练性质的内容，增强与学生生活、社会实际的联系，注重考查学生综合运用所学知识分析问题和解决问题的能力，增强学生的创新精神和能力素质。重视对有关学科教学实验操作的考查，在考试命题中渗透新课程理念，切实改变试题“偏、难、繁、旧”的痼疾，加强试题与学生生活实际的联系度，且大多数地区将综合实践活动课程列为学业考试中的考查科目。上海明确提出语文、数学、外语(英语)、物理和化学等6门基础型课程的终结性评价要体现学科特点，着眼于对学科基础知识和基本技能的考核，既要突出重点，又要注意覆盖面，各科内容覆盖面原则上不低于80%；要符合学生学习和生活的实际，贴近社会，重视考查学生在具体情境中综合运用所学知识分析和解决问题的能力，有助于培养学生创新精神和实践能力。学业考试试卷结构应简明、合理，题量适度，根据学科特点处理好客观题与主观题的比例。试题难度分布控制在8∶1∶1左右(难度系数0.85左右)。② 山东省淄博市明确初中学业水平考试兼顾毕业考试和招生考试的不同功能，根据国家义务教育课程方案和课程标准，紧密联系社会实际与学生生活经验，增强考试内容的基础性、综合性，着眼于培养学生核心素养，在全面考核学生基础知识和基本技能的基础上，增加开放性、情境性、实践性试题，加强对学生独立思考和综合运用所学知识分析、解决问题能力的考查，减少单纯记忆、机械训练内容，杜绝偏题、怪题。考试科目、会考科目(体育与健康、理化生实验操作除外)试题难度系数分别确定为0.6—0.65。如数学学科注重基础，着重考查学生对数学基础知识、基本技能、基本思想和

① 淄博市教育局.关于进一步深化中考招生制度改革的意见(淄教发〔2018〕2号)[EB/OL]. 2018-01-06[2018-04-22].http://edu.zibo.gov.cn/art/2018/1/16/art_3539_1270554.html.

② 上海市教育委员会关于做好2017年本市初中毕业生综合评价工作的通知(沪教委基〔2017〕19号)[EB/OL].2017-03-17[2018-04-21].http://www.xhedu.sh.cn/cms/data/html/doc/2017-03/24/344295/.

基本活动经验的掌握程度;试题设计贴近社会生活和初中教学实际,着重考查学生对数学思想方法的理解水平,以及运用数学概念、原理、思想方法分析解决简单数学问题的能力。①

三、改革招生录取模式

改革招生录取模式,主要从改革招生录取办法、健全招生录取机制和完善自主招生政策三个方面进行。

(一) 改革招生录取办法

大幅减少、严格控制加分项目,取消体育、艺术等竞赛类加分项目,相关特长和表现计入学生综合素质评价档案,在招生录取时作为参考。进一步完善自主招生政策,给予有条件的高中阶段学校一定数量的自主招生名额,招收具有学科特长、创新潜质的学生,鼓励发展学生兴趣特长。试点地区要改革录取计分科目的构成,给予学生一定的自主选择录取计分科目的机会,将综合素质评价作为招生录取的依据或参考。综合改革试点从 2017 年之后入学的初中一年级学生开始实施。试点之外的其他地区,可以继续按照现行的招生录取方式进行招生。

(二) 健全招生录取机制

改革的目标是逐步建立基于初中学业水平考试成绩,结合综合素质评价的高中阶段学校考试招生录取模式,重在改变目前高中招生将部分学科成绩简单相加作为录取唯一依据的做法,克服唯分数论。为了积极稳妥推进招生录取模式改革,将在原有基础上进一步扩大综合改革试点,逐步总结推广。一是录取计分科目的构成。语文、数学、外语为基础学科,具有基础性和工具性,统一作为录取计分科目。同时,根据文理兼顾、负担适度的原则,由试点地区确定其他纳入录取的计分科目,防止群体性偏科和增加学生负担。除此

① 淄博市教育局.关于进一步深化中考招生制度改革的意见(淄教发〔2018〕2 号)[EB/OL]. 2018 - 01 - 12[2018 - 04 - 16]. http://edu.zibo.gov.cn/art/2018/1/16/art_3539_1270554.html.

之外,要求将体育科目纳入录取计分科目,科学确定考试分值或等第要求,引导学生加强体育锻炼。二是关注个体差异。这次改革提出,在每门课合格的前提下,也可以给学生适当的选择权,主要考虑在保证学生全面发展的同时,扬长避短,发展学生优势特长。北京市等在这方面进行了积极探索。三是发挥综合素质评价的作用。明确要求试点地区将综合素质评价作为招生录取的依据或参考,地市教育行政部门要明确综合素质评价使用的基本要求,高中学校根据学校办学特色制定具体的使用办法,使综合素质评价在招生录取中真正发挥作用,破解唯分数论。

(三) 完善自主招生政策

给予有条件的高中阶段学校一定数量的自主招生名额,招收具有学科特长、创新潜质的学生,推动高中阶段学校多样化、有特色发展,满足不同潜质学生的发展需要。严格规范自主招生办法和程序,将自主招生的各个环节和录取结果向社会公开,接受社会监督。

第三节　职业教育考试招生改革

《意见》提出加快推进高职院校分类考试,高职院校考试招生与普通高校相对分开,实行"文化素质+职业技能"的评价方式。中职学校毕业生报考高职院校,参加文化基础与职业技能相结合的测试。普通高中毕业生报考高职院校,参加职业适应性测试,文化素质成绩使用高中学业水平考试成绩,参考综合素质评价。学生也可参加统一高考进入高职院校。此后,2015 年 6 月,教育部印发《关于做好 2015 年高等职业教育分类考试招生工作的意见》(教学厅〔2015〕6 号),对高等职业教育分类考试招生进行了部署。按照国务院部署,各省在职业教育考试内容和录取方式上进行了积极探索。

一、改革职业教育考试内容

在考试内容上,基本采取"文化素质+职业技能测试"方式。如上海普通高等学校面向应届中等职业学校毕业生招生,招生考试包括统一考试和职业技能测试。统一考试科目为语文、数学、外语三门,每门满分 100 分,共计 300

分，由上海市教育考试院统一命题。职业技能测试由各校单独组织，满分200分，具体方式由试点院校自主确定，并在招生章程中公布。重庆市提出高职院校实施“文化素质＋技术科目＋职业倾向能力”考试招生，文化素质测试包括语文、数学、外语三科，各科分值与秋季高考分值保持一致，满分均为150分。技术科目测试中，信息技术满分150分，从2021年起，加入通用技术课程内容。职业倾向能力测试中，根据学科和专业要求，分别进行职业潜能测试和综合素质评价。现阶段职业倾向能力测试结果暂不设分值，仅作为高职院校录取的参考依据，考试总分为600分，条件成熟后将职业倾向能力测试结果按满分150分计入总成绩。①

二、改革职业学校录取方式

上海普通高等学校面向应届中等职业学校毕业生招生录取按统一考试成绩划定录取资格线，针对统一考试成绩高于录取资格线的考生，各招生学校以统一考试成绩和职业技能测试成绩的合成总分从高分到低分，并参考考生的学业水平等级性考试成绩、专业技能学习成果记录及其他综合素质评价信息等择优录取。而且上海还探索学生多次选择、被多所专科高职院校录取方式。浙江省提出在高职提前招生中，考生同样具有报考多所高校的机会，并且可以同时被多所高校拟录取；考生具有选择权，从拟录取的多所高职院校中选择确认1所就读。高职的录取可以不通过统一高考，而是根据考生高中学业水平考试成绩或者中职学校的职业技能考试成绩，并且通过对考生的文化素质和职业适应性能力进行综合评价，决定是否予以录取。

综观本轮高考、中考和职业教育考试改革，可以发现，本轮考试招生制度改革是我国恢复高考以来最全面、最系统的改革，也是教育综合改革中最重要、最复杂的改革，触及教育的本质。这一轮改革，不是就考试招生改革而改革，而是要通过高考这一“牛鼻子”来拉动整个教育的改革。通过全面系统的

---

① 重庆市教育委员会关于深入推进高等职业教育分类考试招生工作的意见(渝文备〔2017〕1110号)[EB/OL].2017-12-13[2018-04-24].http://www.cq.gov.cn/publicinfo/web/views/Show!detail.action?sid=4274432.

改革,更加注重学生的成长过程,促进学生全面而有个性的发展,提高学生的综合素质,提高中学的教育教学质量,从而更好地科学选才,促进教育公平。重点是如何做好高考与高中教育评价的有效衔接,如何做好终结性评价与过程性评价的结合,通过改革,更好地反映学生成长过程的全貌以及素质和潜能,为招生录取实现"两依据一参考"提供支持。再加上我国地大域广,社会经济发展极不平衡,各地教育水平差异很大,因此,改革由点到面的推进是一项长期而艰巨的任务。面对新一轮改革的重任,我们必须把握新常态下教育考试发展的新规律,更加注重远近结合,着眼中长期发展,保持战略定力,做好长期攻坚准备。①

第一,坚持党的领导,落实党的教育方针,坚持立德树人根本任务是进一步深化招生制度改革的根本保证。教育的根本任务是立德树人,考试招生作为教育工作的一个部分,理应担当起这种责任。考试招生制度改革要紧紧围绕培养什么人、怎样培养人的核心要素,把社会主义核心价值观融入考试内容,有意识地发挥考试招生制度在选人育人上的导向功能,从而为培养中国特色社会主义合格建设者和可靠接班人提供重要支持。② 深化考试招生制度改革,是党的十八届三中全会确立的重大任务,是教育领域牵一发而动全身的"牛鼻子"。习近平总书记亲自主持三次重大会议,审议通过考试招生制度改革总体方案,充分体现了党中央对教育改革的高度重视和深谋远虑。从上海和浙江"一市一省"高考综合改革试点经验来看,党政领导高度重视,落实党的教育方针,是试点成功落地的重要保证。

第二,加强统筹协调,统筹推进中考改革、高中阶段招生和高考工作,统筹推进大中小学教育教学改革。随着考试招生制度改革的深化,国家宏观层面要加强统筹协调,在推进教育体制机制改革,做好顶层设计的同时,要加强配套建设,统筹推进中考改革、高考改革、职业教育招生改革,做好不同学段考试招生制度改革的衔接工作,并以此倒逼和助推课程改革、教学改革、体制改革。由此要充分激发和调动高等学校参与考试招生制度改革的积极性和

---

① 姜纲.实施意见:我国新一轮高考改革的纲领性文件[J].中国考试,2017(2):54.

② 瞿振元.建设中国特色现代考试招生制度[J].教育研究,2017(10):35-39.

自主性，以考试招生制度改革为契机，推进高校招生制度和人才培养模式改革，逐步形成高中培养、招生录取、专业建设、人才培养相贯通的系统改革机制。

第三，深化考试招生制度改革要把考试内容和考试方式的改革作为主要任务。在考试内容的设计上，要加强对社会主义核心价值观、依法治国理念、中华优秀传统文化的考察，不断强化高考的育人功能和积极导向作用，把好高校人才培养的入口关、起点关。注重对考生能力和潜质的考查，考试内容要进一步减少考查考生通过大量高强度训练而获得的解题技巧，进一步增加考查考生综合运用知识的能力和潜质。[①]

第四，逐步构建分类考试、综合评价、多元录取的考试招生模式。持续推进分类考试、综合评价、多元录取的考试招生模式改革，进一步落实高校招生自主权，适应现代政府职能转型的内在要求，在加快推进分类考试制度改革的同时，探索高校进行自主录取、定向录取及破格录取等多种录取形式，建立并完善有利于人才选拔的多元录取模式。[②]

第五，注重宣传培训和引导，营造理解和支持改革的舆论和社会氛围。考试招生制度改革是教育综合改革中最重要、最基本也是最复杂的一环，牵一发动全身，社会关注面广，各方关注度高。为此，要加强政策权威解读和正面舆论引导，增强舆论对改革过程性问题的宽容和耐心，适当降低过高期望，防止把高考改革解读为解决所有问题、满足一切诉求的"灵丹妙药"，从而为改革营造更加良好的舆论氛围。

---

① 瞿振元.建设中国特色现代考试招生制度[J].教育研究，2017(10)：36－40.

② 钟秉林.深化综合改革应对高考招生制度改革新挑战[J].教育研究，2015(3)：2.

第十二章　健全教育投入机制

长期以来，公共性教育支出占国内生产总值(GDP)和财政支出的比例通常是被用来评判教育经费是否充足的标准。在财政性教育经费占GDP比例的4%的目标实现后，如何建立健全教育财政投入的增长机制，不断增加教育财政投入和社会投入成为一项重要的议题。关于教育经费，有两个方面的问题最引人注目：一是政府部门通过统筹教育经费，使其达到或接近与教育系统总体目标产出相匹配的教育财政投入水平；二是合理安排教育经费的投入结构，使得教育经费用到该用的地方。简而言之，就是教育经费从何而来，以及教育经费流往何处的问题。

第一节　完善教育投入体制机制

21世纪以来，随着国家经济水平和综合国力的上升，我国教育财政的投入规模越来越大。2010年7月，中共中央、国务院出台的《国家中长期教育改革和发展规划纲要(2010—2020年)》(本章简称《教育规划纲要》)中明确指出，教育投入是公共财政的重要职能，各级政府要优化财政支出结构，大幅度提高教育财政投入，努力实现财政性教育经费占国内生产总值比例在2012年达到4%的投入目标。[①] 在国家的宏观领导与地方的积极配合下，这一宏伟目标在2012年终于实现。从我国当前的教育投入情况看，教育投入的力度逐年加大，教育经费的来源日益广泛，财政性经费依旧占据着主导地位，社会投入和

① 国家中长期教育改革和发展规划纲要工作小组办公室.国家中长期教育改革和发展规划纲要(2010—2020年)(2010年7月29日)[R].中华人民共和国教育部公报，2010(9).

家庭投入逐步增加;在教育经费的成本分担上,义务教育阶段的经费仍旧由国家承担,非义务教育阶段也逐步建立了中央和地方按比例分担的机制。

一、教育财政投入力度加大

百年大计,教育为本;教育大计,财政为基。《教育规划纲要》指出,到2020年基本实现教育现代化,基本形成学习型社会,基本进入人力资源强国行列,并从普及学前教育、巩固九年义务教育、普及高中教育、实现高等教育内涵式发展等多个维度着力推进。教育投入是支撑国家长远发展的基础性、战略性投资,是教育事业的物质基础,是公共财政的重要职能。

2017年1月,《教育部2017年工作要点》(教政法〔2017〕4号)正式出台,提出在教育投入方面,督促落实教育经费稳定增长;同时,提高教育经费保障水平,保证国家财政性教育经费占国内生产总值的比例不低于4%。① 《国家教育事业发展"十三五"规划的通知》(国发〔2017〕4号)也强调要优先保障教育投入,健全保证财政教育投入持续稳定增长的长效机制,确保财政一般公共预算教育支出逐年只增不减,确保按在校学生人数平均的一般公共预算教育支出逐年只增不减。② 在2017年的预算安排中,全国一般公共预算支出中教育的支出比重达到了14.9%,成为第一大支出,这足以证明教育在公共事业中的核心地位。

二、教育经费来源日益广泛

根据教育发展面临的新形势和各阶段、各类教育的特点,健全完善教育投入体制机制,并逐步建立健全以政府投入为主、多渠道筹措教育经费的体制机制是当前的必然选择。总体而言,财政性教育经费依旧占据主导地位,迫切需要其他途径的教育资金的补充。

(一) 财政性教育经费的主导地位

为了顺利实现国家财政性教育经费占国内生产总值4%的目标,2011年

① 教育部关于印发《教育部2017年工作重点》的通知(教政法〔2017〕4号)[EB/OL].2017-01-25[2018-03-09].http://www.moe.gov.cn/srcsite/A02/s7049/201702/t20170214_296174.html.

② 国务院关于印发国家教育事业发展"十三五"规划的通知(国发〔2017〕4号,2017年1月10日)[R].中华人民共和国国务院公报,2017(5).

国务院出台的《关于进一步加大教育投入的意见》(国发〔2011〕22号)中提出两个要求,一是要求各级政府提高财政性教育经费占公共财政支出的比重,二是拓宽经费的来源渠道,多方筹措财政性教育经费。2017年10月10日,教育部、国家统计局和财政部共同发布了2016年全国教育经费执行情况的统计公告。报告显示,2016年全国教育经费总投入为38 888.39亿元,比上一年的36 129.19亿元增长了7.64%。国家财政性教育经费(包括公共财政预算安排的教育经费、政府性基金预算安排的教育经费等)总额达31 396亿元,占当年全国教育经费总投入的80.7%。其中,全国一般公共预算安排的教育支出为28 073亿元,是财政性教育经费的主渠道,是一般公共预算的第一大支出,占比达到15%。此外,非财政性教育经费成为重要补充。① 2016年,全国非财政性教育经费7 492亿元,占全国教育经费总投入的19.3%。在非财政性教育经费中,事业收入6 277亿元(其中学费收入4 771亿元),占83.8%;民办学校中举办者投入203亿元,占2.7%;捐赠收入81亿元,占1.1%;其他931亿元,占12.4%(见图12.1)。

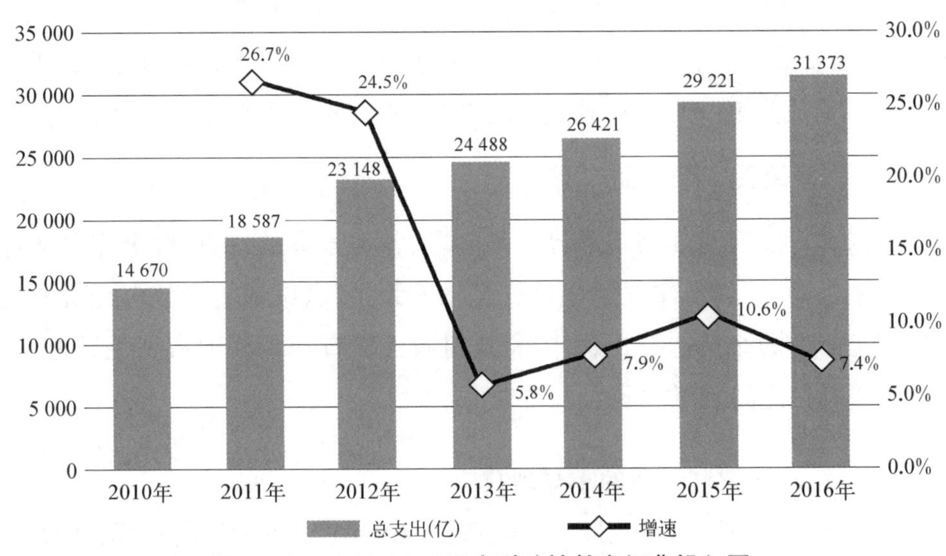

图12.1 2010—2016国家财政性教育经费投入图

---

① 教育部 国家统计局 财政部关于2016年全国教育经费执行情况统计公告(教财〔2017〕6号)[EB/OL].2016-10-17[2018-03-21].http://www.moe.gov.cn/srcsite/A05/s3040/201710/t20171025_317429.html.

(二) 社会资本融入教育市场

财政部统计数据显示,2012—2016 年民办学校举办者投入 798 亿元,仅占全国教育经费总投入的 0.48%。2016 年社会捐赠收入是 81 亿元,仅占全国教育经费总投入的 0.2%,比 2012 年下降 15.6%。① 由此可见,社会投资教育的积极性并没有得到充分发挥。教育经费投入的结构性失衡问题依旧没有得到根本改变。如何真正把《中华人民共和国民办教育促进法》落到实地,真正调动社会资源、市场资源投向教育领域,仍旧是一个值得深思的问题。

通过对 2012—2017 年教育板块民间资本的分析发现(见图 12.2),在国家政策与旺盛的教育需求的推动下,2016 年教育板块民间固定资产投资完成额为 2 462 亿元,同比增长 13.7%,2013—2016 年复合增速达到 21.9%。2017 前三季度实现民间固定资产投资完成额 1 948 亿元,同比增加 12.6%。

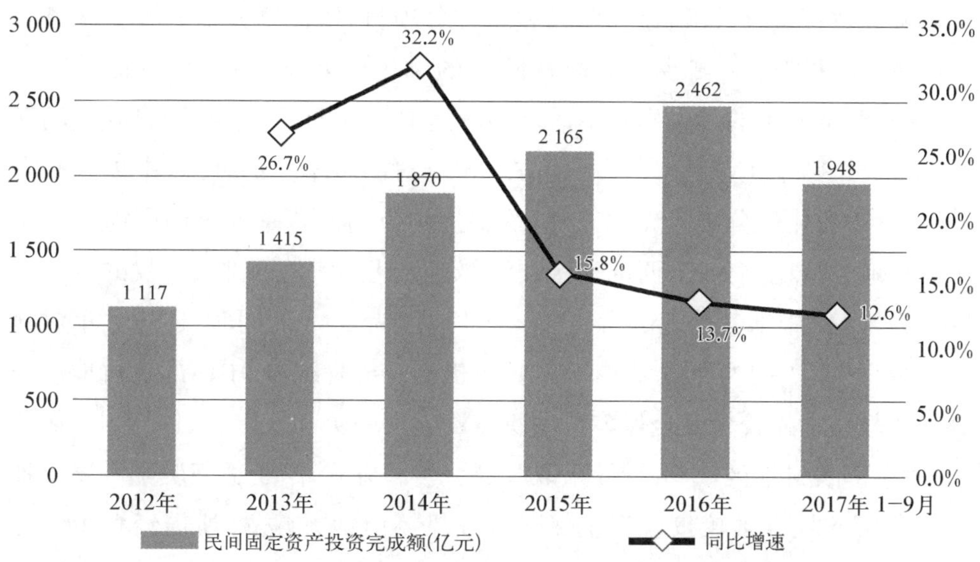

图 12.2 2012—2017 年教育板块民间固定投资额及增速

据统计,2016 年 K12 教育阶段在校生人数为 1.66 亿,其中民办教育学校在校生数 1 652 万人,国际学校在校生数 26 万人,那么 K12 阶段民办教育学校渗透率为 9.8%。中商产业研究院认为,按照《教育规划纲要》中提出的

① 国务院关于国家财政教育资金分配和使用情况的报告[EB/OL].2017-12-23[2018-03-20].http://www.mof.gov.cn/zhengwuxinxi/caizhengxinwen/201712/t20171225_2787543.htm.

阶段战略目标,到 2020 年,我国 K12 阶段实际在校生数将达到 2.12 亿。假设渗透率提升至 13%,那么 2020 年 K12 阶段的民办教育市场规模将达到 1 929亿元。[①]

三、教育成本分担机制日益明晰

从 2006 年起,在国务院的领导下,我国建立和完善了中央和地方分项目、按比例分担的农村义务教育经费保障机制,最明显的普惠性政策就是全部免除了农村义务教育阶段学生学杂费、教科书费,对家庭经济困难寄宿学生补助生活费;不断提高农村义务教育阶段中小学公用经费保障水平。

2015 年 11 月,《国务院关于进一步完善城乡义务教育经费保障机制的通知》(国发〔2015〕67 号)正式出台,要求整合农村义务教育经费保障机制和城市义务教育奖补政策,建立中央和地方分项目、按比例分担的城乡义务教育经费保障机制。[②] 城乡义务教育阶段的学生免除学杂费,免费提供教科书,并对经济困难的学生提供生活补助。其中,教科书的资金,国家规定的课程由中央全额承担,地方课程由地方承担。对困难学生的补助,中央和地方按照 5∶5 的比例分担。除此以外,落实生均公用经费基准定额所需资金由中央和地方按比例分担,西部地区及中部地区比照实施西部大开发的县(市、区),为 8∶2,中部其他地区为 6∶4,东部地区为 5∶5。同时,还建立了农村义务教育阶段中小学校舍维修改造长效机制。校舍维修,中西部农村地区公办义务教育学校校舍安全保障机制所需资金由中央和地方按照 5∶5 比例分担;对东部农村地区,中央继续采取“以奖代补”方式,给予适当奖励。城市地区公办义务教育学校校舍安全保障长效机制由地方建立,所需经费由地方承担。

非义务教育阶段教育经费按比例分担。以学前教育经费投入为例,各地按照非义务教育成本分担的要求,建立与管理体制相适应的生均拨款、收费、

---

① 中商产业研究院.2017 年中国教育行业市场规模及未来发展趋势分析[EB/OL].2017 - 12 - 05[2 - 18 - 03 - 22].http://www.chyxx.com/industry/201712/589584.html.

② 国务院关于进一步完善城乡义务教育经费保障机制的通知(国发〔2015〕67 号,2015 年 11 月 25 日)[R].中华人民共和国国务院公报,2015(35).

资助一体化的学前教育经费投入机制，保障幼儿园正常运转和稳定发展。但近些年来，结合幼儿园可持续发展需要和当地实际，我国逐步制定了公办园生均拨款标准和普惠性民办园的补助标准。通过购买服务、综合奖补、减免租金等方式支持普惠性民办幼儿园的发展。

普及高中教育是适应我国经济结构转型升级以及提高劳动力受教育年限的迫切需要，是进一步提升国民整体素质，建设人力资源强国的基础工程。高中阶段教育不是义务教育，其经费来源主要走以政府投入为主、社会大力支持、家长适当负担三结合的道路。2017 年 3 月，教育部等四部门印发了《高中阶段教育普及攻坚计划(2017—2020)》(教基〔2017〕1 号)，设立了到 2020 年全面普及高中阶段教育的目标。① 为此，需要完善经费投入机制，科学核定学校办学成本，建立合理的成本分担机制。落实以财政投入为主、其他渠道筹措经费为辅的普通高中投入机制，完善政府、行业、企业及其他社会力量依法筹集经费的中等职业教育投入机制。各地要完善财政投入机制，抓紧建立完善中等职业学校生均拨款制度和普通高中生均拨款制度。按照非义务教育阶段受教育者合理分担教育成本的要求，确定学费标准，严格学费标准调整程序，建立动态调整机制。在此背景下，地方各级政府建立按比例分担的奖补机制，落实地方各级政府的责任。例如，陕西省规定公办普通高中生均公用经费拨款标准由省与市县财政按 5∶5 的比例分担，市县分担比例由各市(区)自行确定；青海省的拨款标准由省、市(州、县)按照 8∶2 比例分担。宁夏对达到基准定额并全额落实到位的市、县(区)，按照基准定额的 50%进行奖补，资金由自治区财政承担。②

相比之下，高等教育的经费来源略为广泛，有国家财政性教育经费，包括国家财政预算内教育经费、各级政府征收用于教育的税费、企业办学中的企业拨款、校办产业和社会服务用于教育的收入；有事业收入，指学校为顺利开

① 教育部等四部门关于印发《高中阶段教育普及攻坚计划(2017—2020)》的通知(教基〔2017〕1 号)[EB/OL].2017-03-30[2018-04-16].http://www.moe.gov.cn/srcsite/A06/s7053/201704/t20170406_301981.html.

② 教育部办公厅关于各地建立完善学前教育、普通高中和特殊教育经费投入机制情况的通报(教财厅函〔2017〕25 号)[EB/OL].2017-09-13[2018-03-10].http://www.moe.gov.cn/srcsite/A05/s7496/201709/t20170926_315341.html.

展教学科研活动，经财政部门核准上缴财政专户管理的预算外资金，如学费、借读费和住宿等，这部分经费实际上来源于家庭，以及单位、海内外个人及团体对教育的资助与捐助。

第二节 着力优化教育经费结构

对教育财政投入的分析可以从多个角度考虑，一是从学段上看，从学前教育到高等教育，各个阶段的教育投入各具特色；从教育要素看，有对硬件的设施设备的投入，也有对教师等的软件的投入。本节是对2017年教育财政投入的分析，从教育投入的动机出发，分惠及全民、扶贫扶弱、扶优扶特三个层面。

一、惠及全民，全面投入

从惠及全民的角度，主要介绍在2016年财政经费报告中居投入弱势地位的学前教育和职业教育在2017年的新变化，以及一直在国民经济中占基础性、先导性地位的基础教育的投入情况。

(一) 加大学前教育投入

2012—2016年，学前教育的投入额度从2012年的1 504亿元增加到2016年的2 802亿元，在各级各类教育中增幅最大，达到77.3%。然而与此同时，我国学前教育经费只占GDP总量的0.38%，投入比重依然非常低。

为了加大学前教育投入力度，加快学前教育迅速发展，2016年12月5日，教育部、财政部出台了《关于印发〈支持学前教育发展资金管理办法〉的通知》(财科教〔2016〕33号)，规定学前教育发展资金分为扩大资源和幼儿资助两类，前者用于奖补支持地方多渠道扩大普惠性学前教育资源，后者用于奖补支持地方健全幼儿自主制度。[①] 2017年4月，教育部等四部门出台了《关于实施第三期学前教育行动计划的意见》(教基〔2017〕3号)，提出到2020

---

① 财政部 教育部关于印发《支持学前教育发展资金管理办法》的通知(财科教〔2016〕33号，2016年12月5日)[R].中华人民共和国财政部文告，2017(2).

年，基本建成广覆盖、保基本、有质量的学前教育公共服务体系。全国学前三年毛入园率达到85%，普惠性幼儿园覆盖率达到80%，从扩大普惠性学前教育资源、完善投入保障机制、完善教师补充和待遇保障等多个方面落实普及学前教育的计划。[①] 2017年9月30日，教育部、财政部正式出台《关于印发〈中央财政支持学前教育发展资金管理办法〉的通知》（财科教〔2017〕132号），确定了学前教育发展资金先按中西部地区90%，东部地区10%（东部地区适当向困难省份倾斜）的区域因素确定资金规模，再按基础因素、管理创新因素分配到各省份。[②] 同一天，《关于下达2017年中央财政支持学前教育发展资金预算的通知》（财科教〔2017〕133号）也正式出台，为各省市、自治区、直辖市制定了学前教育发展资金预算表，总金额达到149亿元。[③]

为保障幼儿园有效运转，各级政府加大学前教育财政投入，把学前教育经费列入财政预算。江苏省《学前教育条例》明确要求县级财政性学前教育经费占同级财政性教育经费的比例不低于5%，北京、天津、上海等13个省（自治区、直辖市）也制定了生均公用经费或生均综合补助标准。中央财政累计投入学前教育专项资金1 000多亿元，对地方扩大普惠性资源、完善体制机制、帮助进城务工人员随迁子女就近入园进行奖补，带动地方财政投入超过4 000亿元。[④]

地方还积极制定生均公用经费拨款标准或生均综合补助标准，确保公办园正常运转。北京、天津、上海、江苏、西藏、陕西、甘肃、青海、宁夏等13个省（自治区、直辖市）和宁波、厦门、青岛及新疆生产建设兵团出台了公办园生均

① 教育部等四部门关于实施第三期学前教育行动计划的意见（教基〔2017〕3号）[EB/OL]. 2017-04-17[2018-03-12]. http://www.moe.edu.cn/srcsite/A06/s3327/201705/t20170502_303514.html.

② 财政部　教育部关于印发《支持学前教育发展资金管理办法》的通知（财科教〔2016〕33号，2016年12月5日）[R].中华人民共和国财政部文告，2017(2).

③ 财政部关于下达2017年中央财政支持学前教育发展资金预算的通知（财科教〔2017〕132号）[EB/OL].2017-09-30[2018-03-10]. http://www.gov.cn/xinwen/2017-10/20/content_5233324.htm.

④ 关于政协十二届全国委员会第五次会议第1218号（教育类114号）提案答复的函[EB/OL].2017-12-05[2018-03-10]. http://www.moe.gov.cn/jyb_xxgk/xxgk_jyta/jyta_jijiaosi/201803/t20180313_329871.html.

公用经费拨款标准,大连出台了生均综合补助标准。其中,北京为 2 250 元,上海、天津为 1 200 元,海南为 600 元,陕西学前一年标准为 1 300 元。青海规定公办园生均公用经费所需资金由省、市(州、县)按照 8∶2 的比例分担。江苏、宁夏、青海等地都明确要求根据教育发展、财力状况、办园成本、物价水平,适时提高公办园生均公用经费拨款标准。制定企事业单位、集体办园和普惠性民办园补助政策,支持提供普惠性服务。北京按照生均 1 000 元的标准对企事业单位、集体办园予以补贴。目前 28 个省份和 5 个计划单列市都出台了普惠性民办园认定管理办法,制定了具体的财政扶持措施。陕西、西藏按照公办园生均公用经费拨款标准对普惠性民办园进行补助,青岛按照 2 400 元的生均定额补助标准扶持普惠性民办园。天津、辽宁、广西、青海等省对提供普惠性服务、收费合理、质量合格的民办园,按照班级规模、办园质量等进行奖补。

教师是立教之本、兴教之源。为规范中小学幼儿园教师国家级培训计划专项资金管理,提高资金使用效益,2016 年 12 月 5 日,《财政部教育部关于印发〈中小学幼儿园教师国家级培训计划专项资金管理办法〉的通知》(财科教〔2016〕29 号)指出,中小学幼儿园教师国家级培训专项资金是由中央财政通过专项转移支付安排,用于实施中小学幼儿园教师培训的资金,比如补助培训期间的住宿费、伙食费、场地费、讲课费、资料费、交通费等,该办法自 2017 年 1 月 1 日起正式实施。

(二) 保持义务教育投入重心

义务教育在全面建成小康社会进程中具有基础性、先导性和全局性作用。2017 年 12 月 23 日,财政部部长肖捷在第十二届全国人民代表大会常务委员会第三十一次会议上作了国务院关于国家财政教育资金分配和使用情况的报告,明确指出财政性教育经费一半以上用于义务教育。2016 年全国财政性教育经费中,用于义务教育 16 583 亿元,占 52.8%,体现了义务教育重中之重的地位。

2015 年,《国务院关于进一步完善城乡义务教育经费保障机制的通知》(国发〔2015〕67 号)出台,为城乡义务教育经费改革制定了“两步走”的战略。

2016年春季学期统一了城乡义务教育学校生均公用经费基准定额，从2017年春季学期开始，统一城乡义务教育学生“两免一补”政策，实现相关教育经费随学生流动可携带。为确保第二步改革目标的实现，2017年4月28日，财政部科教司出台了《关于下达2017年城乡义务教育补助经费预算的通知》（财科教〔2017〕25号），对义务教育的经费投入作出了以下部署。首先，从2017年春季学期起，对城乡家庭经济困难寄宿生给予生活费补助，2017年秋季开始，在落实好农村学生免费教科书政策的同时，向城市学生免费提供教科书，向城市一年级学生提供学生字典；其次，中央财政继续支持农村地区义务教育学校维修改造、抗震加固、改扩建校舍及其附属设施，加快推进农村地区全面改善薄弱学校基本办学条件；再次，中央对地方落实集中连片特困地区乡村教师生活补助政策继续给予综合奖补，由地方统筹用于城乡义务教育经费保障机制相关支出；最后，中央财政将继续对营养改善计划地方试点补助水平达到每生每天4元以上的省份，按照每生2元标准给予奖补；对未达到4元的省份，分1.5元、1元、0.5元三档逐省确定地方试点奖补标准。2017年，城乡义务教育补助经费预算总额达1 426亿元，并重点向义务教育脱贫攻坚任务较重的地区倾斜。从区域投入力度看，北京、天津、辽宁、大连、上海等地预算金额比较大，新疆、宁夏、青海、甘肃、陕西、西藏等地投入较少；预算经费额度最大的北京是最少的新疆的72倍，区域差距非常大。

2017年5月，中央财政下达城乡义务教育经费保障机制预算1 170亿元，比2016年增加约70亿元，增长6.4%。[①] 该政策的实施将使全国1.43亿城乡义务教育学生获得免费教科书，1 377万城乡家庭经济困难寄宿生获得生活费补助，约1 400万进城务工农民工随迁子女实现“两免一补”和生均公用经费基准定额资金可携带。中央财政补助资金分配重点向中西部农村地区倾斜，从城乡看，中央财政安排的保障机制资金，农村占82%，城市占18%；从区域看，中西部地区占77%，东部地区占23%。

---

① 中央财政下达城乡义务教育经费保障机制预算1 170亿元[EB/OL].2017-05-10[2018-03-11].http://jkw.mof.gov.cn/zhengwuxinxi/gongzuodongtai/201705/t20170510_2597675.html.

(三) 增强职业教育投入力度

当前,职业教育在服务“制造强国”和推进“一带一路”倡议中发挥着重大作用。近年来,国家对于职业教育的投入不断扩大,为中国实现强国梦输送了大批高质量人才。

2016 年的财政性教育经费投入结构显示,义务教育占整个财政性教育投入的 52.8%,普通高中占 10.2%,学前教育占 4.2%,中等职业教育占 6.2%。可以看出,职业教育的投入比重明显偏低。

2016 年 12 月 5 日,财政部、教育部正式出台《现代职业教育质量提升计划专项资金管理办法》(财科教〔2016〕31 号),提出中央财政通过专项转移支付安排的现代职业教育质量提升计划专项资金,自 2017 年 1 月 1 日开始正式启动用于支持现代职业教育改革与发展。现阶段,专项资金重点支持各地建立完善以改革和绩效为导向的高等职业院校生均拨款制度,引导高等职业教育创新发展;支持各地在优化布局的基础上,改扩建中等职业学校校舍、实验实训场地以及其他附属设施,配置图书和教学仪器设备,推动建立健全中等职业学校生均拨款制度;支持各地加强“双师型”专任教师培养培训,提高教师教育教学水平;支持职业院校设立兼职教师岗位,优化教师队伍人员结构;支持有条件的地方探索通过政府和社会资本合作模式加强中等职业学校实训基地建设,推动职业教育改革发展等相关工作。① 中职学校改善办学条件奖补资金按照区域因素、基础因素、投入因素、管理创新等因素分配,并按照西部地区 50%、中部地区 40%、东部地区 10%的区域因素确定地区奖补资金规模后,再按照其他因素分配到相关省份。

在中等职业学校学生享受免学费的政策后,为了弥补学校运转出现的经费缺口,财政核拨了中等职业学校免学费补助资金。2016 年 12 月 6 日,《关于印发〈中等职业学校免学费补助资金管理办法〉的通知》(财科教〔2016〕36 号)正式出台,该文件指出,第一、二、三学年因免除学费导致公办学校运转出现的经费缺口,由财政按照享受免学费政策学生人数和免学费标准补助学

---

① 财政部 教育部关于印发《现代职业教育质量提升计划专项资金管理办法》的通知(财科教〔2016〕31 号,2016 年 12 月 5 日)[R].中华人民共和国财政部文告,2017(2).

校。对在职业教育行政管理部门依法批准、符合国家标准的民办学校就读的一、二、三年级符合免学费政策条件的学生，按照当地同类型同专业公办学校免除学费标准给予补助。民办学校经批准的学费标准高于补助的部分，学校可以按规定继续向学生收取。[①] 中等职业学校免学费补助资金由中央和地方财政共同承担，省级财政统筹落实，省和省以下各级财政根据各省（区、市）人民政府及其价格主管部门批准的公办中等职业学校学费标准予以补助。中央财政统一按每生每年平均 2 000 元测算标准和一定比例与地方财政分担，西部地区，不分生源，分担比例为 8∶2；中部地区，生源地为西部地区的，分担比例为 8∶2，生源地为其他地区的，分担比例为6∶4；东部地区，生源地为西部地区和中部地区的，分担比例分别为 8∶2 和6∶4，生源地为东部地区的，分担比例分省确定。

二、扶贫扶弱，专项投入

自 2016 年的全国财政性教育经费使用报告公示后，一些专家学者认为，教育经费的精准使用可以助力教育公平。其一，全国财政性教育经费用于教师工资和学生资助的比例达 61.1%，体现了教育投入中对人的投资的重视；其二，城乡教育经费的一体化保障，利用统筹规划、适度倾斜的管理体制，促进城乡教育均衡发展；其三，中央财政的教育转移支付资金重点支持中西部地区和革命老区、民族地区、边疆地区和贫困地区。

（一）薄弱学校办学条件的改善

农村、边远、贫困、民族地区向来都是我国教育发展的薄弱环节。让这些地区的教室、图书等教学设施满足教学需要，宿舍、厕所等生活设施满足生活需要，教师的数量、结构、素质适应教育教学需求，控制辍学率，消除县镇“大班额”，“全面改薄”，每一项任务都艰巨而迫切。

为了全面改善贫困地区义务教育薄弱学校基本办学条件，财政部、教育

① 财政部　教育部　人力资源保障部关于印发《中等职业学校免学费补助资金管理办法》的通知（财科教〔2016〕36 号，2016 年 12 月 6 日）[R].中华人民共和国国务院公报，2017(23).

部出台了《农村义务教育薄弱学校改造补助资金管理办法》(财科教〔2016〕28号),规定从2017年1月1日起,由中央财政设立、通过一般公共预算安排的薄弱补助资金支持以中西部(含新疆生产建设兵团)贫困地区为主,适当兼顾部分东部省份的贫困地区薄弱学校的改造。贫困地区涵盖了集中连片特困地区县、国家扶贫开发工作重点县、贫困的民族县和边境县,薄弱学校指的是教学、生活设施不能满足基本需求的农村义务教育阶段的学校(含县城义务教育阶段学校)。薄弱补助资金主要用于校舍及设施建设类和设备及图书馆购置类两个方面,其中,校舍及设施建设类项目主要包括:新建、改建和修缮必要的教室、实验室、图书室,以及农村小学必要的运动场等教学设施;新建、改建和修缮农村小学必要的学生宿舍、食堂(伙房)、开水房、厕所、澡堂等生活设施,以及必要的校园安全等附属设施;现有县镇"大班额"义务教育学校(小学班额超过56人、初中班额超过66人的义务教育学校)必要的扩容改造;在宽带网络接入学校的条件下建设校园内信息化网络基础设施。设备及图书购置类项目主要包括:购置必要的教学实验仪器设备、音体美器材等教学仪器设备;为宿舍、食堂(伙房)、水房等公共生活设施配置必要的家具、设备,以及必要的校园安保设备等;购置适合中小学生阅读的图书;购置计算机、投影仪等必要的多媒体教学设备和信息化网络设备等。

针对集中连片特困地区县、国家扶贫开发工作重点县以及其他贫困县的高中学校的教学、生活设施不能满足基本需求,尚未达到国家基本办学条件的情况,2016年12月5日,《财政部教育部关于印发〈改善普通高中学校办学条件补助资金管理办法〉的通知》(财科教〔2016〕30号)正式出台,规定从2017年1月1日起,正式下发由中央财政设立、通过一般公共预算安排的补助资金,用以支持中西部省份(含新疆建设兵团)贫困地区普通高中学校的基本办学条件的改造。文件指出,补助资金主要用于支持普通高中学校校舍改扩建、配置图书和教学仪器设备以及体育运动等附属设施建设,并按照基础因素、绩效和管理因素分配到各个省份。

(二) 贫困地区教师支持计划

2015年6月1日,国务院出台了《国务院办公厅关于印发乡村教师支持计划(2015—2020年)的通知》(国办发〔2015〕43号),要求采取切实措施加强老少边岛穷等边远贫困地区乡村教师的队伍建设,到2017年,力争使乡村学校优质教师来源得到多渠道扩充,乡村教师资源配置得到改善,教育教学能力水平稳步提升,各方面合理待遇依法得到较好保障,职业吸引力明显增强,逐步形成"下得去、留得住、教得好"的局面。[①] 为了实现这一目标,提高乡村教师生活待遇成为留住教师的重要保障。全面落实集中连片特困地区乡村教师生活补助政策,依据学校艰苦边远程度实行差别化的补助标准,中央财政继续给予综合奖补。各地要依法依规落实乡村教师工资待遇政策,依法为教师缴纳住房公积金和各项社会保险费。在现行制度架构内,做好乡村教师重大疾病救助工作。加快实施边远艰苦地区乡村学校教师周转宿舍建设。各地要按规定将符合条件的乡村教师住房纳入当地住房保障范围,统筹予以解决。以各地实际发放乡村教师月人均生活补助标准与中央综合奖补标准(月人均200元)的比值为参考值,设立综合奖补标准调整系数。2017年中央财政安排38亿元用于综合奖补,人均月补助约300元,惠及8万余所乡村学校的130余万名教师,[②]已实现国家集中连片特困地区和边远艰苦地区乡村教师生活补助政策全覆盖。

贫困地区、边疆民族地区和革命老区简称为"三区",是国家教育财政重点倾斜的对象。2017年,教育财政对"三区"人才的支持包括教师和科技人员两类。"三区"教师选派工作是深入推进县域内义务教育学校校长教师交流轮岗和城镇教师支持乡村教育的重要措施,为了做好这一工作,2017年4月13日,教育部出台《教育部办公厅关于做好2017年"三区"人才支持计划教师专项计划有关实施工作的通知》(教师厅函〔2017〕6号),对"三区"的教师扶持工作作出了重要部署。为了确保"三区"人才计划教师专项计划的顺利实施,2017年4月26日,财政部、教育部出台了《关于下达2017年"三区"

① 国务院办公厅关于印发乡村教师支持计划(2015—2020年)的通知(国办发〔2015〕43号)[EB/OL].2015-06-01[2018-03-24].http://www.gov.cn/zhengce/content/2015-06/08/content_9833.htm.

② 关于政协十二届全国委员会第五次会议第0076号(教育类023号)提案答复的函[EB/OL].2018-03-12[2018-05-11].http://www.moe.gov.cn/jyb_xxgk/xxgk_jyta/jyta_jiaoshisi/201803/t20180312_329648.html.

人才计划教师专项工作补助经费预算的通知》(财科教〔2017〕26 号),专门下达专项用于向选派教师发放工作补助、交通差旅费用及购买意外保险费等补助的年度预算 3.28 亿元。

(三)“四位一体”的学生资助制度

2017 年,我国已经建立了国家资助、学校奖助、社会捐助、学生自助“四位一体”的发展型资助体系,实现了各个学段全覆盖,公办民办全覆盖,家庭经济困难学生全覆盖。

在学前教育阶段,按照“地方先行、中央补助”的原则,地方政府对经县级以上教育行政部门审批设立的普惠性幼儿园在园家庭经济困难儿童、孤儿和残疾儿童予以资助。各级政府、幼儿园及社会共计资助幼儿 889.77 万人次,其中,政府资助 836.39 万人次,幼儿园资助 45.50 万人次,社会资助 7.88 万人次。资助金额共计 93.20 亿元,其中,政府资助 89.01 亿元,幼儿园资助 3.87 亿元,社会资助 3 168.81 万元。

在义务教育阶段,统一城乡“两免一补”政策,对城乡义务教育学生免除学杂费,免费提供教科书,对家庭经济困难寄宿生补助生活费。对集中连片特殊困难等地区农村义务教育阶段学生提供营养膳食补助。全国约 1.42 亿学生享受国家免费教科书政策,8 304.20 万学生享受地方免费教科书政策,1 604.61 万学生享受家庭经济困难寄宿生生活费补助政策。中央及地方各级财政共计投入国家免费教科书资金约 175.94 亿元(含学生字典工具书采购资金),家庭经济困难寄宿生生活费补助资金 179.11 亿元。

在中等职业教育阶段,2016 年 12 月 6 日,财政部科教司出台了《关于印发〈中等职业学校国家助学金管理办法〉的通知》(财教〔2016〕35 号),对具有中等职业学校全日制学历教育正式学籍的一、二年级在校涉农专业学生和非涉农专业家庭经济困难的学生提供国家助学金的资助,[①]六盘山区、秦巴山区、武陵山区、滇西边境山区等 11 个连片特困地区和西藏及四省藏区、新疆

① 财政部 教育部 人力资源社会保障部关于印发《中等职业学校国家助学金管理办法的通知》(财教〔2016〕35 号,2016 年 12 月 6 日)[R].中华人民共和国国务院公报,2017(23).

南疆四地州中等职业学校的农村学生全部纳入资助范围，资助标准为每人每年 2 000 元。基本建立了以免学费、国家助学金为主，学校和社会资助及顶岗实习等为补充的资助政策体系。全国共资助中等职业学校学生 1 509.92 万人次，资助金额 365.29 亿元，比上年增加 33.16 亿元，增幅 9.98%。其中，998.52 万学生享受免学费政策，资助金额 199.71 亿元；254.76 万学生享受国家助学金政策，资助金额 50.95 亿元；地方政府资助 87.05 万人次，资助金额 6.81 亿元；学校资助 31.44 万人次，资助金额为 2.40 亿元；社会资助 3.71 万人次，资助金额 1.74 亿元；顶岗实习 134.44 万人次，资助金额为 103.67 亿元。

在普通高中教育阶段，建立了以国家助学金、建档立卡等家庭经济困难学生免学杂费、地方政府资助项目为主，学校和社会资助相结合的资助政策体系；全国共资助普通高中学生 1 310.42 万人次，其中，西部地区 805.42 万人次，中部地区 364.61 万人次，东部地区 140.39 万人次；共投入资助资金 193.80亿元，比 2016 年增加 26.30 亿元，增幅 15.70%，其中，西部地区 111.11 亿元，中部地区 62.09 亿元，东部地区 20.60 亿元。

在高等教育阶段，建立了以国家奖助学金、国家助学贷款为主的多元化国家资助体系，从制度层面保障了家庭经济困难学生顺利就学。2017 年 3 月 28 日，财政部、教育部、中国人民银行、银监会四部门发布《关于进一步落实高等教育学生资助政策的通知》(财科教〔2017〕21 号)，要求确保研究生奖助政策不留死角，做好预科生资助相关工作，推动国家助学贷款全覆盖，完善基层就业学费补偿贷款代偿等政策，落实民办高校同等资助政策。[①] 为了提高资助的精准度，从加强家庭经济困难学生认定、加大对建档立卡等家庭经济困难学生的资助力度、优化国家奖助学金等名额和资金分配机制、完善校内配置政策措施等方面开展工作。《2017 年政府工作报告》还要求提高博士研究生国家助学金补助标准，自 2017 年春季学期起，地方高校博士研究生国家助学金标准由每人每年不低于 10 000 元提高至每人每年不低于13 000元，中央高校博士研究生国家助学金标准由每人每年 12 000 元提高至每人每年

---

① 财政部关于进一步落实高等教育学生资助政策的通知(财科教〔2017〕21 号)[EB/OL].2017-03-28[2018-03-16]. http://jkw. mof. gov. cn/zhengwuxinxi/zhengcefabu/201704/t20170412_2579404.html.

15 000 元。

政府、高校及社会设立的各项高校学生资助政策共资助全国普通高等学校学生 4 275.69 万人次，资助资金 1 050.74 亿元。其中，财政资金 508.83 亿元，占 2017 年度高校资助资金总额的 48.43%，包括中央财政 301.23 亿元，占高校资助资金总额的 28.67%；地方财政 207.60 亿元，占高校资助资金总额的 19.76%；银行发放国家助学贷款 284.20 亿元，占高校资助资金总额的 27.05%；高校事业收入中提取并支出资助资金 238.21 亿元，占高校资助资金总额的 22.67%；社会团体、企事业单位及个人捐助资助资金(以下简称“社会资金”)19.50 亿元，占高校资助资金总额的 1.85%。

三、扶优扶特，优质投入

经过改革开放后几十年的砥砺前行，我国已经成为仅次于美国的全球第二大经济体。在教育投资上，不仅要普及教育、扶贫扶困，还要扶优扶特，利用教育增强综合国力。

(一) 加强高等教育投入

2017 年 1 月，《教育部　财政部　国家发展改革委关于印发〈统筹推进世界一流大学和一流学科建设实施办法(暂行)〉的通知》(教研〔2017〕2 号)正式出台，要求坚持扶优扶需扶特扶新，按照一流大学和一流学科两类布局建设高校，引导、支持具备较强实力的高校合理定位，办出特色，差别化发展，努力形成支撑国家长远发展的一流大学和一流学科体系。到 2020 年，若干所大学和一批学科进入世界一流行列，若干学科进入世界一流学科前列；到 2030 年，更多的大学和学科进入世界一流行列，若干所大学进入世界一流大学前列，一批学科进入世界一流学科前列，高等教育整体实力显著提升；到 21 世纪中叶，一流大学和一流学科的数量和实力进入世界前列，基本建成高等教育强国。[①] 在这一目标的指引下，为了规范中央高校建设世界一流大学

① 教育部　财政部　国家发展改革委关于印发《统筹推进世界一流大学和一流学科建设实施办法(暂行)》的通知(教研〔2017〕2 号)[EB/OL].2017 - 01 - 24[2018 - 03 - 16].http://www.moe.edu.cn/srcsite/A22/moe_843/201701/t20170125_295701.html.

(学科)和特色发展引导专项资金的使用和管理,财政部、教育部出台了《关于印发〈中央高校改善基本办学条件专项资金管理办法〉的通知》(财科教〔2017〕3号),支持高校的房屋修缮、设备资料购置、基础设施购置、建设项目配套工程。同年10月,财政部、教育部出台《关于印发〈中央高校建设世界一流大学(学科)和特色发展引导专项资金管理办法〉的通知》(财科教〔2017〕126号),对加强"双一流"建设的特色发展引导专项资金的预算、分配方式、管理方式、支出和决算、监督检查等各个环节作出了规定。

为规范和加强中央高校管理改革等绩效拨款使用管理,引导中央高校深化改革和强化管理,2017年1月11日,财政部、教育部出台了《关于印发〈中央高校管理改革等绩效拨款管理办法〉的通知》(财科教〔2017〕2号),指出中央高校管理改革等绩效拨款(以下简称"绩效拨款")是根据中央高校管理改革相关情况安排的综合性补助资金,由中央高校按照规定统筹安排使用。绩效拨款由财政部会同教育部等主管部门采用因素法分配,分配因素主要包括预算执行等管理情况、学生资助工作开展情况、科研等获奖情况等。①

2016年5月17日,习近平总书记主持召开哲学社会科学工作座谈会,从全局性和战略性的高度回答了我国哲学社会科学长远发展的一系列方向性、根本性问题,我国哲学社会科学迎来了大繁荣、大发展的春天。2016年10月26日,财政部、教育部出台《关于印发〈高等学校哲学社会科学繁荣计划专项资金管理办法〉的通知》(财教〔2016〕317号),对高校哲学社会科学繁荣资金的支出范围、预算管理、决算过程作出了详细规定。2017年,安排国家社科基金项目资助经费18.7亿元、国家高端智库经费2.8亿元、中国社科院部门预算21.64亿元,比2016年分别增长10%、12%、4.1%。

(二) 重大科技专项投入

重大专项是为了实现国家目标,围绕国民经济和社会发展的关键领域中的重大问题,通过核心技术突破和资源集成,在一定时限内完成的重大战略

① 财政部关于印发《中央高校管理改革等绩效拨款管理办法》的通知(财科教〔2017〕2号)[EB/OL]. 2017-01-11[2018-03-20]. http://jkw.mof.gov.cn/zhengwuxinxi/zhengcefabu/201703/t20170307_2548143.html.

产品、关键共性技术和重大工程，是我国科技发展的重中之重，对提高我国自主创新能力，建设创新型国家具有重要意义。2017 年 6 月 1 日，科技部、发展改革委、财政部出台《国家科技重大专向(民口)管理规定》(国科发专〔2017〕145 号)，对重大专项组织管理与职责、实施方案和阶段性计划、年度计划、组织实施与过程管理、评估与监督、总结与验收等各个环节作出了明确规定。[①] 2017 年 6 月 27 日，《财政部　科技部　发展改革委关于印发〈国家科技重大专项(民口)资金管理办法〉的通知》(财科教〔2017〕74 号)明确指出，重大专项资金主要用于支持在中国大陆境内注册，具有独立法人资格，承担重大专项任务的科研院所、高等院校、企业等在开展重大专项实施过程中，市场机制不能有效配置资源的基础性和公益性研究，以及企业竞争前的共性技术和重大关键技术研究开发等公共科技活动，并对重大技术装备或产品进入市场的产业化前期工作予以适当支持。重大专项资金来源广泛，包括中央财政资金、地方财政资金、单位自筹资金以及从其他渠道获得的资金，重大专项资金的支持方式分为前补助和后补助。同时，该文件还对重大专项的概算管理、资金核定方式及开支范围、预算编制与审批、预算执行、监督检查等多个环节作出了详细规定，确保重大专项资金的有效使用。[②] 2017 年 6 月 28 日，《财政部关于印发〈国家科技重大专项(民口)项目(课题)财务验收办法〉的通知》(财科教〔2017〕75 号)中对重大项目的财务验收方式和内容、财务验收程序、财务验收结论及相关责任作出了规定。[③]

在对重大科技投入的同时，国家也重视对科技人员的投入以及基础科技的普及工作。2017 年 4 月 4 日，财政部出台《关于下达 2017 年科技馆开放补助资金的通知》(财科教〔2017〕28 号)，下发 2017 年科技馆免费开放补助资金，统筹用于各省免费开放范围的科技馆门票兼收补助、运行保障增量补助

①② 科技部　发展改革委　财政部关于印发《国家科技重大专项(民口)资金管理办法》的通知(国科专发〔2017〕145 号)[EB/OL].2017-06-01[2018-03-20].http://www.nmp.gov.cn/tztg/201706/t20170627_5229.htm.

③ 财政部关于印发《国家科技重大专项(民口)项目(课题)财务验收办法》的通知(财科教〔2017〕75 号)[EB/OL].2017-06-28[2018-03-17].http://www.nmp.gov.cn/zcwj/201707/t20170710_5270.htm.

及展品更新补助等方面，总额共计5.45亿元，支持免费开放科技馆至138家。[①] 为了进一步加快边远贫困地区、边疆民族地区和革命老区的科技人才队伍建设，2017年4月11日，《财政部关于下达2017年边远贫困地区、边疆民族地区、革命老区人才支持计划科技人员专项计划预算的通知》(财科教〔2017〕24号)出台，为云南、陕西、甘肃、贵州、西藏等地划拨科技人员补助共计3.09亿元。为了提升全民科学素质，加强基层科普能力建设，中央财政从2017年起每年安排“基层科普行动计划”资金39 750万元，山东、河南、山西、河北、内蒙古、安徽等地是重点投入对象。[②]

第三节 经费投入成效分析及建议

党的十八大以来，通过财政教育资金、税收等政策的支持引导以及各方面共同努力，我国教育事业全面发展，中西部地区和农村教育发展水平明显提高。2012—2016年的教育投入的成效主要体现在三个方面：一是教育总体发展水平进入世界中上行列；二是教育服务党和国家战略全局能力显著增强；三是教育公平和质量明显提升。

一、教育经费投入的效果分析

2017年国家的教育投入依旧硕果累累，具体表现为：义务教育均衡发展卓有成效，“全面改薄”工作效果显著，各项资助政策全面落实。

（一）义务教育均衡发展卓有成效

在推进城乡一体化建设中，教育经费的投入起到了教育资源再分配的作

① 财政部关于下达2017年科技馆免费开放补助资金的通知(财科教〔2017〕28号)[EB/OL]. 2017-04-14[2018-03-20]. http://jkw.mof.gov.cn/jiaokewensi/zhengwuxinxi/tourudongtai/201705/t20170523_2606613.html.

② 财政部关于下达2017年“基层科普行动计划”资金预算的通知(财科教〔2017〕27号)[EB/OL].2017-04-14[2018-03-20].http://jkw.mof.gov.cn/jiaokewensi/zhengwuxinxi/tourudongtai/201705/t20170523_2606623.html.

用。据不完全统计,自 2013 年启动督导评估认定以来,各地推进义务教育均衡发展的投入不断增加,新建、改扩建学校约 26 万所,增加学位 2 725 万个,补充教师 172 万人,参与交流的校长和教师 243 万人次。目前,制约义务教育的体制障碍有所突破,义务教育学校特别是农村义务教育学校的面貌得到较大改善,优质教育资源覆盖面逐步扩大,人民群众满意度不断提高。

义务教育的均衡发展与统筹资金和实施经费倾斜投入的政策是分不开的。各地在推进义务教育均衡发展攻坚进程中,健全城乡统一的投入机制,统筹各级、各渠道资金,向贫困地区、薄弱学校倾斜。云南省统筹多个国家工程和项目资金,建立了城乡统一、重在农村的义务教育经费保障新机制。海南省 2016 年全省义务教育总投入 162 亿元,68%投入到农村地区。甘肃省投入 174.8 亿元,用于配套实施"全面改薄"项目,并将中央改薄专项资金的 85%投向全省 58 个集中连片贫困县,对民族地区和革命老区按照 120%给予倾斜。[①] 贵州省全省压缩各级党政机关行政经费 6%用于教育精准扶贫,2017 年受检的 22 个县累计投入 302 亿元用于义务教育学校标准化建设。

2017 年,全国共有 24 个省(区、市)的 563 个县申报了义务教育发展基本均衡县。国务院教育督导委员会办公室按照《县域义务教育均衡发展督导评估暂行办法》的标准要求,对全国义务教育发展基本均衡县进行了评估。截至 2017 年底,全国实现义务教育发展基本均衡的县累计达到 2 379 个,占全国总数的 81%。其中东部地区 819 个,中部地区 782 个,西部地区 778 个。继 2014—2016 年的北京、天津、上海、江苏、浙江、福建、广东 7 省(市)后,2017 年又有吉林、安徽、山东、湖北 4 省整体通过国家督导评估认定。山西、内蒙古、辽宁、江西、重庆、陕西、宁夏 7 省(区、市)通过认定县的比例均超过 80%。

(二)"全面改薄"工作效果显著

2017 年 9 月,国务院教育督导委员会办公室印发《关于开展 2017 年全面

---

① 教育部.2017 年全国义务教育均衡发展督导评估工作报告[EB/OL].2018-02-26[2018-03-26].http://www.moe.gov.cn/jyb_xwfb/xw_fbh/moe_2069/xwfbh_2018n/xwfb_20180227/sfcl/201802/t20180227_327990.html.

改善贫困地区义务教育薄弱学校基本办学条件工作专项督导的通知》(国教督办〔2017〕9号),在全国范围内部署开展专项督导工作,主要检查各地义务教育学校"底线要求"达标、"全面改薄"五年规划实施进展和工程质量管理三方面情况。

2017年,"全面改薄"不仅超额完成了目标,还与中西部校舍改造、农村寄宿制学校建设、营养改善计划、城乡义务教育经费保障机制、农村教师特岗计划等系列工程形成协同效应,改善了贫困地区学校的办学条件。中央财政累计投入专项资金1 336亿元,带动地方投入2 500多亿元,全国新建、改扩建校舍1.86亿平方米,采购了909亿元的设施设备,分别完成5年规划任务的90%和88%,双双超过年初预定的"超七成"工作目标,提前一年实现2018年"过九成"工作目标。其中,全国840个贫困县的10.9万所义务教育学校"底线要求"分项达标率均为94%以上。贫困地区义务教育学校办学条件显著改善,学生自带课桌椅、睡"大通铺"、在D级危房上课等现象在绝大部分地区已消除。[①] 不仅如此,偏远教学点的教学条件也得到了保障,2017年,全国共投入260亿元用于建设教学点校园校舍1 300多万平方米,购置了45亿元设备设施。在甘肃、宁夏等西北省份的部分教学点,充分利用太阳光能源集热系统,彻底告别了"热了怕烫伤学生、冷了怕冻病学生、晚上怕煤烟中毒"的取暖"危时代"。[②]

"全面改薄"工作在加强硬件投入的同时,也极其重视软件建设。利用师资队伍建设和教育信息化建设,加快优质教育资源向薄弱地区和薄弱学校倾斜,努力提高教学质量。宁夏通过合作培养、畅通教师晋升渠道、建立奖励机制,补强了农村师资的短板;河北省落实乡村教师支持计划,合理配置教师资源。现在,百名中小学生拥有计算机数量由2012年的8台增加为13台,全国大部分农村学校的学生也可以通过网络了解外面的世界,享受互联网教育

---

① 王家源.精准发力　补齐均衡"短板"——教育系统攻坚克难"全面改薄"述评[EB/OL].2018-03-19[2018-04-16].http://www.moe.gov.cn/jyb_xwfb/moe_2082/zl_2018n/2018_zl16/201803/t20180319_330474.html.

② 教育部国务院教育督导委员会办公室组织开展2017年全面改善贫困地区义务教育薄弱学校基本办学条件专项督导工作[EB/OL].2017-09-04[2018-04-16].http://www.moe.edu.cn/jyb_xwfb/gzdt_gzdt/s5987/201709/t20170904_313161.html.

带来的红利。

(三) 各项资助政策全面落实

2017 年,我国建立起了以政府为主导、学校和社会积极参与的覆盖学前教育至研究生教育的学生资助政策体系,实现了"三个全覆盖",即各个学段全覆盖、公办民办学校全覆盖、家庭经济困难学生全覆盖。高等教育阶段,实现了"三不愁",即入学前不用愁、入学时不用愁、入学后不用愁。

资金的投入力度加大,2017 年,全国累计资助学前教育、义务教育、中职学校、普通高中和普通高校学生 9 590.411 万人次(不包括义务教育免除学杂费和免费教科书、营养膳食补助),比上年增加 464.27 万人次;累计资助金额 1 882.14 亿元(不包括义务教育免除学杂费和免费教科书、营养膳食补助),比上年增加 193.38 亿元,增幅 11.45%。学生资助金额连续 11 年保持高速增长。

资助学前教育幼儿 889.77 万人次,资助金额 93.20 亿元,比上年增加 25.02亿元,增幅 36.70%;义务教育寄宿生生活补助资助 1 604.61 万人,资助金额 179.11 亿元,比上年增加 14.00 亿元,增幅 8.48%,免费教科书投入资金 203.14 亿元,营养膳食补助投入资金 285 亿;资助中职学校学生 1 509.92 万人次,资助金额 365.29 亿元,比上年增加 33.16 亿元,增幅 9.98%;资助普通高中学生 1 310.42 万人次,资助金额 193.80 亿元,比上年增加 26.30 亿元,增幅 15.70%;资助普通高校学生 4 275.69 万人次,资助金额 1 050.74 亿元,比上年增加 94.90 亿元,增幅 9.93%。

二、教育经费投入的政策建议

党的十九大报告指出,建设教育强国是中华民族伟大复兴的基础工程,必须把教育事业放在优先位置,深化教育改革,加快教育现代化,办好人民满意的教育。为了发展好教育,必须发挥教育财政的作用,坚持将教育作为财政投入的关键领域,优化教育财政投入的结构,进一步加强资金管理,提升资金的利用效率。

（一）大力加强教育的财政投入

据教育部统计，2016 年我国教育经费投入总量占国内生产总值的比重为 5.22％。但是，我国生均经费投入水平与创新型前列国家的差距非常大。坚持教育优先发展，必须继续将教育作为财政投入的重点领域，着力完善教育投入稳定增长的长效机制，保证国家财政性教育经费支出占国内生产总值比例不低于 4％。依法保障教育经费投入，尚需从以下三方面着手。

首先，以财政拨款为主的保障制度已经形成，但我国在依法编制教育经费预算、优化国家财政性教育经费支出结构和强化绩效考核等方面仍有很大的改革空间。2017 年，财政部部长肖捷在《国务院关于国家财政教育资金分配和使用情况的报告》中指出，加强财政教育资金管理的主要措施和目前存在的主要问题是：加强制度建设，包括修订财务会计制度，制（修）定专项资金管理办法，建立内部控制体系；强化预算管理，加强预算编制管理，强化预算执行管理；开展绩效管理，中央部门教育预算所有项目和中央财政教育专项转移支付全部报绩效目标。其次，其他多种渠道筹措教育经费的效果尚不明显，亟需建立完善教育经费多元投入激励机制。最后，积极吸收社会力量投入，实施好各项财税政策措施，拓宽教育投入渠道，支持和规范社会力量办教育。

（二）优化财政教育支出结构

2017 年 12 月，我国教育经费使用情况的报告出台以后，各级各类教育的投入情况也一目了然。其中基础教育成为经费投入的重中之重，占财政性教育经费的 52.8％，普通高中占 10.2％，中等职业占 6.2％，学前教育占 4.2％。学前教育投入非常低，职业教育投入也很少。职业教育仍旧是财政性教育投入的短板，财政性教育投入应该向职业教育倾斜。不但要加大学前教育投入，还要突破传统思维，建立学前教育生均拨款制度，加快扩大普惠性学前教育资源。除此之外，还应发挥教育财政促公平、提质量的作用。一方面，坚持财政投入农村地区，向革命老区、民族地区、新疆地区和贫困地区倾斜，向经济困难的学生倾斜，向薄弱地区和关键领域倾斜。坚持教育的精准扶贫，聚焦贫困地区的基础教育，聚焦乡村教师发展，加大对贫困地区教师和学生的支持力度。另一方面,推动高中普及工作,完善职业教育和培训体系,深化产教融合,加快一流大学和一流学科建设,实现高等教育的内涵式发展,加强对国家重大科技专项的投入,提升我国的科技创新水平。

(三)提升教育资金的利用效率

党的十九大指出,要建立全面规范透明、标准科学、约束有力的预算制度,全面实施绩效管理。北京师范大学首都教育经济研究院执行院长王善迈认为,改革教育财政应该"定标准、定责任、入预算"。"定标准"是教育领域的一项基础性工作,它能有效地测算和确定公共教育的需求量,为编制合理的教育预算奠定基础。"定责任"主要解决的是教育财政支出责任主体的问题。"入预算"解决的是公共教育投入的制度保障问题,在标准和责任确定以后,中央和地方应该将支出责任纳入财政预算中,同级人大批准后执行,并自觉接受人大的监督,深入推进教育经费预决算等相关信息的公开,主动接受社会监督。

第十三章　以教育信息化促进教育现代化

当今时代，以信息技术为核心的新一轮科技革命正在孕育兴起。互联网日益成为创新驱动发展的先导力量，深刻改变着人们的生产生活，同时也给教育带来革命性影响。《教育信息化十年发展规划纲要(2011—2020年)》(教技〔2012〕5号)指出，教育信息化是实现我国教育现代化宏伟目标不可或缺的动力和支撑，以教育信息化带动教育现代化，是我国教育事业发展的战略选择。2017年，教育信息化旨在基本实现具备条件的学校互联网全覆盖、网络教学环境全覆盖，基本形成国家教育资源公共服务体系框架，深入推进信息技术与教育教学深度融合，管理信息化水平和教育治理能力显著提升，深入贯彻《网络安全法》，信息技术安全监测和检查常态化。因此，本章围绕2017年信息化政策关注的优质资源开发、提升信息化服务教育教学与治理的能力、强化教育行业网络安全监管、强化新技术服务于教育教学和治理现代化四方面，分析年度信息化政策的目标、举措和成效。

第一节　扩大数字化优质教育资源覆盖面

习近平主席在致首届国际教育信息化大会的贺信中提出："坚持不懈推进教育信息化，努力以信息化为手段扩大优质教育资源覆盖面。"《教育信息化"十三五"规划》(教技〔2016〕2号)提出，到2020年，完成《构建利用信息化手段扩大优质教育资源覆盖面有效机制的实施方案》的发展目标，基本实现各级各类学校宽带网络全覆盖与网络教学环境全覆盖，优质数字教育资源服务基本满足信息化教学需求和个性化学习需求，网络学习空间应用普及，实现“一生一空间、生生有特色”，教育管理信息化水平显著提高。[①] 因此，扩大数字化优质教育资源的覆盖面是2017年度教育信息化的重点工作。

一、完善教育信息化基础环境建设

信息化公共支撑环境包括教育信息网络、国家教育云服务平台、优质数字教育资源与共建共享环境、教育信息化标准体系、教育信息化公共安全保障体系等，是全国教育机构和相关人员开展各级各类教育信息化应用的公共支撑。2016年，教育部发布《关于新形势下进一步做好普通中小学装备工作的意见》(教基一〔2016〕3号)，要求加强设施建设，用好“全面改薄”及其他中央和地方与装备相关的资金和项目，按照标准建设实验教学和音体美装备和场所；支持探索建设综合实验室、特色实验室、学科功能教室、教育创客空间；鼓励对现有教室进行多功能技术改造，适应学生学习需求；推进宽带网络校校通，实现校园无线网络全覆盖；鼓励探索建设智慧校园。

(一) 加快推进“三通两平台”建设

为大力促进教育信息化发展，2012年9月召开的第一次全国教育信息化工作电视电话会议提出，“十二五”期间，要以建设好“三通两平台”为抓手，也就是“宽带网络校校通、优质资源班班通、网络学习空间人人通”，建设教育资源公共服务平台和教育管理公共服务平台。“三通两平台”建设作为当前教育信息化建设的核心目标与标志工程，是开发优质教育资源的重要手段，对此，《国务院办公厅关于进一步加强控辍保学提高义务教育巩固水平的通知》(国办发〔2017〕72号)要求加快“三通两平台”建设与应用，促进农村学校共享优质教育资源的开发。同时，2017年8月，《教育部关于进一步推进职业教育信息化发展的指导意见》(教职成〔2017〕4号)出台，要求改善基础条件，落实“三通两平台”建设要求，各地普遍建立推进职业教育信息化持续健康发展的政策机制。

---

① 教育部关于印发《教育信息化“十三五”规划》的通知(教技〔2016〕2号，2016年6月7日)[R].中华人民共和国国务院公报，2016(32).

在此背景下，地方各级政府致力于“三通两平台”建设，取得显著成效。以贵州省为例，截至2017年第一季度，贵州省“宽带网络校校通”取得重大进展，全省中小学校宽带覆盖率超过95%，2 326所中小学校建有教师电子备课室，1 739所学校建有电子阅览室；“优质资源班班通”不断普及深化，全省配备多媒体设施的班级11.72万个，普通教室全部实现多媒体化的学校有7 388所；“网络空间人人通”进展顺利，全省近160万名师生通过“网络学习空间”探索网络条件下的新型教学、学习与教研模式。智能化排课、网上阅卷、家校通等教育信息化管理系统逐渐普及。①

（二）推动数字校园和智慧校园建设

数字校园是指以网络为基础，利用信息技术将学校的主要信息资源数字化，并实现网络化的信息产生、管理、传播和使用方式，从而形成信息化、智能化的校园环境。2015年1月，教育部发布了《职业院校数字校园建设规范》（教职成函〔2015〕1号），要求推进职业院校数字校园建设，数字校园为学生、教师、管理人员和校外人员等提供集成的数字化教学、数字化科研、数字化管理、数字化公共服务、数字化文化生活、数字化社会服务和数字化决策支持服务。2016年12月底，重庆市教委发布了《重庆市智慧校园建设基本指南（试行）》。该指南由总论、框架体系、基础教育建设规范、中职教育建设规范和高等教育建设规范五部分组成，包括基础设施、业务支撑、数据与资源、智慧应用和保障体系五方面共902个指标。②

为了贯彻落实《职业院校、数字校园建设规范》的要求，2017年8月，《教育部关于进一步推进职业教育信息化发展的指导意见》（教职成〔2017〕4号）出台，要求90%以上的职业院校建成不低于《职业院校、数字校园建设规范》要求的数字校园，继续开展“职业教育百所数字校园建设实验校”项目，完成第一批实验校的中期评估。为了进一步推动中小学数字校园建设，2017年，教育部研究制定《中小学数字校园建设规范》。各地也积极推动数字化智慧

---

① 钱星星.贵州省中小学校宽带覆盖率超过95%[N].贵州日报，2017-05-16(02).

② 科技司.重庆市发布智慧校园建设基本指南[EB/OL].2017-05-23[2018-02-06].http://www.moe.gov.cn/s78/A16/s5886/xtp_left/s5890/201705/t20170523_305567.html.

校园建设,河南省印发了《关于实施2017年河南省中等职业教育实训基地建设项目的通知》(教职成〔2017〕553号)和《关于实施河南省中等职业教育信息化提升工程的通知》(教职成〔2017〕553号),要求按照相关规定遴选"智慧校园"项目建设学校和"实训基地"项目建设学校。首批遴选出100所河南省中等职业教育信息化提升工程项目学校,其中"智慧校园"项目学校8所,"数字校园"项目学校92所,并给予省财政一次性补助。[①]

二、深化数字教育资源开发与应用

数字教育资源的开发有力地保障了优质教育资源的覆盖面。2017年,教育部继续开展"一师一优课、一课一名师"活动,继续推进职业教育资源建设,不断加强高等教育优质资源建设与应用,加强继续教育优质资源开放共享。

(一)深入开展"一师一优课、一课一名师"活动

为贯彻落实党的十八届三中全会提出的"构建利用信息化手段扩大优质教育资源覆盖面的有效机制",按照《教育部关于全面深化课程改革落实立德树人根本任务的意见》(教基二〔2014〕4号)精神,教育部决定开展"一师一优课、一课一名师"活动,并于2014年7月印发《教育部办公厅关于开展2014年度"一师一优课、一课一名师"活动的通知》(教基二厅函〔2014〕13号)。《教育信息化"十三五"规划》(教技〔2016〕2号)提出,"十三五"期间将继续开展"一师一优课、一课一名师"等信息化教学推广活动,激发广大教师的教育智慧,不断生成和共享优质资源。2017年2月,教育部下发《教育部办公厅关于开展2016—2017年度"一师一优课、一课一名师"活动的通知》(教基二厅函〔2017〕5号)。该文件提出,组织引导教师在国家教育资源公共服务平台(以下简称"国家平台")"晒课",数量达到270万堂以上,从中遴选2万堂"优课"纳入国家平台优质教育

---

① 河南省教育厅河南省财政厅关于实施河南省中等职业教育信息化提升工程的通知(教职成〔2017〕553号)[EB/OL].2017-06-28[2018-02-10].http://www.haedu.gov.cn/2017/07/05/1499226525720.html.

资源库，供广大教师学习借鉴，促进信息技术与教育教学深度融合，提高教育教学质量。

（二）继续推进职业教育资源建设

《教育部关于进一步推进职业教育信息化发展的指导意见》（教职成〔2017〕4号）要求，推动优质数字教育资源共建共享。继续推进建设国家级职业教育专业教学资源库，引导各地各职业院校根据区域、行业特点建设和完善省级、校级资源库，突出资源库“能学、辅教”的功能定位。支持行业、企业与职业院校共同建设面向社会服务的企业信息库、岗位技能标准库、人才需求信息库、创新创业案例库等开放资源。根据需要，有序引导各地各职业院校开发基于职场环境与工作过程的虚拟仿真实训资源和个性化自主学习系统。探索建设政府引导、市场参与的数字教育资源共建共享平台，服务课程开发、教学设计、教学实施与教学评价。依托专业机构，建立健全共建共享平台的资源认证标准和交易机制，进一步扩大优质资源覆盖面，强化优质资源在教育教学中的实际应用。①

（三）加强高等教育优质资源建设与应用

《教育部关于加强高等学校在线开放课程建设应用与管理的意见》（教高〔2017〕3号）要求，加快推进适合我国国情的在线开放课程和平台建设，建设一批以大规模在线开放课程为代表、课程应用与教学服务相融通的优质在线开放课程，认定一批国家精品在线开放课程，建设在线开放课程公共服务平台，促进在线开放课程广泛应用。为了贯彻这一文件要求，各省市出台相应配套政策。如河南省的《2017年度教育信息化重点工作及责任分工》（教科技〔2017〕678号）对加强高等教育优质资源建设与应用作出积极部署，要求在全省高校组织建设一批精品在线开放课程，加强在线开放课程的应用，积极申请认定国家级精品在线开放课程。推进高校实验教学改革与发展，建设

---

① 教育部关于进一步推进职业教育信息化发展的指导意见（教职成〔2017〕4号）[EB/OL]. 2017-08-31[2018-02-06]. http://www.moe.edu.cn/srcsite/A07/zcs_zhgg/201709/t20170911_314171.html.

高等学校实验教学资源共享平台,立项建设一批高校虚拟仿真实验教学中心和实验教学示范中心;推进高校智慧化信息技术应用基础环境建设,推进高校学生管理服务云平台和大中专学生就业创业公共服务云平台建设,推进高校信息系统集成与数据整合,开展大数据服务。当前,在主要课程平台上线的我国高水平大学建设的慕课已超过 1 400 门,根据高校个性化需求定制课程 5 600 多门次,累计 1 700 余所(次)高校在课程平台上选用或定制课程,高校和社会学习者选课人次超过 3 000 万,在线课程教学质量得到高校普遍认可。①

第二节　提升信息化服务教育教学与教育治理能力

《教育信息化“十三五”规划》(教技〔2016〕2 号)提出,“十三五”期间,提升教育治理体系和治理能力现代化水平,形成与教育现代化发展目标相适应的教育信息化体系,充分发挥信息技术对教育的革命性影响。

一、提升信息化服务教育教学的能力

“十二五”以来,教育信息化工作坚持促进信息技术与教育教学深度融合的核心理念,坚持应用驱动、机制创新的基本方针,各项工作取得了突破性进展。在全面提升教育质量,在更高层次上促进教育公平的当下,2017 年,我国进一步提升信息化服务教育教学的能力,发挥教育信息化的支撑引领作用。

(一) 规范引导教育资源公共服务体系建设

数字教育资源公共服务体系是政府提供数字教育资源基本公共服务的载体,包括国家数字教育资源公共服务体系和省级数字教育资源公共服务体系,主要通过网络学习空间的形式提供资源服务并支撑基于信息技术的新型

---

①　教育部对十二届全国人大五次会议第 6064 号建议的答复[EB/OL].2017 - 09 - 18[2018 - 02 - 06].http://www.moe.gov.cn/jyb_xxgk/xxgk_jyta/jyta_kjs/201712/t20171218_321643.html.

教育教学模式。为不断提升信息化服务教育教学的能力，2017 年 12 月，《教育部关于数字教育资源公共服务体系建设与应用的指导意见》（教技〔2017〕7 号）出台，要求坚持“服务导向、分级协作，统一标准、开放共享，创新机制、彰显特色”的基本原则，共建共治国家体系，建设运行国家体系枢纽环境，统筹做好省级体系的规划、建设、运维与服务，提升完善体系内教育资源公共服务平台服务功能，切实落实网络学习空间对教育教学活动的支撑，扎实开展市县两级对国家体系用户的支持服务，积极推动学校开展资源应用，探索形成新型教学、管理、服务模式。同时，根据《教育部 2017 年教育信息化工作要点》（教技厅〔2017〕2 号）的要求，中央电化教育馆印发《中央电化教育馆关于组织开展国家数字教育资源公共服务体系与应用试点示范工作的通知》（教电馆〔2017〕106 号），决定组织开展国家数字教育资源公共服务体系建设与应用试点示范工作，遴选一批区域公共服务平台，探索体系协同提供公共服务的机制和模式，为形成深度互联互通的国家数字教育资源公共服务体系奠定基础。根据这一工作部署，各省电教馆全面组织开展省级数字教育资源公共服务体系建设与应用试点示范工作。

（二）提升教育资源公共服务体系协同服务能力

《教育部 2017 年教育信息化工作要点》（教技厅〔2017〕2 号）要求，持续完善国家教育资源公共服务平台资源服务，实现国家平台与全部省级平台的互联互通，加快推进与主要企业平台的对接，试点推动基于统一身份认证的网络学习空间服务模式，提升公共服务体系协同服务水平，支持全国 200 万个以上的班级实现“优质资源班班通”，国家教育资源公共服务体系服务用户超过 700 万人。根据这一要求，2017 年 12 月底，《教育部关于数字教育资源公共服务体系建设与应用的指导意见》（教技〔2017〕7 号）出台，指出形成各级政府协同提供公共服务立体化格局，构建国家数字教育资源公共服务体系，将全国各级各类平台和资源进行有机连接，构建基于网络学习空间的数字教育资源公共服务模式，搭建教学资源有序分发和共享的途径，可以形成各级政府提供公共服务的立体化格局，促进服务渠道和服务内容不断多元化、深入化；省级教育行政部门要统筹做好省级体系下各级平台的协同服务工作。凡省级确认的市县级公共服务平台可为其辖区内的师生提供服务,其他未建公共服务平台的市县辖区内的用户由省级公共服务平台提供服务,省级公共服务平台未覆盖地区的师生由国家公共服务平台提供服务。①

二、提升管理信息化水平和教育治理能力

近年来,随着《国家中长期教育改革和发展规划纲要(2010—2020 年)》与《教育信息化十年发展规划(2011—2020)》(教技〔2012〕5 号)的颁布实施,我国教育管理信息化以解决中央、地方各级教育管理信息系统的有无问题为主要目标的第一阶段建设已取得明显成效。2017 年,教育部通过完善教育管理公共服务平台建设,加强教育行业数据管理与决策等措施,提升管理信息化水平和教育治理能力。

完善教育管理公共服务平台建设。面对新信息技术的发展和新需求的产生,教育部在 2017 年度进一步健全覆盖全国各教育阶段的基础数据库,继续推进各教育业务管理信息系统的建设、整合和功能优化,实现基础数据的有序共享,修订《国家教育管理信息系统建设总体方案》;为了做好平台安全运营工作,出台教育管理公共服务平台业务管理信息系统运维总体规划;为了更好地服务利益相关者,提高信息化发展水平,促进教育发展,推进教育部数据中心同城灾备中心集成建设,继续做好异地灾备中心运维及灾备演练工作。另外,教育部就业指导中心还建设就业大数据平台,及时公布就业动向和招聘信息,做好中国研究生招生信息网、学籍学历信息管理平台、教育部阳光高考平台及全国征兵网的功能优化,确保其运行维护和信息服务工作正常开展。

做好高考综合改革网上录取系统试点应用和运维工作。教育部全国统一的网上录取系统由清华大学设计开发并进行系统更新和完善,基本满足高考招录工作中的计划管理、数据管理、信息交互,多种状况下按学校投挡、录检、统计查询、名册打印等功能需求,完成招生院校与各省在相对一致的招生

① 余闯.共建共享数字教育资源公共服务体系[N].中国教育报,2018-04-14(3).

政策和录取方案下省级招办间的远程网上对接录取工作。但全国大部分省市的招生录取方案中有其他特定的举措,具有较多的改革元素,必须在全国通用系统的基础上进行相应功能的扩展,统一录取系统的知识产权和软件著作权,满足全国统一的录取系统具有较高的信息安全等级要求,因此按照《教育部关于做好 2017 年普通高校招生工作的通知》(教学〔2017〕1 号)中"加强信息安全防护""严防信息数据泄露"①的要求,各地教育考试院在原有高考录取机制基础上,通过招标形式做好了高考综合改革网上录取系统试点应用和运维工作。各地教育行政部门高度重视高考信息安全工作;切实通过严格工作权限、定期校验等措施,严防数据信息泄露;加强考生志愿填报密码保管、发放和志愿确认等环节管理,防止考生志愿填报账号被他人盗用或非法操控。

加强教育行业数据管理与决策支持服务。为实现科学、规范、高效管理,促进教育信息化持续健康协调发展,贯彻落实《教育信息化十年发展规划(2011—2020 年)》(教技厅函〔2016〕37 号)提出的信息化管理任务,加强教育部直属机关教育数据管理工作,教育部将研究印发《教育部教育数据管理暂行办法》,保证教育信息化项目的顺利实施,规范数据采集、存储、处理、使用、共享的全生命周期管理,推进各类相关教育数据的规范管理,以便更好地促进互联互通、共享公开、充分应用,提高数据质量,确保数据安全,更好地服务于教育改革与发展。

为了进一步完善教育信息化标准体系,保障教育信息化健康有序发展,教育部研究制定了《基础教育教学资源元数据》系列标准(教技〔2017〕5 号),包括《基础教育教学资源元数据信息模型》《基础教育教学资源元数据 XML 绑定》《基础教育教学资源元数据实践指南》三个标准,②为了实现有效对接,教育部继续推进"国家教育科学决策服务系统"建设,构建公众数据服务体系和网络数据库,规划司和教育管理信息中心制定《教育部教育数据资源目

---

① 教育部关于做好 2017 年普通高校招生工作的通知(教学〔2017〕1 号)[EB/OL].2017-02-15[2018-02-10].http://www.moe.edu.cn/srcsite/A15/moe_776/s3258/201702/t20170224_297252.html.

② 教育部关于发布《基础教育教学资源元数据》系列教育行业标准的通知(教技〔2017〕5 号)[EB/OL].2017-05-27[2018-02-20].http://www.moe.edu.cn/srcsite/A16/s3342/201706/t20170622_307711.html.

录》,推动教育业务数据资源共享,加快指导和推动省级层面的相应数据库和标准的开发、应用和更新,全面满足社会公众的数据服务需求。

加快电子政务建设。为了促进教育电子政务服务不断向基层教育行政部门和学校延伸,有效落实《国家发展改革委关于印发“十三五”国家政务信息化工程建设规划的通知》(发改高技〔2017〕1449 号),[①]形成统一完整的教育电子政务网络,教育部在 2017 年度开始着手制订《教育电子政务“十三五”规划》,统筹共建教育电子政务公共基础设施,建立国家教育电子政务统筹协调机制,完善电子政务顶层设计和整体规划。推进教育电子政务内网建设和应用;完善教育政务外网,支撑教育管理和公共服务应用,以便显著提高教育政务公开、网上办事和各类互动水平和层次,部署应用系统,巩固完善教育电子政务内网,加快实现与直属单位、部属高校的互联互通。

截至 2017 年底,围绕教育改革与发展的中心任务,国家和省两级数据中心建设基本完成,覆盖全国各级各类教育的学校、教师、学生的信息管理系统基本建成,学生学籍及资助管理等系统投入使用,基本实现学生、教师和学校资产等信息入库,省级数据中心得以建设和完善,建成覆盖本地区各市(地)、县和学校的数据采集、交换和应用体系,并保证数据的及时更新,有力地监管和支撑国家重大项目的实施。网络互联、信息互通、业务协同稳步推进,电子政务应用进一步深化,推进电子公文安全可靠应用试点,开展教育政务信息资源库建设,有效促进政府教育管理创新。

第三节　强化教育行业网络安全监管

《2017 年教育资源开发、应用和服务工作要点》提出,扎实推进网络安全保障工作。按照《中华人民共和国网络安全法》的相关要求以及教育部网安网信领导小组成员单位的分工要求,进一步完善网络安全相关技术措施、制度和机制。按照国家和教育部有关要求落实工作,形成责任清单,确保件件

---

① 国家发展改革委关于印发“十三五”国家政务信息化工程建设规划的通知(发改高技〔2017〕1449 号)[EB/OL].2017 - 06 - 30[2018 - 02 - 23].http://www.ndrc.gov.cn/zcfb/zcfbghwb/201708/t20170824_858612.html.

有着落；进一步提高对数据安全的重视程度，做好与开发企业、运维企业的安全协议，保证建设、运维和使用的信息系统安全。

一、提高教育行业网络安全保障能力

提高网络安全保障能力，首先要强化网络安全顶层设计。为此，教育部和各级教育行政部门借助国家制定和实施网络空间安全战略之机，正确认识网络新技术、新应用、新产品可能带来的挑战，推动出台教育网络安全、密码、个人信息保护方面的措施和保护机制，建立和完善如实施教育网络安全审查制度等国家和地方教育网络安全相关制度，以便基于国家网络与信息安全信息通报预警机制，建立相应教育信息预警体系，健全教育网络安全标准体系，防范重要教育信息技术产品和服务网络安全风险。强化相关基础研究，加强网络空间安全学科专业建设，创建一流网络安全学院，主动防范和化解新技术应用带来的潜在风险。

增强网络安全应急响应能力。为了全面保障教育系统网络运作安全，教育部 2017 年重点建立健全教育行业重要信息系统和设施名录，制定关于教育信息基础设施保护的指导性文件；重要信息系统和涉密教育信息系统安全保障能力及产业化支撑水平，实施教育信息安全专项计划；探索建立教育行业态势感知工作机制；推进教育行政部门电子公文系统安全可靠应用和安全可靠教育信息技术产品创新研发、应用和推广，形成教育信息技术产品自主发展的生态链；与网络安全职能部门、专业机构、高校组织和企业的合作，进一步加强信息系统（网站）安全监测，形成安全威胁信息共享机制，实时通报、限期整改、跟踪核查，确保安全威胁修复。

教育部和地方教育行政部门实施教育网络空间安全重大科技项目，加强网络安全应急处置与响应，全面提升教育网络信息技术能力，强化网络安全科技创新能力，开展应急演练，研究制定教育行业信息技术安全应急预案，明确各类安全事件的处置流程和要求，提高安全事件的处置效率。地方教育行政部门完善了组织领导体制，明确教育信息化行政职能管理部门职责，将教育信息化纳入年度教育工作要点，统筹推进落实；不断整合教研、电教、信息、装备等教育系统专业机构力量，探索和建立教育信息化技术服务支撑机制；

着力加强对本地薄弱地区、薄弱学校与教学点的支持力度。2017 年底共完成 75 所部属高校全联网，推进“高校校园安全管理及应急指挥系统”建设，制定重要时期网络安全保障工作方案（如重要节假日关闭相应网站），保障重要时期教育行业网络安全，落实部门一把手网络安全负责制。

开展网络安全综合治理行动。教育部和地方政府在落实教育网络共享和安全责任制的同时，促进政府职能部门等社会各界共同参与，共筑网络安全防线。教育部科技司、教育管理信息中心、省级教育行政部门，面向教育行业，以“治乱、堵漏、补短、规范”为主要目标，全面治理网站管理乱象，开展专项检查，推进网站建设运行和内容发布规范化；通过单位自查、远程检测、现场抽查的方式，修复信息系统（网站）安全漏洞，补齐网络安全等级保护制度短板，提高信息系统（网站）的安全防护能力；全面推进教育行业关键信息基础设施完成定级备案和测评整改，系统排查教育行业存在的安全隐患；加强重要领域密码应用，健全、完善网络和信息安全管理制度和标准规范，加强涉密网络保密防护监管力度；加强教育领域关键信息基础设施核心技术装备威胁感知和持续防御能力建设，从而全面提高网络安全防御能力和威慑能力。

二、强化网络安全法实施及教育信息化培训

《中华人民共和国网络安全法》自 2017 年 6 月 1 日起施行，这意味着建设网络强国的制度保障迈出坚实的一步，也成为教育领域网络安全保障新的起点和转折点，相应的教育信息保护进入正轨，大大挤压了教育网络暴力、网络谣言、网络欺诈等“毒瘤”的生存空间。为了营造网络安全人人有责、人人参与的良好氛围，教育部和各级政府及其下辖教育行政部门开展了“中国国家网络安全宣传周”、办好“教育日”等活动，坚持以“共建网络安全，共享网络文明”为主题，并围绕重点领域和行业网络安全问题，举办教育网络安全体验展等系列主题宣传活动和丰富多彩的线上线下宣传教育活动。

实施“网络教育名师培育支持计划”“校园好网民培养选树计划”，教育部组织指导相关单位制订《网络空间安全研究生培养方案》，编制《高校师生网络素养指南》，建立网络文化成果评价认证体系，引导师生强化网络意识，提升网络文明素养，创作网络文化产品，传播主旋律，弘扬正能量，守护好网络

精神家园。开展高校网络文化建设专题培训，推进高校辅导员网络培训核心课程体系建设，加大网络培训力度。推动将教师信息技术应用能力纳入师范生培养和各方面考核评价体系。2017 年，教育部开展贯彻落实网络安全法的专题培训，面向管理人员组织 3 期培训班，面向技术人员组织 2 期培训班，共计 600 人次，从而提高网络安全意识和重视程度，提升管理人员的管理决策水平和技术人员的技术防护能力。①

三、推进教育系统密码应用

为进一步加快电子政务工程建设工作，贯彻落实《全国党政机要密码工作"十三五"规划》，教育部制订了《教育行业密码应用规划》，以便指导和完善信息系统与密码保障体系同步规划、同步建设、同步运行的工作机制，开通最新的党政系统计算机加密通信传输平台，建立督查和通报制度，对各教育单位机要人员进行了业务培训，积极推进商用密码在教育行业的应用，强化教育行政部门工作人员对上下公文流转、协同办公以及部门之间开展非涉密信息交换和业务互动重要性的认识。加强涉密人员信息安全意识，制定和完善密码管理规章制度，强化密码设备管理。组织学习宣传国产密码应用，推进实施示范项目，提高工作效率和成本，同时有效降低数据泄密风险，提高安全可控性。

---

① 教育部办公厅关于印发《2017 年教育信息化工作要点》的通知(教技厅〔2017〕2 号)[EB/OL].2017-02-03[2018-02-24].http://www.moe.edu.cn/srcsite/A16/s3342/201702/t20170221_296857.html.

第十四章　扩大教育对外开放

改革开放以来，中国坚持对外开放，坚持打开国门搞建设，积极促进“一带一路”国际合作，努力实现政策沟通、设施联通、贸易畅通、资金融通、民心相通，打造国际合作新平台，增添共同发展新动力。同时，加大对发展中国家特别是最不发达国家援助力度，促进缩小南北发展差距。2017 年，我国进一步完善顶层设计，在留学政策、人文交流、涉外办学和“一带一路”建设等方面继续深化改革，推进相关工作的法制化、规范化。

第一节　规范来华留学政策体系

截至 2017 年，中国已经成为世界最大的留学输出国和亚洲最大留学目的国，①在此背景下，我国进一步完善国际学生管理办法和留学奖学金体系。2017 年，《学校招收和培养国际学生管理办法》以及《台湾学生奖学金管理办法》（财科教〔2017〕140 号）《港澳及华侨学生奖学金管理办法》（财科教〔2017〕139 号）颁布，适应了来华留学迅猛发展的势头，进一步促进了我国留学政策的法制化和规范化。

一、颁布国际学生管理办法

进入 21 世纪以来，在内地高校及中小学就读的外国留学人员规模不断扩大，来源国别、学历层次、学科专业等结构显著改善。截至 2016 年，共有来

① 中国成为世界最大的留学输出国和亚洲最大留学目的国[EB/OL].2017 - 03 - 01[2018 - 01 - 02].http://edu.people.com.cn/n1/2017/0301/c1006 - 29117152.html.

自 205 个国家和地区的 442 773 名各类外国留学人员在 829 所高等学校、科研院所和其他教学机构中学习。[①] 教育部于 2017 年 3 月制定并颁布了《学校招收和培养国际学生管理办法》(本章简称《办法》)。[②]《办法》提出要坚持五大原则。

一是处理好政府行政管理与学校依法自主办学之间的关系,坚持简政放权,尊重学校办学自主权。一方面,《办法》赋予高等学校更多自主权,使高校在国际教育中的主体地位更加突出。依据《办法》精神,高等学校在具备相应教学条件和培养能力的前提下,可自主确定国际学生的招生计划和专业(国家另有规定的除外),可自主招收国际学生,并规定国际学生转专业的条件和程序。另一方面,《办法》专门要求高校设置国际学生辅导员岗位,及时做好信息、咨询、文体活动等方面的服务,并对国际学生辅导员配备比例和待遇作出明确规定。

二是处理好监管与服务之间的关系,坚持放管结合,在加强监管的同时优化服务。在监督措施方面,《办法》规定对教学质量低劣或管理与服务不到位以及造成不良社会影响的学校,教育行政部门应当责令其整改并可以限制其招收国际学生。在提升服务水平方面,《办法》强调信息公开,新增勤工助学规定,并首次明确学校实行国际学生全员保险制度。

三是处理好中央与地方的关系,在现行管理体制的基础上落实好省级教育统筹权。为适应新的法制环境和管理要求,《办法》在政府管理体制方面作出了几方面调整和补充:按照教育分级管理、分工负责的原则,明确国务院教育行政部门统筹管理全国国际学生工作,制定宏观政策、指导与协调地方工作;尊重地方对学前、初等和中等教育的管理职责,规定实施学前、初等、中等教育的学校招收和培养国际学生,其招生、教学和校内管理等,按照省级人民政府及其相关部门的规定执行,由省级教育行政部门对本行政区域内国际

---

① 教育部有关负责人就《学校招收和培养国际学生管理办法》答记者问[EB/OL].2017 - 06 - 02[2018 - 01 - 02].http://www.moe.gov.cn/jyb_xwfb/s271/201706/t20170602_306387.html.

② 教育部,外交部,公安部.学校招收和培养国际学生管理办法[EB/OL].2017 - 06 - 02[2018 -01 - 02].http://www.moe.gov.cn/srcsite/A02/s5911/moe_621/201705/t20170516_304735.html.

学生工作进行指导、协调和监管。

四是处理好《办法》规定与出境入境管理法等现行其他规定之间的关系，注重相关规定衔接一致，坚持立法统一。《办法》更新了社会管理要求，在出入境和在华停留居留管理、未成年人监护、短期团组、卫生检疫等方面与现行法律法规相衔接。

五是处理好规范管理与提高质量之间的关系，进一步增强中国教育的吸引力。在规范管理方面，除更新社会管理规定外，还规定高校要明确管理机构，设立承担国际学生管理职能的机构，统筹负责国际学生相关工作。在放权于高校的同时，《办法》着重强调高等学校要改进管理，提升质量。要求高校将国际学生教学计划纳入学校总体教学计划，把关生源质量，控制教学环节。

《办法》不仅合乎国家法治发展的需要，也顺应我国留学事业高速发展的趋势。在法理上理顺了相关利益主体之间的关系，进一步完善了管理国际学生的制度体系，为相关治理工作提供了有效依据和指导。《办法》于2017年7月1日开始实施，教育部通过逐级培训等方式，开展《办法》的宣传和解读工作。在教育部的推动下，省级教育行政部门和高等学校按照《办法》精神制定和修改本地区、本校招收和培养国际学生的相关管理办法和规定。

二、出台港澳台及华侨学生奖学金管理办法

提供奖学金是我国发展来华留学事业的重要举措。1986年原国家教育委员会外事局颁布的《外国留学生来华学习的有关规定》就单列条目对中华人民共和国政府奖学金进行说明。2001年教育部出台《关于中国政府奖学金的管理规定》，按类别把奖学金分为六种：本科生奖学金、研究生（包括硕士和博士）奖学金、进修生（包括普通和高级）奖学金和汉语进修生奖学金。按照项目把奖学金分为五种：HSK优胜者奖学金、优秀留学生奖学金、长城奖学金、中华文化研究项目（资助）和外国汉语教师短期研修项目（资助）。2010年，《留学中国计划》（教外来〔2010〕68号）对奖学金进行了规划："保证中国政府奖学金的规模稳定增加，逐步推行奖学金各项内容货币化改革。鼓励并支持地方政府、学校、企事业单位以及其他社会组织、自然人设立各类来

华留学奖学金。构建政府主导、社会参与、主体多元、形式多样的奖学金体系。”①

上述政策为吸引外国留学生来华留学提供了重要保障，然而，如何实施港澳台及华侨学生的奖学金办法则缺乏正式的政策规定。教育“十三五”规划在教育对外开放部分强调：“加强内地与港澳台地区的教育交流与合作。扩展交流内容，创新合作模式，促进教育事业共同发展。”②在此背景下，2017 年我国正式出台了《港澳及华侨学生奖学金管理办法》和《台湾学生奖学金管理办法》。

新版《港澳及华侨学生奖学金管理办法》和《台湾学生奖学金管理办法》体现出三个主要特点。一是参照内地学生奖学金政策体系增设“特等奖”，体现对港澳台侨学生“保证质量、一视同仁、适当照顾”的原则。二是增加了奖学金名额，保证获奖学生比例不低于 30%。台湾学生奖学金名额为 2 900 名，港澳和华侨学生奖学金名额为 6 170 名。三是大幅度提高奖学金奖励标准。每个学历层次奖学金均设四个等级，即特等奖、一等奖、二等奖、三等奖，每学年奖学金分别为：本专科生 8 000 元、6 000 元、5 000 元、4 000 元，硕士研究生 20 000 元、10 000 元、7 000 元、5 000 元，博士研究生 30 000 元、15 000 元、10 000 元、7 000 元。

《港澳及华侨学生奖学金管理办法》和《台湾学生奖学金管理办法》是加强与港澳台地区教育交流的重大措施。一方面，这是我国完善来华留学奖学金体系的重要举措，有利于增强我国留学吸引力，促进人文交流；另一方面，两个奖学金管理办法的颁布对海峡两岸暨港澳地区教育融合具有深刻意义。《港澳及华侨学生奖学金管理办法》有利于吸引港澳及华侨学生来内地学习，有利于增强相关地区学生的祖国观念，③进一步增强他们对祖国的认同感。《台湾学生奖学金管理办法》是推进祖国和平统一大业的重要部署，有利于鼓励和

---

① 教育部关于印发《留学中国计划》的通知（教外来〔2010〕68 号，2010 年 9 月 21 日）[R].中华人民共和国教育部公报，2010(12).

② 国务院关于印发国家教育事业发展“十三五”规划的通知（国发〔2017〕4 号，2017 年 1 月 10 日）[R].中华人民共和国教育部公报，2017(5).

③ 财政部　教育部关于印发《港澳及华侨学生奖学金管理办法》的通知（财科教〔2017〕139 号）[EB/OL].2017 - 10 - 13[2018 - 01 - 22].http://www.gov.cn/xinwen/2017 - 11/17/content_5240331.htm.

支持更多的台湾地区学生来祖国大陆学习,增强他们对祖国的认同感。[①]

第二节 创新人文交流机制

2017年7月,中共中央总书记、国家主席、中央军委主席习近平主持中央全面深化改革领导小组会议,审议通过《关于加强和改进中外人文交流工作的若干意见》(本章简称《意见》),确立了“以人为本、平等互鉴、开放包容、机制示范、多方参与、以我为主、改革创新”的工作原则,要求进一步创新高级别人文交流机制,改革各领域人文交流内容、形式、工作机制,将人文交流与合作理念融入对外交往各个领域。《意见》对于“推进(我国)国际传播能力建设,讲好中国故事,展现真实、立体、全面的中国,提高国家文化软实力”[②]有着重大意义,也明确了我国教育国际化的时代主旋律。

一、发挥政府高级别人文交流机制示范带动作用

《意见》在交流机制的创新举措中提出,充分发挥元首外交和首脑外交的引领作用,充分发挥高级别人文交流机制的示范带动作用。[③] 同时,政府间高级别交流也对国家对外工作大局具有支柱作用。[④] 依托高级别人文交流机制推动区域人文交流,有利于扩大参与国家范围,进一步发挥在区域和国际人文交流中的辐射和带动作用。

在该机制的构建中,我国通过部门间协同,重点深化中俄、中美、中英、中

---

① 财政部 教育部关于印发《台湾学生奖学金管理办法》的通知(财科教〔2017〕140号)[EB/OL].2017-10-13[2018-01-22]. http://www.moe.gov.cn/srcsite/A20/s3117/s6583/201711/t20171115_319208.html.

② 决胜全面建成小康社会 夺取新时代中国特色社会主义伟大胜利——习近平在中国共产党第十九次全国代表大会上的报告[EB/OL].2017-10-18[2018-01-22].http://cpc.people.com.cn/n1/2017/1028/c64094-29613660.html.

③ 中共中央办公厅 国务院办公厅印发《关于加强和改进中外人文交流工作的若干意见》[EB/OL].2017-12-21[2018-01-21].http://www.gov.cn/zhengce/2017-12/21/content_5249241.htm.

④ 国务院关于印发国家教育事业发展“十三五”规划的通知(国发〔2017〕4号,2017年1月10日)[R].中华人民共和国教育部公报,2017(5).

欧、中法、中印尼人文交流。2017 年，还积极开拓建立中德、中南非等高级别人文交流机制，筹办"中国—东盟教育周"十周年活动，举办"金砖国家教育部长会议"，[①]与 188 个国家和地区建立了教育合作与交流关系，与 46 个重要国际组织开展教育合作与交流。[②] 其中，在贵阳举行的"中国—东盟教育周"十周年活动以"十年教育同携手，一带一路谱新篇"为主题，吸引了来自东盟国家以及瑞士、韩国、俄罗斯、澳大利亚、新西兰等特邀伙伴国的参会单位2 717个，参会嘉宾 11 834 人次，签署了 1 088 份合作协议或合作备忘录。[③] 在北京举行的第五届金砖国家教育部长会议以"金砖国家教育合作：促进卓越和公平"为主题，签署了《北京教育宣言》，提出继续支持"金砖国家网络大学"成员开展教育、科研和创新领域的合作，鼓励金砖国家的大学加入"金砖国家大学联盟"；鼓励金砖国家举办"青少年夏(冬)令营"，增进金砖国家青年一代的文化沟通和交流；鼓励金砖国家提供更多的奖学金名额，增加成员国学生在其他金砖国家学习的机会。《北京教育宣言》作为今后金砖五国教育合作的纲领性文件，表明金砖五国的教育合作由高等教育向基础教育延伸，由单项向综合扩展，由教育向联合科研、信息分享、人文交流拓展。[④] 在政府间良性互动的大好势头下，可以预见，元首外交引领、高访带动、高端机制示范的形式仍然是未来健全广覆盖和多元化的交流格局的重要动力。

二、健全全社会广泛参与的体制机制

全社会广泛参与的体制机制旨在激发人文交流的活力。《意见》注重调

---

① 教育部关于印发《教育部基础教育司 2017 年工作要点》的通知[EB/OL].2017 - 04 - 10[2018 - 02 - 06]. http://www. moe. edu. cn/s78/A06/A06 _ gggs/A06 _ sjhj/201704/t20170427 _ 303369.html.

② 许涛.努力开创教育开放发展新局面[EB/OL].2017 - 12 - 21[2018 - 01 - 11].http://www.moe.gov.cn/jyb_xwfb/moe_2082/zl_2017n/2017_zl73/201712/t20171221_322106.html.

③ 中国将举办第十届中国—东盟教育周活动[EB/OL].2017 - 07 - 15[2018 - 01 - 02].http://www.xinhuanet.com/politics/2017 - 07/15/c_129656049.htm.

④ 第五届金砖国家教育部长会议签署《北京教育宣言》[EB/OL].2017 - 07 - 05[2018 - 01 - 02].http://www.xinhuanet.com/2017 - 07/05/c_1121269940.htm.教育部网站.加强务实合作　推动共赢发展—第五届金砖国家教育部长会议在京举行[EB/OL].2017 - 07 - 05[2018 - 01 - 02].http://www.moe.edu.cn/jyb_xwfb/gzdt_gzdt/moe_1485/201707/t20170705_308720.html.

动中央与地方、政府与社会的积极性，进一步挖掘各地方、各部门、各类组织和群体在中外人文交流中的潜力和资源，鼓励专业化、国际化的社会组织和民间力量参与人文交流的具体项目运作。在民间交流的平台和机制上，教育“十三五”规划注重学校的主体地位，注重深化中外学校间交流与合作，[①]对各级各类学校的国际交流采取分类指导原则：“对于有条件的中小学校，支持其与国外学校建立友好学校关系，开展多渠道对外文化教育交流，拓展国际视野。对于职业学校和应用型高校，支持其引进国(境)外高水平专家和优质课程资源，并鼓励中外职业学校教师互派、学生互换。对于研究型大学与世界一流大学和学术机构，支持其开展高水平人才联合培养及科学联合攻关，依托优势学科举办高水平国际学术论坛，打造高端国际学术交流合作平台。”[②]

同时，我国尤为注重完善高校教师和科研人员出国交流、国际会议、外事接待等管理制度，开展大中小学校长和骨干教师海外研修培训，鼓励和支持教师更广泛更深入地参加国际学术交流与合作。[③]

第三节　完善涉外办学政策

2017 年，教育部将《中华人民共和国中外合作办学条例》的修订工作放入年度计划，同时更新相关政策举措，促进孔子学院向更宽领域发展。

一、着手修订中外合作办学政策

1995 年，我国第一次颁布了《中外合作办学暂行规定》。加入世贸组织后，我国根据世贸组织的有关规定，对《中外合作办学暂行规定》做了重大修改，国务院于 2003 年 3 月正式发布《中华人民共和国中外合作办学条例》。2004 年 6 月颁布《中华人民共和国中外合作办学条例实施办法》及若干配套

---

① 国务院关于印发国家教育事业发展“十三五”规划的通知(国发〔2017〕4 号，2017 年 1 月 10 日)[R].中华人民共和国教育部公报，2017(5).

②③ 国务院关于印发国家教育事业发展“十三五”规划的通知(国发〔2017〕4 号，2017 年 1 月 10 日)[R].中华人民共和国教育部公报，2017(5).

文件。经过十余年的发展，我国合作办学事业已经有了新的发展，同时，随着我国治理体系和制度的新发展，合作办学的管理问题有待进一步改进。

2016 年初，中共中央办公厅、国务院办公厅印发《关于做好新时期教育对外开放工作的若干意见》，对搞好中外合作办学提出了具体要求和部署，要求“完善体制机制，提升涉外办学水平”。2017 年 1 月 10 日，国务院印发《国家教育事业发展“十三五”规划》(国发〔2017〕4 号)，要求“加强中外合作办学管理，完善准入制度，简化审批程序，完善评估认证，强化退出机制，加强信息公开，健全质量保障体系”。[①] 2017 年 1 月 22 日，教育部印发《2017 年工作要点》，将“加快修订《中外合作办学条例》及其实施办法”作为年度重点工作。[②]

二、深入推进孔子学院办学

我国从 2004 年开始探索在海外设立以教授汉语和传播中国文化为宗旨的孔子学院。截至 2017 年，已在全球 146 个国家和地区建立 525 所孔子学院和 1 113 个中小学孔子课堂。近年来，各孔子学院积极探索“孔子学院+”，逐渐发展自身特色，目前，70 所孔子学院形成了涵盖中医、商务、武术、艺术、学术研究、职业培训等领域的特色化办学。[③]

孔子学院的蓬勃发展，需要提升师资和完善办学体制。2017 年，《国家教育事业发展“十三五”规划》(国发〔2017〕4 号)对办好孔子学院作出了新的部署，要求坚持相互尊重、友好协商、平等互利的原则，完善孔子学院布局。在办学体制上，要求办好孔子学院院长学院、示范孔子学院、网络孔子学院，鼓励中资机构、社会组织等参与孔子学院的建设。[④] 在师资方面，要求大力加强中方合作院校支撑能力建设，建立健全汉语国际教育学科体系，着力打造一支高素质院长和教师专职队伍，大力培养各国本土汉语师资。在具体项目

---

①④　国务院关于印发国家教育事业发展“十三五”规划的通知(国发〔2017〕4 号，2017 年 1 月 10 日)[R].中华人民共和国教育部公报，2017(5).

②　关于印发《教育部基础教育司 2017 年工作要点》的通知(教基司函〔2017〕5 号)[EB/OL]. 2017 - 04 - 10[2018 - 02 - 06]. http://www.moe.edu.cn/s78/A06/A06_gggs/A06_sjhj/201704/t20170427_303369.html.

③　数读孔院：孔子学院介绍及全球孔子学院发展概况[EB/OL].[2018 - 02 - 06]. http://conference.hanban.org/news/detail8.html.

上,深入实施“孔子新汉学计划”,深化与世界各国语言文化交流,支持各国将汉语纳入本国国民教育体系,更加广泛地学习和使用汉语。近年来,已经有一些中资企业参与到孔子学院的建设之中。[①] 在此背景下,教育部将印发《关于鼓励社会组织、中资机构支持孔子学院建设的意见》作为 2017 年的重点工作之一,通过出台一些鼓励和支持政策来引导更多元的主体支持孔子学院建设。[②] 此举旨在发挥政策的引领作用,拓宽孔子学院的办学资源。同时,也贯彻了我国教育治理建设的精神,积极建构包括社会力量在内的多元主体参与的教育治理体系。

在政策推进下,孔子学院办学进入更宽的领域。2017 年 12 月,为期两天的第十二届孔子学院大会在西安举行。大会以“深化合作,创新发展,为构建人类命运共同体贡献力量”为主题,围绕“孔子学院发展与构建人类命运共同体”首设大会论坛,举办 15 场中外大学校长论坛和孔子学院院长论坛。来自 140 多个国家和地区的大学校长、孔子学院代表近 2 500 人出席大会,为孔子学院的扩大发展共襄盛举,再次扩大了孔子学院的国际影响力。

第四节 “一带一路”教育政策深入发展

2016 年,为贯彻落实《关于做好新时期教育对外开放工作的若干意见》和《推动共建丝绸之路经济带和 21 世纪海上丝绸之路的愿景与行动》,教育部牵头制订《推进共建“一带一路”教育行动》(教外〔2016〕46 号)(本章简称《教育行动》)。“一带一路”建设,为推动区域教育大开放、大交流、大融合提供了大契机,[③]也为区域教育的大合作、大繁荣开辟了大空间,为教育走出

① 鼓励中资机构参与孔子学院建设政策有望出台[EB/OL].2014 - 09 - 29[2018 - 01 - 02]. http://politics.people.com.cn/n/2014/0929/c70731 - 25760794.html.

② 关于印发《教育部基础教育司 2017 年工作要点》的通知(教基司函〔2017〕5 号)[EB/OL]. 2017 - 04 - 10[2018 - 02 - 06],www.moe.edu.cn/s78/A06/A06_gggs/A06_sjhj/201704/t20170427_303369.html.

③ 教育部关于印发《推进共建“一带一路”教育行动》的通知(教外〔2016〕46 号)[EB/OL]. 2016 - 07 - 15[2018 - 01 - 20]. http://www.moe.gov.cn/srcsite/A20/s7068/201608/t20160811_274679.html.

去、讲好中国故事创造了大平台。2017 年是《教育行动》的落实之年，5 月，“一带一路”国际合作高峰论坛在北京举行，各国政府、地方、企业等达成一系列合作共识、重要举措及务实成果。此外，我国加强顶层设计，以理论研究推进“一带一路”教育共同体建设；以省部协议为抓手，促进国家政策转化为地方和民间教育合作的行动指南。

一、举办“一带一路”国际合作高峰论坛

2013 年秋天，习近平总书记在哈萨克斯坦和印度尼西亚提出共建丝绸之路经济带和 21 世纪海上丝绸之路，即“一带一路”的倡议。① 4 年来，全球 100 多个国家和国际组织积极支持和参与“一带一路”建设，联合国大会、联合国安理会等的重要决议也纳入“一带一路”建设内容。② 2017 年 5 月，“一带一路”国际合作高峰论坛在北京胜利举行，来自 100 多个国家的各界嘉宾齐聚北京，共商“一带一路”建设合作大计。论坛发布了《“一带一路”国际合作高峰论坛圆桌峰会联合公报》，提出加强人文交流和民间纽带，深化教育、科技、体育、卫生、智库、媒体以及包括实习培训在内的能力建设等领域务实合作。③ 在此框架下，论坛就共同推进“一带一路”教育共同体、务实推进相关政策发展达成共识：

> 在教育援助方面，我国政府承诺将向沿线发展中国家提供多种援助，其中中国国家开发银行将举办“一带一路”专项双多边交流培训，设立“一带一路”专项奖学金；我国政府还将与有关国际组织共同推动落实一批惠及沿线国家的国际合作项目，包括设立难民奖学金，为 500 名青少年难民提供受教育机会，资助 100 名难民运动员参加国际和区域赛事活动等。在共建合作机制方面，我国政府与黎巴嫩政府签署《中华人民共和国政府和黎巴嫩共和国政府文化协定

---

① 习近平.习近平谈治国理政[M].北京：外文出版社，2014：287 - 295.

② 携手推进“一带一路”建设——习近平在“一带一路”国际合作高峰论坛开幕式上的演讲[EB/OL].2017 - 05 - 14[2018 - 01 - 20].http://www.beltandroadforum.org/n100/2017/0514/c24 - 407.html.

③ “一带一路”国际合作高峰论坛圆桌峰会联合公报[EB/OL].2017 - 05 - 15[2018 - 02 - 01].http://www.beltandroadforum.org/n100/2017/0514/c24 - 414.html.

2017—2020年执行计划》,与突尼斯政府签署《中华人民共和国政府和突尼斯共和国政府关于互设文化中心的协定》,与土耳其政府签署《中华人民共和国政府和土耳其共和国政府关于互设文化中心的协定》。为充分发挥国际合作平台作用,我国政府与联合国教科文组织签署《中国—联合国教科文组织合作谅解备忘录(2017—2020年)》。为畅通教育合作渠道,我国政府倡议启动《"一带一路"科技创新合作行动计划》,实施科技人文交流、共建联合实验室、科技园区合作、技术转移等四项行动。为加强教育政策沟通,中国教育部与俄罗斯、哈萨克斯坦、波黑、爱沙尼亚、老挝等国教育部门签署教育领域合作文件,与塞浦路斯签署相互承认高等教育学历和学位协议,与沿线国家建立音乐教育联盟。[①]

"一带一路"所秉持的"共商、共建、共享"的全球治理理念,体现了我国作为"一带一路"教育共同体发起国的大国责任与担当。与多国互设文化中心的协定是文化平等交流、文明相互融通的标志,也为进一步讲好中国故事、树立好中国形象铺垫了道路。同时,这些成果也符合《推进共建"一带一路"教育行动》的建议框架:在基础性举措方面,加强"教育行动五通"(教育政策沟通、教育合作渠道畅通、沿线国家语言互通、沿线国家民心相通、学历学位认证标准连通),开展教育互联互通合作;在支撑性举措方面,落实"四个推进计划"("丝绸之路"留学推进计划、合作办学推进计划、师资培训推进计划、人才联合培养推进计划),开展人才培养培训合作;在引领性举措上,全面促进"四方面内容"(加强"丝绸之路"人文交流高层磋商、充分发挥国际合作平台作用、实施"丝绸之路"教育援助计划、开展"丝路金驼金帆"表彰工作),共建丝路合作机制。

二、政策引领"一带一路"理论研究

在全面的教育对外开放布局中,理论研究具有基础性、先导性作用,是发

① "一带一路"国际合作高峰论坛成果清单[EB/OL].2017-05-16[2018-01-12].http://www.beltandroadforum.org/n100/2017/0516/c24-422.htm.

挥教育人文交流属性的前提。我国对相关理论研究的政策培育采取了逐步推进的策略。早在“十二五”时期，我国教育对外开放战略中就提出了“加强国际问题研究”的部署。《国家教育事业发展第十二个五年规划》（教发〔2012〕9号）中提出与有关部门共同研究制定区域和国别研究行动计划，组织高等学校对国家安全和世界各国的政治、经济、文化进行长期跟踪研究；建立一批区域和国别研究中心，为国家外交战略和参与经济全球化提供咨询服务。① 2015年教育部印发《国别和区域研究基地培育和建设暂行办法》（教外监〔2015〕4号）（本章简称《办法》），支持高等学校深入开展国别和区域研究工作，规范国别和区域研究基地的培育和建设，正式将国别和区域研究的培育工作提上政策实践日程。依据《办法》精神，国别和区域研究基地是指高校整合资源对某一国家或者区域的政治、经济、文化、社会等开展全方位综合研究的实体性平台，以咨政服务为首要宗旨，以政策研究咨询为主要任务；基地培育和建设遵循服务国家、按需布局、夯实基础、提高能力的原则；基地培育期一般不超过3年。②

经过近三年的基地培育，2017年教育部颁发了《国别和区域研究中心建设指引（试行）》（教外厅函〔2017〕8号）（本章简称《指引》），引导相关研究为国家发展提供智力支撑，切实推动“一带一路”国家国别和区域研究全覆盖。《指引》要求国别和区域研究中心注重加强国别和区域研究学科建设，培育新兴交叉学科，扎实做好人才培养工作，造就大批满足国家重大政策研究需求的“国别通”“领域通”“区域通”人才，建立具有专业优势和重要影响的研究团队，推动形成高校科研工作新的增长点，不断提高研究质量，着力推进成果利用，努力建成具有专业优势和重要影响的研究中心。

在政策引领下，截至2017年年底，我国已设立42个国别和区域研究培育基地，备案395个国别和区域研究中心，实现国别和区域研究的全覆

---

① 教育部关于印发《国家教育事业发展第十二个五年规划》的通知（教发〔2012〕9号，2012年6月14日）[R].中华人民共和国教育部公报，2012(9).

② 教育部.国别和区域研究基地培育和建设暂行办法（教外监〔2015〕4号，2015年1月21日）[R].中华人民共和国教育部公报，2015(3).

盖。[①] 2017 年我国共发布了 141 项专项研究课题,其中 70 项涉及"一带一路"的 46 个沿线国家;设立了"一带一路"沿线国家研究智库报告课题,系列报告覆盖 66 个沿线国家,一国一本,共计 66 本。[②] 国别和区域研究全面加强了对沿线国家经济、政治、教育、文化等各方面的了解和理解,有力推进了沿线国家民心相通,为"一带一路"教育共同体的发展和繁荣提供了有力的理论支撑。

三、地方共举促进"一带一路"教育政策全覆盖

《关于做好新时期教育对外开放工作的若干意见》提出支持东部地区整体提升教育对外开放水平,率先办出中国特色、世界水平的现代教育,支持中西部地区不断扩大教育对外开放的广度和深度,引导沿边地区利用地缘优势,推进与周边国家教育合作交流,形成因地制宜、特色发展的教育对外开放格局。[③] 这意味着,各地区在国家政策的宏观指导下,需发挥地方自身主体性,因地制宜地制定本地教育对外开放政策。在《推进共建"一带一路"教育行动》中,地方重点推进也是中国行动的有机组成部分。为突出地方推进共建"一带一路"的主体性、支撑性和落地性,发挥各地区位优势和地方特色,教育行动要求各地制定本地教育和经济携手走出去行动计划,紧密对接国家总体布局;有序与沿线国家地方政府建立"友好省州""姊妹城市"关系,做好做实彼此间人文交流;充分利用地方调配资源优势,积极搭建海内外平台,促进校企优势互补、良性合作、共同发展;多措并举,支持指导本地教育系统与"一带一路"沿线国家广泛开展合作交流,打造教育合作交流区域高地,助力做强

---

① 许涛.努力开创教育开放发展新局面[EB/OL].2017-12-21[2018-01-11.].http://www.moe.gov.cn/jyb_xwfb/moe_2082/zl_2017n/2017_zl73/201712/t20171221_322106.html.

② 教育合作为共建"一带一路"提供人才支撑[EB/OL].2017-04-20[2018-02-01].http://www.moe.edu.cn/jyb_xwfb/s5147/201704/t20170420_302894.html.

③ 中共中央办公厅 国务院办公厅印发《关于做好新时期教育对外开放工作的若干意见》[EB/OL].2016-04-29[2018-01-25].http://www.gov.cn/home/2016-04/29/content_5069311.htm.

本地教育。[①]

教育部在与新疆等地方教育部门的沟通磋商中，形成了“与沿边为主、国家对其‘一带一路’建设有明确定位、教育国际合作交流基础薄弱的省份签约，给予实质性支持开展共建”的思路，指导各省市、各教育部直属的高校制定自己“一带一路”教育行动计划，结合各自的优势和实际情况，将推进共建“一带一路”教育行动倡议的三个主要方面的合作和13项具体举措全面落实到位。[②] 同时，教育部根据国家确定的“一带一路”节点省(区)战略定位，与部分省(区)开展重点合作，以分批签署共建合作协议方式，搭建省(区)部“一带一路”教育行动合作推进平台。这种省部协议的形式形成了相互合作的机制，成为推动“一带一路”教育行动计划深入实施的重要抓手。

在此背景下，多地发布了相应的政策文件。例如，天津市教委印发了《天津市推进共建“一带一路”教育行动计划的通知》，提出发挥天津“在‘一带一路’建设中重要战略支点作用，着力打造教育对外开放新高地，建设教育对外开放中心城市”，将目标任务定位于，到2020年，“一带一路”沿线国家在津国际学生规模达到1.5万人次；与“一带一路”沿线国家高校新建3—5个中外合作办学机构(项目)；新建3—5个孔子学院(课堂)、5个鲁班工坊，累计选派500名汉语教师、职业院校专业教师和志愿者赴“一带一路”沿线国家任教。2017年天津按照政策计划，积极拓展服务“一带一路”的海外职业教育市场，依托行业支持，已设立泰国、英国两个海外鲁班工坊，并建设131个国际化专业教学标准试点班，有效推进了“一带一路”教育行动的落实。[③]

---

① 教育部关于印发《推进共建“一带一路”教育行动》的通知(教外〔2016〕46号，2016年7月13日)[R].中华人民共和国教育部公报，2017(9).

② 田学军.中国教育为“一带一路”建设厚植民意根基[EB/OL].2017-05-11[2018-01-11]. http://www.moe.gov.cn/s78/A20/moe_863/201706/t20170620_307369.html.

③ 天津市发挥行业办学优势加快发展现代职业教育[R].教育部简报，2017(54).

第十五章 坚持和加强党对教育工作的领导

习近平总书记在十九大报告中指出:"坚持党对一切工作的领导。党政军民学,东西南北中,党是领导一切的。"全面加强教育系统党的建设,是提高党的执政能力和领导水平,办好中国特色社会主义教育的根本保证。2017年,教育系统切实加强党的建设,深入学习贯彻习近平总书记系列重要讲话精神和治国理政新理念新思想新战略,全面贯彻党的教育方针,把握教育工作的领导权,切实加强学校党的建设,深化全面从严治党,加强教师队伍和学生的思想政治教育,提升思想政治素质。

第一节 全面贯彻党的教育方针

教育方针是国家或政党在一定历史阶段提出的有关教育工作的总的方向和总指针,是教育基本政策的总概括。它是确定教育事业发展方向,指导整个教育事业发展的战略原则和行动纲领。2016年9月,习近平总书记在慰问北京市八一学校的师生时强调,教育决定着人类的今天,也决定着人类的未来,基础教育在国民教育体系中处于基础性、先导性地位,必须把握好定位,全面贯彻落实党的教育方针,从多方面采取措施,努力把我国基础教育越办越好。同时,党的十九大报告指出,要全面贯彻党的教育方针,落实立德树人根本任务,发展素质教育,推进教育公平,培养德智体美全面发展的社会主义建设者和接班人。

一、重申党的教育方针的指导性和权威性

贯彻落实党的教育方针,首先要解决认识的问题,要明确党的教育方针

在整个教育事业发展和实际教育工作中的地位和作用。教育方针始终是促进教育事业发展和开展各项教育工作的指导方针。《国家教育事业发展"十三五"规划》(国发〔2017〕4 号)明确提出,未来教育事业的发展要坚持党的领导,坚持社会主义办学方向,全面贯彻党的教育方针,全面深化教育改革,着力提高教育质量,着力优化教育结构,着力促进教育公平,加快推进教育现代化,推动创新型国家和人才强国建设,为全面建成小康社会和实现中华民族伟大复兴的中国梦作出更大贡献。同时,教育方针也是各级政府制定各项政策的依据,如为全面贯彻党的教育方针,促进义务教育学校不断提升治理能力和治理水平,逐步形成"标准引领、管理规范、内涵发展、富有特色"的良好局面,教育部出台了《义务教育学校管理标准》(教基〔2017〕9 号);为全面贯彻党的教育方针,落实立德树人根本任务,大力培育和弘扬社会主义核心价值观,把校园建设成最安全、最阳光的地方,办好人民满意的教育,为培养德智体美全面发展的社会主义建设者和接班人创造良好条件,教育部出台了《加强中小学生欺凌综合治理方案》(教督〔2017〕10 号);另外,《国务院办公厅关于加强中小学幼儿园安全风险防控体系建设的意见》(国办发〔2017〕35 号)、《普通高等学校师范类专业认证实施办法(暂行)》(教师〔2017〕13 号)、《高校教师职称评审监管暂行办法》(教师〔2017〕12 号)、《中小学综合实践活动课程指导纲要》(教材〔2017〕4 号)和《中小学德育工作指南》(教基〔2017〕8 号)等文件的出台都是以党的教育方针为指导,是全面贯彻党的教育方针的具体体现。

二、将贯彻执行党的教育方针作为评价内容

贯彻执行党的教育方针是教育评价的重要内容,也是选人用人的根本依据。2017 年 5 月,《国务院办公厅关于印发对省级人民政府履行教育职责的评价办法的通知》(国办发〔2017〕49 号)出台,明确将贯彻执行党的教育方针作为评价内容。规定省级人民政府履行教育职责的评价内容主要包括:省级人民政府贯彻执行党的教育方针情况,落实教育法律、法规、规章和政策情况,各级各类教育发展情况,统筹推进本行政区域教育工作情况,加强教育保障情况,学校规范办学行为情况。其中,贯彻执行党的教育方针情况主要包

括：全面贯彻党的教育方针，加强和改善党对教育工作的领导，加强和改进教育系统党的建设，落实全面从严治党和党风廉政建设主体责任，加强教育系统领导班子建设，加强和改进学校思想政治工作，把握党对学校意识形态工作的领导权、主导权，维护教育系统安全稳定等。《中小学校领导人员管理暂行办法》(中组发〔2017〕3 号)也规定，重点监督学校领导班子和领导人员贯彻执行党的教育方针，坚持社会主义办学方向等的情况。

同时，贯彻执行党的教育方针是选人用人的依据。《中小学校领导人员管理暂行办法》(中组发〔2017〕3 号)提出，中小学校领导人员应当具备下列基本条件：具有较高的思想政治素质，重视政治理论学习，坚持马克思主义指导思想，坚定共产主义远大理想和中国特色社会主义共同理想，坚持社会主义办学方向，认真贯彻党的教育方针，忠诚于党和人民的教育事业，牢固树立政治意识、大局意识、核心意识、看齐意识，在思想上、政治上、行动上同以习近平同志为核心的党中央保持高度一致。

第二节　牢牢把握党对教育工作的领导权

中国共产党是中国特色社会主义事业的领导核心，处在总揽全局、协调各方的地位。这从根本上决定了我们的教育事业是党领导下的教育事业，是中国特色社会主义教育事业；我们的学校是党领导下的学校，是中国特色社会主义学校。党的领导是引领中国特色社会主义教育事业不断前进的最大政治优势，是办好中国特色、世界水平的现代教育的根本政治保证。[①]

一、始终坚持社会主义办学方向

我们的学校是党领导下的学校，是中国特色社会主义学校。办好我们的学校，必须坚持以马克思主义为指导，全面贯彻党的教育方针。一所学校一旦在办学方向上走错了，在培养人的道路上走偏了，那就像一株歪脖子树，无

① 陈子季.全面加强党对教育工作的领导——深入学习习近平总书记教育思想[N].中国教育报，2017-10-14(01).

论如何也长不成参天大树。因此，加强党对教育工作的领导，最重要的就是在事关办学方向的问题上站稳立场。我国教育的发展方向，正如习近平总书记在全国高校思想政治工作会议上指出的，要同我国发展的现实目标和未来方向紧密联系在一起，为人民服务，为中国共产党治国理政服务，为巩固和发展中国特色社会主义制度服务，为改革开放和社会主义现代化建设服务。[①] 始终坚持社会主义办学方向，要全面落实党委对学校工作实行全面领导。党委对学校工作的全面领导即学校党委是学校的领导核心，重在谋划与决策，承担管党治党、办学治校主体责任，把方向，管大局，作决策，保落实，[②]同时，发挥总揽全局、协调各方的领导核心作用。学校党委要全面贯彻执行党的路线方针政策，贯彻执行党的教育方针，坚持社会主义办学方向，坚持立德树人，依法治校，依靠全校师生员工推动学校科学发展，培养德智体美全面发展的中国特色社会主义事业合格建设者和可靠接班人。

二、牢牢掌握意识形态工作领导权

习近平总书记指出："意识形态工作是党的一项极端重要的工作。我们必须把意识形态工作的领导权、管理权、话语权牢牢掌握在手中，任何时候都不能旁落，否则就要犯无可挽回的历史性错误。"[③]"高校是意识形态工作的前沿阵地，高校、院系等党组织书记、行政负责人要担负起政治责任和领导责任，认真落实意识形态工作责任制，敢抓敢管、敢于亮剑，做到守土有责、守土负责、守土尽责。"[④] 当前，国际意识形态的较量暗流汹涌，而高校身处风口浪尖，因此，我们党既要积极展开人文交流，又要主动抵御敌对势力渗透，以主动权赢取话语权。同时，牢牢掌握党对高校意识形态工作的领导权，还必须加强对民办高校、中外合作办学院校的领导与指导。无论什么学校，在坚持正确政治方向、正确育人导向上都没有例外，要确保高校党建和思想政治工

---

① 陈子季.全面加强党对教育工作的领导——深入学习习近平总书记教育思想[N].中国教育报，2017－10－14(01)

②④ 习近平.把思想政治工作贯穿教育教学全过程 开创我国高等教育事业发展新局面[N].人民日报，2016－12－9(01).

③ 中共中央宣传部.习近平总书记系列重要讲话读本(2016 年版)[M].北京：学习出版社，人民出版社，2016：192.

作全覆盖。这是对习近平总书记“党政军民学,东西南北中,党是领导一切的”这一重要思想的生动体现。[①]

第三节 加强教育系统党的建设

党的建设是党领导的伟大事业不断取得胜利的重要法宝。中华人民共和国成立以来,特别是改革开放以来,我们党的领导水平和执政水平、拒腐防变和抵御风险能力得到全面提升。同时,党内也存在不少不适应新形势新任务要求、不符合党的性质和宗旨的问题。因此,2017 年,教育部采取多项措施,切实加强各级各类学校党的建设。

一、加强高校基层党建工作

党的基层组织是党在社会基层组织中的战斗堡垒,是党的全部工作和战斗力的基础。十八大以来,习近平总书记提出了“把抓基层打基础作为长远之计和固本之策”的重要思想,树立起了大抓基层的鲜明导向。高校各基层党组织担负着党在高校直接联系群众、引导群众、组织群众、团结群众,把党的路线、方针、政策落实到基层的重要职责,是高校贯彻落实党的教育方针、培养合格人才的直接组织者,是学校党委各项工作部署落到实处的直接责任者。为此,教育部从加强学生党建工作和教师党支部建设两方面着手,加强高校基层党建工作。

一方面,规范高校学生党建工作。为深入贯彻落实党的十八届六中全会和全国高校思想政治工作会议精神,认真贯彻落实中共中央国务院发布的《关于加强和改进新形势下高校思想政治工作的意见》精神,推进高校学生党建工作组织化、制度化、具体化,2017 年 3 月,教育部印发《普通高等学校学生党建工作标准》(教党〔2017〕8 号)(本章简称《标准》)。《标准》是全面贯彻落实 2016 年全国思想政治工作会议精神的政治要求,是推动全面从严治党

① 陈子季.全面加强党对教育工作的领导——深入学习习近平总书记教育思想[N].中国教育报,2017-10-14(01).

要求向高校基层延伸的重要举措，是落实教育部党组"四个合格"目标要求的一项制度安排，也是加强高校基层党建工作、解决学生党建突出问题的内在要求。高校学生党建工作标准，共设置了组织领导、教育培养、发展党员、党员管理、作用发挥和条件保障6个一级指标，涵盖了党建工作的主要方面。每个一级指标下设2—5个二级指标，共20个二级指标。"组织领导"对学生党建工作的体制机制、党组织设置和队伍建设提出了明确要求；"教育培养"明确了党员入党前和入党后各个阶段的教育培养工作的具体要求；"发展党员"进一步细化了党员发展工作的程序和质量要求；"党员管理"针对党内组织生活、党内日常教育管理、党员权利保障等方面提出了明确的要求；"作用发挥"贯穿了"四个合格"目标要求，对党组织和党员如何发挥作用进行了具体阐述；"条件保障"从制度建设、经费保障和平台建设三方面提出规范性要求。①

另一方面，加强新形势下高校教师党支部建设。为推进高校教师党支部建设的制度化、规范化、科学化，2017年8月，教育部下发《中共教育部党组关于加强新形势下高校教师党支部建设的意见》(教党〔2017〕41号)(本章简称《意见》)，指出高校教师党支部建设是高校党建工作的重要组成部分和基础工程，加强高校教师党支部建设是推进全面从严治党向高校基层延伸的重要举措，是推动高校"两学一做"学习教育常态化制度化的重要部署。《意见》明确了高校教师党支部在高校党的建设和学校基层治理体系中的职能定位，指出高校教师党支部是教育、管理、监督和服务教师党员的基本单位，是把党的路线方针政策落实到高校基层的战斗堡垒，是党团结和联系广大教师的桥梁纽带，是办好中国特色社会主义大学的重要支撑。《意见》要求，把党支部建设作为学校党建工作最重要的基本建设，努力使教师党支部成为教育党员的学校、团结群众的核心、攻坚克难的堡垒。《意见》要求，充分发挥党支部的主体作用，切实优化党支部设置，严格规范党支部各项党的组织生活制度，选优配强党支部书记，着力做好党支部在青年教师中发展党员工作，切实加强

---

① 教育部.《普通高等学校学生党建工作标准》问答[EB/OL].2017-03-17[2018-02-06]. http://www.moe.gov.cn/jyb_xwfb/s271/201703/t20170317_299939.html.

对高校教师党支部建设工作的领导。①

二、切实加强中小学校党的建设工作

2016年6月,中共中央组织部、中共教育部党组联合印发《关于加强中小学校党的建设工作的意见》(中组发〔2016〕17号),要求各级党委和有关部门按照全面从严治党要求,推进中小学校党组织和党的工作全覆盖,增强党组织的政治功能,充分发挥政治核心作用,切实加强中小学校党的建设。强调要建立党组织参与决策和监督、有效发挥作用的制度机制,推行党组织与行政领导班子成员双向进入、交叉任职,健全议事决策制度和沟通协调机制;要全面提升中小学校党组织建设水平,加大党组织组建力度,凡有3名以上正式党员的学校,都要单独建立党组织;要切实加强对中小学校党建工作的领导,构建责任明晰、协调推进的工作格局。②

《关于加强中小学校党的建设工作的意见》(中组发〔2016〕17号)实施一年以来,全国各地各学校积极探索新形势下加强和改进中小学校党建工作的新途径,从健全完善党建工作管理体制、提升党组织建设水平、抓好德育和思想政治工作等方面,想办法、创新路。按照"学校建到哪里,党组织就建到哪里"的原则,福建省采取单独组建、联合组建、就近挂靠等方式,建立健全新办校、教学点、民办校党组织。山西省太原市独立建制的中小学都单独建立了党组织,党员人数在30人以上的除任命书记外,还配备1名兼职副书记,支部委员都是学校中层以上干部。③

三、加强民办学校党的建设工作

民办学校是社会主义教育事业的重要组成部分。但是,民办学校党建工

---

① 中共教育部党组关于加强新形势下高校教师党支部建设的意见(教党〔2017〕41号)[EB/OL].2017-08-02[2018-02-06].http://www.moe.gov.cn/srcsite/A12/moe_1416/moe_1417/201708/t20170823_311692.html.

② 教育部.落实全面从严治党要求切实加强中小学校党的建设工作[EB/OL].2016-7-22[2018-02-06].http://www.moe.gov.cn/jyb_xwfb/gzdt_gzdt/s5987/201607/t20160722_272675.html.

③ 赵婀娜.《关于加强中小学校党的建设工作的意见》印发一年,全国各中小学以"党建+"为学校发展护航——"我是一名人民教师,更是一名共产党员!"[N].人民日报,2017-6-29(17).

作仍然面临一些新情况新问题新挑战，党组织覆盖率比较低，隶属关系不顺畅，党组织书记队伍还不强，党员教育管理比较松散，党组织保证监督作用发挥不到位，思想政治工作薄弱，等等。为此，2016 年 12 月，中共中央办公厅印发《关于加强民办学校党的建设工作的意见（试行）》（中办发〔2016〕78 号），文件强调，要充分发挥民办学校党组织的政治核心作用，加大民办学校党组织的组建力度，实现党组织和党的工作全面覆盖，做到：哪里有党员，哪里就有党组织，哪里就有党组织和党员作用的充分发挥；把党组织书记队伍建设作为抓好民办学校党建工作的重中之重，加强选拔培养、教育培训和管理监督，努力提高整体素质和履职能力；建立健全党组织参与决策和监督机制；以增强党性、提高素质为重点，加强和改进民办学校党员队伍建设，激发党员保持先进性的内在动力，增强党员队伍的生机活力；抓好思想政治教育和德育工作。

根据教育部的工作部署，各地方根据实际情况出台了相关政策以加强民办学校党的建设工作，如黑龙江省印发《关于加强民办学校党的建设工作的实施意见（试行）》（黑办发〔2017〕52 号），山东省出台《关于加强全省民办学校党的建设工作的实施意见（试行）》等。一年来，民办学校党的建设工作取得明显成效。如湖南省通过向民办高校选派党委书记的方式加强民办高校党的建设。为切实加强民办高校的党建工作，湖南省日前从省卫计委、长沙理工大学等单位选派 15 名干部到长沙医学院、湖南信息学院等 15 所民办高校担任党委书记，并出台《湖南省向民办普通高校选派党委书记的实施办法（试行）》。①

第四节　加强和改进教育系统思想政治教育

习近平指出："对党员、干部来说，思想上的滑坡是最严重的病变，'总开关'没拧紧，不能正确处理公私关系，缺乏正确的是非观、义利观、权力观、事业观，各种出轨越界、跑冒滴漏就在所难免了。思想上松一寸，行动

① 贺佳.公办牵手民办　共促高校党建[N].湖南日报，2017-6-22(13).

上就会散一尺。”[①]因此,为了加强党对教育工作的领导,党始终坚守思想政治工作这个生命线,加强和改进思想政治教育。

一、强化思想理论教育和价值引领

《关于加强民办学校党的建设工作的意见(试行)》(中办发〔2016〕78号)指出,要强化思想理论教育和价值引领,把理想信念教育放在首位,切实抓好马克思列宁主义、毛泽东思想学习教育,广泛开展中国特色社会主义理论体系学习教育,深入学习习近平总书记系列重要讲话精神,引导师生深刻领会党中央治国理政新理念新思想新战略,坚定中国特色社会主义道路自信、理论自信、制度自信、文化自信。

(一) 深入学习习近平总书记系列重要讲话精神和十九大精神

中国共产党第十九次全国代表大会于2017年10月18日至24日在北京举行。这是在全面建成小康社会决胜阶段、中国特色社会主义进入新时代的关键时期召开的一次十分重要的大会。大会高举中国特色社会主义伟大旗帜,深刻阐述了新时代中国共产党的历史使命,确立了习近平新时代中国特色社会主义思想的历史地位,提出了新时代坚持和发展中国特色社会主义的基本方略,确定了决胜全面建成小康社会、开启全面建设社会主义现代化国家新征程的目标,对新时代推进中国特色社会主义伟大事业和党的建设新的伟大工程作出了全面部署。因此,认真学习、深入领会、大力宣传、全面贯彻党的十九大精神,是2017年及今后教育系统的首要政治任务。

一方面,明确学习十九大精神基本要求。2017年10月26日,教育部直属系统传达学习党的十九大精神大会召开,会上传达了十九大会议基本情况、十九大报告主要精神、中央纪委工作报告和党章修正案有关内容,并就教育系统学习宣传贯彻十九大精神作动员部署。会上对学习宣传贯彻工作提出基本要求:学起来,教起来,传起来,研起来,干起来,实起来。[②] 11月1

---

① 习近平.在党的群众路线教育实践活动总结大会上的讲话[EB/OL].2018-02-06[2014-10-08].http://www.xinhuanet.com/politics/2014-10/08/c_1112740663_5.htm.

② 教育部.深入学习宣传贯彻十九大精神 积极回应人民群众教育新期待[EB/OL].2017-10-27[2018-02-06].http://www.moe.gov.cn/jyb_xwfb/gzdt_gzdt/moe_1485/201710/t20171027_317684.html.

日，教育部党组召开教育系统学习贯彻十九大精神座谈会，深入交流学习贯彻党的十九大精神、贯彻落实习近平新时代中国特色社会主义思想情况，深化十九大精神学习宣传贯彻工作。会议对教育系统深化学习贯彻十九大精神作出部署：一要系统推进党的十九大精神学习培训；二要深入开展党的十九大精神宣传教育；三要全面深化党的十九大精神研究阐释；四要认真落实党的十九大提出的任务要求，以立德树人为根本任务，以深化综合改革为根本动力，以增强人民获得感幸福感为根本标准，以加强党的建设为根本保证，积极谋划落实教育系统“奋进之笔、得意之作”；五要迅速兴起学习宣传贯彻党的十九大精神的热潮，把学习宣传贯彻党的十九大精神作为头等大事抓紧抓好、落细落实。[①]

另一方面，认真学习宣传贯彻党的十九大精神。为紧密团结在以习近平同志为核心的党中央周围，不忘初心、牢记使命，把广大党员干部和师生员工的思想和行动统一到党的十九大精神上来，把智慧和力量凝聚到落实党的十九大确定的各项任务上来，11 月，教育部印发《中共教育部党组关于教育系统认真学习宣传贯彻党的十九大精神　写好教育“奋进之笔”的通知》（教党〔2017〕54 号）。文件要求充分认识党的十九大开创性、里程碑和划时代的重大意义，准确领会把握党的十九大精神的思想精髓和核心要义；推动党的十九大精神学习研究宣传全覆盖，自觉用习近平新时代中国特色社会主义思想武装广大干部师生头脑，系统推进党的十九大精神学习培训，深入开展党的十九大精神宣讲对谈，全面深化党的十九大精神研究阐释，切实做好习近平新时代中国特色社会主义思想“五进”，广泛开展党的十九大精神全媒体集中宣传；认真落实党的十九大提出的任务要求，浓墨重彩书写好教育系统“奋进之笔”；迅速兴起学习宣传贯彻党的十九大精神的热潮，积极营造学起来、教起来、传起来、研起来、干起来、实起来的良好氛围。

此后，教育部关工委印发《关于深入学习宣传贯彻党的十九大精神的通知》（教关委函〔2017〕20 号）。同时，各大高校也全面开展十九大精神的学习

---

① 教育部.迅速兴起学习宣传贯彻党的十九大精神的热潮[EB/OL].2017－11－01[2018－02－06].http://www.moe.gov.cn/jyb_xwfb/gzdt_gzdt/moe_1485/201711/t20171101_318136.html.

宣传活动。北京高校启动首批学习研究十九大精神的重点项目 20 项。北京市委教育工委、市教委依托 11 个北京高校中国特色社会主义理论研究协同创新中心,发挥北京高校学科和专家优势,围绕党的十九大提出的新思想新论断和重大理论与实践问题,围绕习近平新时代中国特色社会主义思想,围绕理论研究成果融入高校立德树人和教育教学,开展一批重大课题研究。党的十九大闭幕当日下午,上海高校全面启动党的十九大精神推进思想政治理论课集体备课会,15 位高校校领导、200 余名高校思政课骨干教师分别在复旦大学、华东师范大学、同济大学等 7 所高校,分课程同步开展集体备课会;上海市教卫工作党委、市教委面向教师开展覆盖全体思政课教师的专题培训班,分层次分批次开展培训,建立起"市级备课+校际协同+学校推进"三级备课体系。

(二) 推进"两学一做"学习教育常态化制度化

中共中央办公厅印发了《关于推进"两学一做"学习教育常态化制度化的意见》,并发出通知,要求各地区各部门认真贯彻落实。通知指出,推进"两学一做"学习教育常态化制度化,是坚持思想建党、组织建党、制度治党紧密结合的有力抓手,是不断加强党的思想政治建设的有效途径,是全面从严治党的战略性、基础性工程。推进"两学一做"学习教育常态化制度化,对进一步用习近平总书记系列重要讲话精神武装全党,确保全党更加紧密地团结在以习近平同志为核心的党中央周围,不断开创中国特色社会主义事业新局面,具有重大而深远的意义。①

为贯彻落实《中共中央办公厅印发〈关于推进"两学一做"学习教育常态化制度化的意见〉的通知》精神和党的十八届六中全会精神,持续推动高等学校全面从严治党,突出"关键少数"并向基层延伸,教育部印发了《中共教育部党组关于印发〈推进直属机关"两学一做"学习教育常态化制度化的实施方案〉的通知》(教党函〔2017〕27 号)和《中共教育部党组关于推进高等学校"两

---

① 新华社.中共中央办公厅印发《关于推进"两学一做"学习教育常态化制度化的意见》[EB/OL].2017-03-28[2018-02-06].http://www.gov.cn/zhengce/2017-03/28/content_5181522.htm.#1.

学一做”学习教育常态化制度化的实施意见》(教党〔2017〕22 号)。文件要求准确把握目标要求,把“两学一做”作为党员教育的基本内容;精心安排学习内容,坚持读原著、学原文、悟原理,全面系统学、联系实际学、带着问题学、不断跟进学,领会掌握基本精神、基本内容、基本要求,做到学而信、学而思、学而行;着力查找解决问题,坚持学做结合、以学促做、知行合一,突出针对性,敢于直面问题,勇于自我革命,把查找解决问题作为“两学一做”学习教育的着眼点、落脚点;切实加强组织领导,把推进“两学一做”学习教育常态化制度化作为全面从严治党的战略性、基础性工程,高度重视,精心组织,抓常抓细抓长,务求长效实效。根据教育部的部署,各地方相继出台落实政策。

二、加强和改进新形势下高校思想政治工作

加强和改进高校思想政治工作,事关办什么样的大学、怎样办大学的根本问题,事关党对高校的领导,事关中国特色社会主义事业后继有人,是一项重大的政治任务和战略工程。为此,中共中央、国务院印发了《关于加强和改进新形势下高校思想政治工作的意见》。要求加强和改进高校思想政治教育工作,“坚持党对高校的领导,坚持社会主义办学方向,坚持全员全过程全方位育人,坚持遵循教育规律、思想政治工作规律、学生成长规律,坚持改革创新的基本原则”,培养又红又专、德才兼备、全面发展的中国特色社会主义合格建设者和可靠接班人。①

(一) 实施高校思想政治工作质量提升工程

为认真学习贯彻党的十九大精神,进一步把贯彻落实全国高校思想政治工作会议和《中共中央国务院关于加强和改进新形势下高校思想政治工作的意见》精神引向深入,大力提升高校思想政治工作质量,2017 年 12 月,教育部印发《高校思想政治工作质量提升工程实施纲要》(教党〔2017〕62 号)(本章简称《实施纲要》)。《实施纲要》是提升高校思想政治工作质量的顶层设

① 新华社.中共中央　国务院印发《关于加强和改进新形势下高校思想政治工作的意见》[EB/OL].2017-02-27[2018-02-06].http://www.gov.cn/xinwen/2017-02/27/content_5182502.htm.

计,也是高校思想政治工作"由全面施工到内部精装修"的施工蓝图,其总体思路是聚焦短板弱项,坚持把破解高校思想政治工作不平衡不充分问题作为目标指向,着力构建一体化育人体系,打通育人最后一公里。[①]《实施纲要》指出,实施高校思想政治工作质量提升工程要坚持"育人导向、突出价值引领,遵循规律、勇于改革创新,问题导向、注重精准施策,协同联动、强化责任落实"四个基本原则,充分发挥课程、科研、实践等与学生成长成才密切相关的育人功能,挖掘育人要素,完善育人机制,优化评价激励,切实构建课程育人、科研育人、实践育人、文化育人、网络育人、心理育人、管理育人、服务育人、资助育人、组织育人等十大质量提升体系。《实施纲要》的出台,有利于深入贯彻党的十九大精神,把贯彻落实全国高校思想政治工作会议精神进一步引向深入,有利于解决高校思想政治工作发展不平衡不充分问题。

(二) 加强教师队伍和专门力量建设

《关于加强和改进新形势下高校思想政治工作的意见》指出,要加强教师队伍和专门力量建设,要提升教师思想政治素质,加强思想政治工作,建立中青年教师社会实践和校外挂职制度,加强师德师风建设,增强教师教书育人的责任担当。同时,要完善教师评聘和考核机制,增加课堂教学权重,引导教师将更多精力投入到课堂教学上,完善教师职业道德规范,实施师德"一票否决"制度。高校思想政治工作队伍和党务工作队伍具有教师和管理人员双重身份,要纳入高校人才队伍建设总体规划,形成一股专职为主、专兼结合、数量充足、素质优良的工作力量。

2017 年 8 月,教育部 2017 年第 32 次部长办公会议修订通过了《普通高等学校辅导员队伍建设规定》(教育部 43 号令)(本章简称《规定》)。《规定》指出,辅导员是开展大学生思想政治教育的骨干力量,是高等学校学生日常思想政治教育和管理工作的组织者、实施者、指导者;高等学校要坚持把立德树人作为中心环节,把辅导员队伍建设作为教师队伍和管理队伍建设的重要

---

① 教育部.实施高校思想政治工作质量提升工程 开创新时代高校思想政治工作新局面[EB/OL].2017-12-6[2018-02-06].http://www.moe.edu.cn/jyb_xwfb/s271/201712/t20171206_320712.html.

内容,整体规划、统筹安排,不断提高队伍的专业水平和职业能力。《规定》从高校辅导员的要求和主要职责、配备和选聘、发展和培训等方面对新形势下加强高校辅导员队伍建设作出了整体规划和统筹安排。

(三) 加强课堂教学和各类思想文化阵地的建设

为深入贯彻落实全国高校思想政治工作会议精神,打一场提高高校思政课质量和水平的攻坚战,教育部党组决定将2017年定为"高校思想政治理论课教学质量年",深入实施《普通高校思想政治理论课建设体系创新计划》(教社科〔2015〕2号),为此,教育部印发了《教育部办公厅关于开展2017年高校思想政治理论课教学质量年专项工作的通知》(教社科厅函〔2017〕15号),并随文下发了《2017年高校思想政治理论课教学质量年专项工作总体方案》(本章简称《总体方案》)。《总体方案》坚持"导向优先、总结在前、问题引导、综合施策、内外结合、效为根本、宣传始终"的基本原则,要求突出问题意识,系统开展思政课建设大调研;紧扣重点环节,切实增强学生思政课获得感;立足协同推进,努力构建高校思政课建设大格局;强化组织保障,全面完成质量年各项工作任务。《总体方案》充分体现了全国高校思想政治工作会议精神和教育部领导关于提升思政课质量和水平、增强大学生获得感的系列指示精神,坚持党组领导、政策指导、舆论引导、专家辅导,突出三"大",即大调研、大提升、大格局,坚持调动师生、凝聚合力、集中攻坚、增强获得感,满足青年学生成长发展需求和期待。① 根据《教育部办公厅关于开展2017年高校思想政治理论课教学质量年专项工作的通知》(教社科厅函〔2017〕15号)要求,各地方陆续出台落实政策,河南省出台《关于开展2017年高校思想政治理论课教学质量年专项工作的通知》(教思政〔2017〕435号),上海市出台《中共上海市教育卫生工作委员会上海市教育委员会关于印发〈2017年上海高校思想政治理论课教学质量年专项工作总体方案〉的通知》(沪教委德〔2017〕31号)。

同时,进一步建强建好高校马克思主义学院,不断提升马克思主义学院

---

① 教育部社科司负责人就《2017年高校思想政治理论课教学质量年专项工作总体方案》答记者问[EB/OL].2017-05-11[2018-02-06].http://www.moe.gov.cn/jyb_xwfb/s271/201705/t20170511_304335.html.

建设的科学化、规范化、现代化水平，打造马克思主义理论教学、研究、宣传和人才培养的坚强阵地，使之成为办好高校思想政治理论课的坚强战斗堡垒。2017 年 9 月，教育部出台《高等学校马克思主义学院建设标准(2017 年本)》(教社科〔2017〕1 号)(本章简称《建设标准》)。《建设标准》分为组织领导与管理、思想政治理论课教学、马克思主义理论学科建设、社会服务与社会影响和党的建设与思想政治工作 6 个一级指标和若干二级指标。为落实《建设标准》，各省市要求对照《建设标准》找准问题、补齐短板、完善措施、落实责任，不断提升马克思主义学院建设的科学化、规范化、现代化水平。

2017 年中国教育政策大事记

1 月

1 月 3 日　浙江省高等学校招生委员会印发《浙江省 2017 年普通高校招生录取工作方案》(浙高招委〔2017〕1 号)。

1 月 8 日　教育部、财政部出台《关于印发〈中央高校改善基本办学条件专项资金管理办法〉的通知》(财科教〔2017〕3 号)。

1 月 10 日　国务院印发《国家教育事业发展"十三五"规划》(国发〔2017〕4 号)。

1 月 11 日　财政部、教育部出台《关于印发〈中央高校管理改革等绩效拨款管理办法〉的通知》(财科教〔2017〕2 号)。

1 月 13 日　中央组织部、教育部出台《中共中央组织部　教育部关于印发〈中小学校领导人员管理暂行办法〉的通知》(中组发〔2017〕3 号)。

1 月 18 日　教育部办公厅出台《教育部办公厅关于公布首批深化创新创业教育改革示范高校名单的通知》(教高厅函〔2017〕3 号)。

1 月 19 日　国务院发布《国务院关于印发国家教育事业发展"十三五"规划的通知》(国发〔2017〕4 号)。

1 月 19 日　教育部发布《教育部关于印发〈义务教育小学科学课程标准〉的通知》(教基二〔2017〕2 号)。

1 月 20 日　教育部、国务院学位委员会出台《教育部　国务院学位委员会关于印发〈学位与研究生教育发展"十三五"规划〉的通知》(教研〔2017〕1 号)。

1 月 22 日　教育部印发《教育部关于印发〈教育部 2017 年工作要点〉的通知》(教政法〔2017〕4 号)。

1月23日　国务院出台《国务院关于印发"十三五"推进基本公共服务均等化规划的通知》(国发〔2017〕9号)。

1月24日　教育部、财政部、国家发展改革委联合出台《关于印发〈统筹推进世界一流大学和一流学科建设实施办法(暂行)〉的通知》(教研〔2017〕1号)。

1月25日　教育部印发《教育部关于"十三五"时期高等学校设置工作的意见》(教发〔2017〕3号)。

2　月

2月4日　教育部出台修订后的《普通高等学校学生管理规定》(中华人民共和国教育部令第41号)。

2月6日　中共中央、国务院出台《中共中央、国务院关于印发〈新时期产业工人队伍建设改革方案〉的通知》(中发〔2017〕14号)。

2月13日　教育部印发《教育部关于做好2017年普通高校招生工作的通知》(教学〔2017〕1号)。

2月14日　教育部基础教育二司印发《关于印发〈教育部基础教育二司2017年工作要点〉的通知》(教基二司函〔2017〕2号)。

2月17日　教育部基础教育一司印发《教育部基础教育一司印发关于做好2017年中小学生安全教育工作的通知》(教基一司函〔2017〕9号)。

2月17日　全国学校安全工作电视电话会议在北京召开。

2月20日　教育部高等教育司出台《教育部高等教育司关于开展新工科研究与实践的通知》(教高司函〔2017〕6号)。

2月23日　国务院公布修订后的《中华人民共和国残疾人教育条例》(国务院令第674号)。

2月23日　安徽省芜湖市教育局出台《关于做好芜湖智慧教育平台当前应用与管理的通知》(芜教电〔2017〕4号)。

2月24日　教育部职业教育与成人教育司出台《关于印发〈职业教育与继续教育2017年工作要点〉的函》(教职成司〔2017〕18号)。

2月27日　中共中央、国务院印发《关于加强和改进新形势下高校思想政治工作的意见》。

2 月 27 日　上海市教育委员会、上海市残疾人联合会印发《上海市教育委员会 上海市残疾人联合会关于加强特殊职业教育管理的实施意见》(沪教委基〔2017〕11 号)。

2 月 28 日　教育部办公厅和财政部办公厅印发《教育部办公厅、财政部办公厅关于做好 2017 年中小学幼儿园教师国家级培训计划实施工作的通知》(教师厅〔2017〕2 号)。

2 月 28 日　中共教育部党组出台《中共教育部党组关于印发〈普通高等学校学生党建工作标准〉的通知》(教党〔2017〕8 号)。

3　月

3 月 15 日　第十二届全国人民代表大会第五次会议通过《中华人民共和国民法总则(草案)》。

3 月 6 日　教育部出台《教育部关于举办第三届中国"互联网＋"大学生创新创业大赛的通知》(教高函〔2017〕4 号)。

3 月 14 日　教育部、国家语委出台《教育部　国家语委关于印发〈国家通用语言文字普及攻坚工程实施方案〉的通知》(教语用〔2017〕2 号)。

3 月 15 日　山东省教育厅出台《关于印发山东省学校创客空间建设指导意见的通知》(鲁教科字〔2017〕1 号)。

3 月 17 日　教育部办公厅、财政部办公厅、人力资源社会保障部办公厅、安全监管总局办公厅、中国保监会办公厅印发《教育部办公厅等五部门关于开展职业学校学生实习管理联合检查的通知》(教职成厅函〔2017〕15 号)。

3 月 17 日　国家民委出台《国家民委关于印发"十三五"少数民族语言文字工作规划的通知》。

3 月 17 日　上海市教育委员会印发《上海市教育委员会关于 2017 年本市特殊教育高中阶段学校考试招生工作的实施意见》(沪教委基〔2017〕22 号)。

3 月 17 日　上海市教育考试院公布《上海市 2017 年普通高等学校招生志愿填报与投档录取实施办法》(沪教考院〔2017〕17 号)。

3 月 20 日　教育部、外交部、公安部联合印发《学校招收和培养国际学生培养办法》(中华人民共和国教育部、中华人民共和国外交部、中华人民共和国公安部令第 42 号令)。

3 月 20 日　青岛市人民政府发布《青岛市中小学管理办法》(政府令第 252 号)。

3 月 24 日　教育部、国家发展改革委、财政部、人力资源社会保障部联合印发《教育部等四部门关于印发〈高中阶段教育普及攻坚计划(2017—2020 年)〉的通知》(教基〔2017〕1 号)。

3 月 28 日　财政部、教育部、中国人民银行、银监会四部门发布《关于进一步落实高等教育学生资助政策的通知》(财科教〔2017〕21 号)。

3 月 31 日　教育部、中央编办、发展改革委、财政部、人力资源社会保障部印发《教育部等五部门关于深化高等教育领域简政放权放管结合优化服务改革的若干意见》(教政发〔2017〕7 号)。

3 月 31 日　中国残疾人联合会发布《2016 年中国残疾人事业发展统计公报》(残联发〔2017〕15 号)。

3 月 31 日　教育部、中央编办、发展改革委、财政部、人力资源保障部联合印发《教育部等五部门关于深化高等教育领域简政放权放管结合优化服务改革的若干意见》(教政法〔2017〕7 号)。

3 月 31 日　教育部发布《教育部关于全面推进教师管理信息化的意见》(教师〔2017〕2 号)。

4　月

4 月 4 日　财政部出台《关于下达 2017 年科技馆开放补助资金的通知》(财科教〔2017〕28 号)。

4 月 5 日　教育部印发《教育部关于全面推进教师管理信息化的意见》(教师〔2017〕2 号)。

4 月 6 日　教育部职业教育与成人教育司印发《关于做好 2017 年度现代学徒制试点工作的通知》(教职成厅函〔2017〕17 号)。

4 月 7 日　教育部、中国残疾人联合会印发《残疾人参加普通高等学校招生全国统一考试管理规定》(教学〔2017〕4 号)。

4 月 10 日　教育部基础教育司出台《关于印发〈教育部基础教育司 2017

年工作要点〉的通知》(教基司函〔2017〕5 号)。

4 月 11 日　财政部出台《关于下达 2017 年边远贫困地区、边疆民族地区、革命老区人才支持计划科技人员专项计划预算的通知》(财科教〔2017〕24 号)。

4 月 13 日　教育部、国家发展改革委、财政部、人社部四部门印发《关于实施第三期学前教育行动计划的意见》(教基〔2017〕3 号)。

4 月 14 日　教育部职业教育与成人教育司印发《关于 2016 年〈高等职业教育创新发展行动计划(2015—2018 年)〉执行情况及有关工作完成情况的通报》(教职成司函〔2017〕33 号)。

4 月 18 日　教育部、中央宣传部、人力资源和社会保障部、工业和信息化部、共青团中央、中华职业教育社联合六部门联合印发《关于做好 2017 年职业教育活动周相关工作的通知》(教职成函〔2017〕4 号)。

4 月 18 日　教育部党组出台《2017 年高校思想政治理论课教学质量年专项工作总体方案》,将 2017 年定为“高校思想政治理论课教学质量年”。

4 月 19 日　教育部印发《教育部关于印发〈县域义务教育优质均衡发展督导评估办法〉的通知》(教督〔2017〕6 号)。

4 月 21 日　教育部办公厅印发《教育部办公厅关于做好 2017 年高中阶段学校招生工作的通知》(教职成厅〔2017〕2 号)。

4 月 21 日　教育部职业教育与成人教育司印发《关于举办 2017 年全国职业院校技能大赛的通知》(教职成函〔2017〕5 号)。

4 月 24 日　教育部办公厅印发《教育部办公厅关于 2017 年中小学教学用书有关事项的通知》(教材厅函〔2017〕2 号)。

4 月 25 日　国务院办公厅出台《关于加强中小学幼儿园安全风险防控体系建设的意见》(国办发〔2017〕35 号)。

4 月 26 日　教育部印发《教育部关于印发〈幼儿园办园行为督导评估办法〉的通知》(教督〔2017〕7 号)。

4 月 26 日　教育部办公厅、中国残联办公厅印发《教育部办公厅　中国残联办公厅关于做好残疾儿童少年义务教育招生入学工作的通知》(教基厅〔2017〕1 号)。

4 月 26 日　山东省枣庄市教育局出台《枣庄市教育局关于印发枣庄市

学校创客空间建设实施方案的通知》(枣教发〔2017〕9 号)。

4 月 26 日　河南省教育厅《关于进一步推进中小学创客教育的通知》(教电教〔2017〕318 号)。

4 月 28 日　国务院办公厅发布《国务院办公厅关于加强中小学幼儿园安全风险防控体系建设的意见》(国办发〔2017〕35 号)。

4 月 28 日　财政部　教育部发布《关于下达 2017 年城乡义务教育补助经费预算的通知》(财科教〔2017〕25 号)。

5　月

5 月 4 日　四川省教育厅出台《四川省教育厅关于印发〈四川省中小学教育信息化应用及环境建设指南〉的通知》(川教函〔2017〕220 号)。

5 月 5 日　习近平总书记致信祝贺中华职教社成立 100 周年。

5 月 8 日　李克强总理对全国职业院校技能大赛作出重要批示。

5 月 14—15 日　"一带一路"国际合作高峰论坛在北京举行,习近平总书记出席开幕式并发表讲话,论坛发布《"一带一路"国际合作高峰论坛圆桌峰会联合公报》。

5 月 22 日　教育部办公厅、国务院扶贫办综合司出台《教育部办公厅　国务院扶贫办综合司关于印发贯彻落实〈职业教育东西协作行动计划(2016—2020)〉实施方案》(教职成厅〔2017〕3 号)。

5 月 25 日　齐齐哈尔市教育局出台《关于印发〈齐齐哈尔市中小学创客教育指导意见〉的通知》(齐教信函〔2017〕20 号)。

5 月 27 日　教育部职业教育与成人教育司印发《关于做好职业教育专业教学资源库 2017 年度相关工作的通知》(教职业成厅函〔2017〕23 号)。

5 月 31 日　国务院办公厅印发《国务院办公厅关于印发对省级人民政府履行教育职责的评价办法的通知》(国办发〔2017〕49 号)。

5 月—10 月　教育部组织开展了以领导带队调研、专家听课调研、校地特色调研、课题专项调研等多种形式的思政课建设情况调研,共涉及普通高校 2 500 多所,调研课程涵盖高职高专、本科、研究生各阶段共 10 门思政课;建立了由 2 516 所普通高校的 3 000 堂思政课、30 000 多份学生问卷所组成的全样本数据库。

6 月

6 月 1 日　人力资源社会保障部办公厅、教育部办公厅联合印发《关于做好 2017 年度中小学教师职称评审工作的通知》(人社厅发〔2017〕67 号)。

6 月 6 日　国务院办公厅出台《国务院办公厅关于印发兴边富民行动“十三五”规划的通知》(国办发〔2017〕50 号)。

6 月 15 日　国务院办公厅印发《国务院办公厅关于建设第二批大众创业万众创新示范基地的实施意见》(国办发〔2017〕54 号)。

6 月 16 日　教育部办公厅下发《教育部办公厅关于加强中小学(幼儿园)周边安全风险防控工作的紧急通知》(教督厅〔2017〕2 号)。

6 月 16 日　教育部办公厅出台《教育部办公厅关于推荐新工科研究与实践项目的通知》(教高厅函〔2017〕33 号)。

6 月 20 日　山东省教育厅出台《山东省教育厅〈关于印发 2017 年“互联网+教师专业发展”工程实施方案〉的通知》(鲁教师字〔2017〕2 号)。

6 月 26 日　教育部办公厅印发《教育部办公厅关于 2017 年义务教育道德与法治、语文、历史和小学科学教学用书有关事项的通知》(教材厅函〔2017〕6 号)。

6 月 27 日　财政部　科技部　发展改革委关于印发《国家科技重大专项(民口)资金管理办法》的通知(财科教〔2017〕74 号)。

6 月 28 日　财政部关于印发《国家科技重大专项(民口)项目(课题)财务验收办法》的通知(财科教〔2017〕75 号)。

6 月 28 日　中共中央政治局召开会议,审议《关于巡视 31 所中管高校党委情况的专题报告》。

6 月 29 日　教育部办公厅印发《教育部办公厅关于做好 2017 年全国普通高校招生录取工作的通知》(教学厅〔2017〕10 号)。

7 月

7 月 2 日　国务院印发《国务院关于强化实施创新驱动发展战略进一步

推进大众创业万众创新深入发展的意见》(国发〔2017〕37 号)。

7 月 2 日　国际职业技术教育大会在河北唐山召开。

7 月 3 日　教育部和财政部印发《教育部　财政部关于进一步加强全面改善贫困地区义务教育薄弱学校基本办学条件中期有关工作的通知》(教督〔2017〕9 号)。

7 月 5 日　北京市教育委员会印发《北京市普通高中学业水平考试实施办法(试行)》(京教基二〔2017〕13 号)。

7 月 5 日　北京市教育委员会印发《北京市普通高中学生综合素质评价实施办法(试行)》(京教基二〔2017〕14 号)。

7 月 5 日　第五届金砖国家教育部长会议在北京举行。

7 月 6 日　浙江省教育厅印发《浙江省教育厅办公室关于加强特殊教育卫星班建设工作的指导意见》(浙教办基〔2017〕51 号)。

7 月 7 日　教育部等 14 部门联合出台《教育部等十四部门关于印发〈中央有关部门贯彻实施〈国务院关于鼓励社会力量兴办教育促进民办教育健康发展的若干意见〉任务分工方案〉的通知》(教发函〔2017〕88 号)。

7 月 9 日—11 日　第六次全国对口支援新疆工作会议在新疆喀什召开。

7 月 12 日　教育部办公厅发布《教育部办公厅关于各地出台公办幼儿园教职工编制标准情况的通报》(教师厅〔2017〕5 号)。

7 月 17 日　教育部等七部门印发《第二期特殊教育提升计划(2017—2020)》(教基〔2017〕6 号)。

7 月 21 日　教育部办公厅出台《教育部办公厅关于公布第二批深化创新创业教育改革示范高校名单的通知》(教高厅函〔2017〕39 号)。

7 月 23 日　教育部出台《教育部办公厅关于做好 2017 年度国别和区域研究有关工作的通知》(教外厅函〔2017〕8 号)。

7 月 25 日　教育部办公厅出台《教育部办公厅关于印发〈教育部人才工作领导小组 2017 年工作要点〉的通知》(教人厅〔2017〕4 号)。

7 月 28 日　国务院办公厅发布《国务院办公厅关于进一步加强控辍保学提高义务教育巩固水平的通知》(国办发〔2017〕72 号)。

7 月 28 日　第十届中国—东盟教育交流周在贵阳举办。

7 月 31 日　国家发展和改革委员会出台《国家发展改革委关于印发“十三五”国家政务信息化工程建设规划的通知》(发改高技〔2017〕1449 号)。

8　月

8 月 1 日　中共教育部党组印发《中共教育部党组关于加强新形势下高校教师党支部建设的意见》(教党〔2017〕41 号)。

8 月 2 日　教育部办公厅发布《教育部办公厅关于召开全国教师教育振兴暨教师队伍建设工作会议的通知》(教师厅函〔2017〕15 号)。

8 月 8 日　教育部办公厅、财政部办公厅印发《教育部办公厅　财政部关于做好职业院校教师素质提高计划 2017 年度项目组织实施工作的通知》(教师厅〔2017〕8 号)。

8 月 8 日　教育部办公厅印发《教育部办公厅关于报送第二期特殊教育提升计划项目库的通知》(教基厅函〔2017〕28 号)。

8 月 16 日　教育部办公厅印发《教育部办公厅关于举办 2017 年全国职业院校信息化教学大赛的通知》(教职成厅函〔2017〕34 号)。

8 月 17 日　教育部出台《教育部关于印发〈中小学德育工作指南〉的通知》(教基〔2017〕8 号)。

8 月 22 日　辽宁省教育厅印发《关于进一步推进高中阶段学校考试招生制度改革的实施意见》(辽教发〔2017〕55 号)。

8 月 22 日　山东省教育厅印发《关于做好普通高中学生发展指导工作的意见》(鲁教基字〔2017〕8 号)。

8 月 23 日　教育部办公厅印发《教育部办公厅关于公布第二批现代学徒制试点和第一批试点年度检查结果的通知》(教职成厅〔2017〕35 号)。

8 月 31 日　教育部印发《教育部关于进一步推进职业教育信息化发展的指导意见》(教职成〔2017〕4 号)。

8 月 31 日　教育部 2017 年第 32 次部长办公会议修订通过《普通高等学校辅导员队伍建设规定》(中华人民共和国教育部令第 43 号)。

8 月 31 日　陕西省教育厅印发《陕西省高中阶段学校招生制度改革实

施意见》(陕教规范〔2017〕9 号)。

9 月

9 月　中共中央办公厅、国务院办公厅印发《深化教育体制机制改革的意见》。

9 月 1 日　第二次修订后的《中华人民共和国民办教育促进法》实施。

9 月 1 日　福建省教育厅出台《福建省教育厅关于印发福建省中小学智慧校园建设标准的通知》(闽教科〔2017〕84 号)。

9 月 4 日　教育部印发《关于公布 2017 年全国职业院校技能大赛(常规赛项)获奖名单的通知》(教职成函〔2017〕11 号)。

9 月 7 日　教育部办公厅印发《关于印发〈职业教育东西协作行动计划滇西实施方案(2017—2020)〉的通知》(教职成厅〔2017〕4 号)。

9 月 12 日　人力资源社会保障部印发《关于公布国家职业资格目录的通知》(人社部发〔2017〕68 号)。

9 月 13 日　中共中央、国务院印发《关于开展质量提升行动的指导意见》(中发〔2017〕24 号)。

9 月 14 日　教育部出台《教育部关于印发〈高等学校马克思主义学院建设标准(2017 年本)〉的通知》(教社科〔2017〕1 号)。

9 月 25 日　教育部出台《教育部关于印发〈中小学综合实践活动课程指导纲要〉的通知》(教材〔2017〕4 号)。

9 月 21 日　教育部、财政部、国家发展改革委联合发布《教育部　财政部　国家发展改革委员会关于公布世界一流大学和一流学科建设高校及建设学科名单的通知》(教研函〔2017〕2 号)。

9 月 21 日　教育部出台新修订的《普通高等学校辅导员队伍建设规定》(教育部令第 43 号)。

9 月 30 日　教育部、财政部联合出台《教育部　财政部关于印发〈中央财政支持学前教育发展资金管理办法〉的通知》(财科教〔2017〕132 号)。

9 月 30 日　财政部印发《关于下达 2017 年中央财政支持学前教育发展资金预算的通知》(财科教〔2017〕133 号)。

10　月

10 月 10 日　财政部、教育部印发《中央高校建设世界一流大学(学科)和特色发展引导专项资金管理办法》的通知(财科教〔2017〕126 号)。

10 月 13 日　财政部、教育部出台《关于印发〈港澳及华侨学生奖学金管理办法〉的通知》(财科教〔2017〕139 号)。

10 月 17 日　教育部、国家统计局、财政部共同出台了《教育部　国家统计局　财政部关于 2016 年全国教育经费执行情况统计公告》(教财〔2017〕6 号)。

10 月 18 日　河北省教育厅等八部门印发《河北省第二期特殊教育提升计划实施方案(2017—2020 年)》(冀教基〔2017〕43 号)。

10 月 19 日　我国在第 44 届世界技能大赛上取得优异成绩,上海成功申办 2021 年第 46 届世界技能大赛。

10 月 20 日　教育部、人力资源和社会保障部出台《教育部　人力资源和社会保障部关于印发〈高校教师职称评审监管暂行办法〉的通知》(教师〔2017〕12 号)。

10 月 20 日　山西省教育厅等七部门联合印发《山西省第二期特殊教育提升计划实施方案(2017—2020 年)》(晋教基〔2017〕22 号)。

10 月 23 日　教育部办公厅出台《教育部办公厅关于公布全国万名优秀创新创业导师人才库首批入库导师名单的通知》(教高厅函〔2017〕58 号)。

10 月 26 日　教育部出台《教育部关于印发〈普通高等学校师范类专业认证实施办法(暂行)〉的通知》(教师〔2017〕13 号)。

10 月 26 日　江苏省教育厅等八部门印发《江苏省第二期特殊教育提升计划(2017—2020)》(苏教基〔2017〕22 号)。

10 月 27 日　河南省教育厅等七部门联合印发《河南省第二期特殊教育提升计划(2017—2020)》(豫教基二〔2017〕142 号)。

10 月 30 日　财政部、教育部出台《关于印发〈台湾学生奖学金管理办法〉的通知》(财科教〔2017〕140 号)。

10 月 31 日　教育部出台《教育部关于公布第三届中国“互联网＋”大学

生创新创业大赛获奖名单的通知》(教高函〔2017〕14 号)。

11 月

11 月 7 日　海南省教育厅印发《关于进一步推进我省高中阶段学校考试招生制度改革的实施意见》(琼教基〔2017〕175 号)。

11 月 13 日　安徽省教育厅印发《关于进一步推进高中阶段学校考试招生制度改革的实施意见》(皖教基〔2017〕21 号)。

11 月 15 日　教育部办公厅出台《教育部办公厅关于印发〈中小学幼儿园教师培训课程指导标准(义务教育语文学科教学)〉等 3 个文件的通知》(教师厅〔2017〕10 号)。

11 月 21 日　青海省人民政府办公厅印发《青海省第二期特殊教育提升计划实施方案(2017—2020 年)》(青政办〔2017〕203 号)。

11 月 22 日　教育部等十一部门出台《教育部等十一部门关于印发〈加强中小学生欺凌综合治理方案〉的通知》(教督〔2017〕10 号)。

11 月 22 日　贵州省教育厅等七部门联合印发《贵州省第二期特殊教育提升计划实施方案(2017—2020 年)》(黔府办函〔2017〕203 号)。

11 月 28 日　浙江省人民政府印发《关于进一步深化高考综合改革试点的若干意见》(浙政发〔2017〕45 号)。

11 月 28 日　浙江省教育厅印发《关于完善学考选考工作的通知》(浙教考〔2017〕116 号)。

11 月 29 日　教育部办公厅印发《关于做好 2018 年普通高等学校部分特殊类型招生工作的通知》(教学厅〔2017〕15 号)。

11 月 30 日　宁夏自治区教育厅等八部门印发《宁夏回族自治区第二期特殊教育提升计划实施方案(2017—2020 年)》(宁教基〔2017〕222 号)。

12 月

12 月 4 日　教育部出台《教育部关于印发〈义务教育学校管理标准〉的通知》(教基〔2017〕9 号)。

12 月 4 日　中共教育部党组出台《中共教育部党组关于印发〈高校思想

政治工作质量提升工程实施纲要〉的通知》(教党〔2017〕62号)。

12月5日　国务院办公厅印发《国务院办公厅关于深化产教融合的若干意见》(国办发〔2017〕95号)。

12月5日　海南省教育厅等七部门联合印发《海南省第二期特殊教育提升计划(2017—2020年)实施方案》(琼教〔2017〕85号)。

12月6日　教育部印发《中共教育部党组关于印发〈高校思想政治工作质量提升工程实施纲要〉的通知》(教党〔2017〕62号)。

12月12日　国务院教育督导委员会办公室出台《国务院教育督导委员会办公室关于印发〈加快中西部教育发展工作督导评估监测办法〉的通知》(国教督办〔2017〕10号)。

12月12日　河南省教育厅印发《关于进一步推进高中阶段学校考试招生制度改革的实施意见》(豫教基二〔2017〕169号)。

12月15日　教育部、国家发改委、财政部、人力资源和社会保障部联合印发《教育部等四部门关于印发〈援藏援疆万名教师支教计划实施方案〉的通知》(教师〔2017〕14号)。

12月18日　中国发展研究基金会在北京发布《中国儿童发展报告2017》。

12月18日　广西壮族自治区教育厅等七部门联合印发《广西壮族自治区第二期特殊教育提升计划(2017—2020年)实施方案》(桂教基〔2017〕62号)。

12月20日　辽宁省教育厅等八部门印发《辽宁省第二期特殊教育提升计划实施方案(2017—2020年)》(辽教发〔2017〕89号)。

12月21日　中共中央办公厅、国务院办公厅印发《关于加强和改进中外人文交流工作的若干意见》。

12月23日　财政部长在第十二届全国人民代表大会常务委员会第三十一次会议上作《国务院关于国家财政教育资金分配和使用情况的报告》。

12月25日　全国统筹县域内城乡义务教育一体化改革发展现场推进会在山东青岛召开。

12月25日　陕西省教育厅等七部门联合印发《陕西省第二期特殊教育提升计划(2017—2020年)实施方案》(陕教规范〔2017〕17号)。

12 月 25 日　天津市教育委员会等八部门印发《天津市第二期特殊教育提升计划(2017—2020 年)实施方案》(津教委〔2017〕67 号)。

12 月 26 日　浙江省教育厅等七部门印发《浙江省第二期特殊教育提升计划实施方案(2017—2020 年)》(浙教基〔2017〕125 号)。

12 月 26 日　湖北省教育厅印发《湖北省推进高中阶段学校考试招生制度改革的实施意见》(鄂教幼高〔2017〕11 号)。

12 月 27 日　云南省教育厅等五部门联合印发《云南省特殊教育学校机构编制标准》(云编办〔2017〕247 号)。

12 月 28 日　教育部学位与研究生教育发展中心公布全国第四轮学科评估结果。

12 月 29 日　教育部出台《教育部关于印发〈普通高中课程方案和语文等学科课程标准(2017 年版)〉的通知》(教材〔2017〕7 号)。

12 月 29 日　黑龙江省教育厅印发《关于进一步推进高中阶段学校考试招生制度改革的实施意见》(黑教规〔2017〕10 号)。

12 月 29 日　山西省教育厅印发《山西省高中阶段学校考试招生制度改革实施意见(试行)》(晋教基〔2017〕25 号)。

后　记

2017年，全国教育系统全面贯彻党的十九大精神，深入学习贯彻习近平总书记系列重要讲话精神和治国理政新理念新思想新战略，按照“五位一体”总体布局和“四个全面”战略布局，牢固树立和贯彻落实创新、协调、绿色、开放、共享的发展理念，主动适应经济发展新常态，全面贯彻党的教育方针，紧紧围绕中央关心、社会关注、人民关切的热点难点问题，坚持稳中求进工作总基调，深入学习习近平新时代中国特色社会主义思想。在教育改革与发展过程中，坚持教育事业优先发展战略，加强教育系统党的建设；全面落实立德树人根本任务，深化教育体制机制改革；促进学前教育普惠健康发展，推动城乡义务教育一体化建设，办好优质公平基础教育；深化产教融合，加快发展现代职业教育；促进特殊教育融合发展，提高特殊教育普及水平；实施民办教育分类管理；推进高等教育内涵式发展；培养造就高素质专业化教师队伍；深化考试招生制度改革；健全教育投入机制；以教育信息化扩大优质教育资源覆盖面；构建教育对外开放新格局，推进教育现代化，办好人民满意的教育。

为全面、系统地反映2017年度的各项教育政策与重大教育改革，受教育部政策法规司委托，教育部与上海市共建的华东师范大学国家教育宏观政策研究院，以及华东师范大学重点培育的智库华东师范大学教育治理研究院把本项目作为重点研究项目，联合组织力量进行研究编撰。本书从立德树人、教育体制机制改革、学前教育、基础教育、职业教育、特殊教育、高等教育、民办教育、民族地区教育、教师发展与教师队伍建设、考试招生制度、教育投入、教育信息化、教育对外开放、坚持和加强党对教育工作的领导等15个核心领域展开评述。由于各个领域的教育政策与教育改革举措复杂多样，在研究和撰写过程中，我们依据中共十九大报告有关教育论述、《国家教育事业发展“十三五”规划》、政府工作报告中的教育工作部署、教育部及各司局的工作要点等文件,坚持“以当前为主兼顾过往,以国家为主兼顾地方”的基本原则,在总体把握教育改革基本面的基础上,选择 3—5 项重点工作进行深入分析,力求点面结合,有理有据。

本书是集体劳动的成果。在研究过程中,得到教育部和华东师范大学的大力支持,中共华东师范大学党委书记兼国家教育宏观政策研究院院长童世骏教授亲任编辑委员会主任,全程给予具体指导;得到中国教育发展战略学会教育政策专业委员会、中国教育学会教育政策与法律研究分会的学术支持;中国教育学会副会长、中国教育发展战略学会教育政策专业委员会理事长、华东师范大学教育学部主任袁振国教授,中国教育学会教育政策与法律研究分会理事长、首都师范大学特聘教授劳凯声教授,应邀担任编委会学术顾问。参与本书研究和撰写的都是国内对教育政策与教育改革颇有研究心得且在某一具体领域术有专攻的中青年学者,这些同志来自华东师范大学宏观教育政策研究院、教育部人文社会科学重点研究基地华东师范大学基础教育改革与发展研究所,华东师范大学教育学部教育学系、高等教育研究所、特殊教育学系、教育治理研究院,以及上海市教育委员会、上海市教育科学研究院、上海开放大学、天津职业技术师范大学、新疆师范大学等机构。本书由本人忝列主编,负责全书整体规划与章节内容设计。在研究和撰写的过程中,遵循集体讨论与分工负责相结合的原则,各章执笔人分别为:导言,范国睿;第一章,杜明峰;第二章,杨文杰;第三章,王珊、邹嘉欣;第四章,程建坤;第五章,孙翠香;第六章,谈苏欣、程建坤;第七章,周启坤、童康;第八章,刘荣飞;第九章,高芳;第十章,杨文杰;第十一章,孙勇;第十二章,金马妮;第十三章,李学书;第十四章,陈婧;第十五章,李廷洲、程建坤。在统稿过程中,程建坤、杨文杰、金马妮以及王珊、邹嘉欣等同志协助主编做了大量工作,个别章节做了较大幅度修改。全书最后由我修订、定稿。由于时间仓促,加之水平有限,本书定存在不少缺点和不足,恳请各位同仁和读者批评指正。

范国睿
2018 年 5 月 16 日
于华东师范大学

图书在版编目(CIP)数据

中国教育政策蓝皮书. 2017 / 范国睿主编. —上海：
上海教育出版社，2018.11
ISBN 978-7-5444-8673-6

Ⅰ. ①中… Ⅱ. ①范… Ⅲ. ①教育政策-研究报告-
中国- 2017 Ⅳ. ①G520

中国版本图书馆 CIP 数据核字(2018)第 227514 号

责任编辑　董　洪　谢冬华
封面设计　郑　艺

中国教育政策蓝皮书(2017)
范国睿 主编

出版发行　上海教育出版社有限公司
官　　网　www.seph.com.cn
地　　址　上海永福路 123 号
邮　　编　200031
印　　刷　上海展强印刷有限公司
开　　本　700×1000　1/16　印张 19.25　插页 1
字　　数　285 千字
版　　次　2018 年 10 月第 1 版
印　　次　2018 年 10 月第 1 次印刷
书　　号　ISBN 978-7-5444-8673-6/G. 7181
定　　价　66.00 元

如发现质量问题，读者可向本社调换　　电话：021-64377165